JN125131

道の駅の経営学

―公共性のある経営体の持続可能性をもとめて―

辻　紳一

大阪公立大学出版会

表紙写真：道の駅「能勢くりの郷」
写真提供：辻 真理子

はじめに

道の駅とは、日本の各自治体と道路管理者が連携して設置し、国土交通省（制度開始時は建設省）により登録された、商業施設・休憩施設・地域振興施設・駐車場等が一体となった道路施設である。国土交通省による最初の道の駅の基本コンセプトは、道路利用者のための「休憩機能」、道路利用者や地域の人々のための「情報発信機能」、道の駅を核としてその地域の町同士が連携する「地域連携機能」という3つの機能を兼ね備えたものである（国土交通省HP「道の駅案内　概要」）。

近年、道の駅は、各地方における地域活性化の切り札として期待されつつある。集客のための資源として「地域固有の一次産業産品を活かした食や体験」の重要性も益々高まり、全国に約1200カ所も存在しているが、経営の実績においては濃淡がみられる。

もともと、道の駅は地域活性化効果を期待され、「半公共財(注1)」的性格をもち、公共の補助支援のある「公共性のある経営体(注2)」としての位置づけが強く、既存の経営研究では、これまであまり注目してこなかった。しかし、いくら公共性があるといっても、行政が応援する道の駅の経営が行き詰まり破綻すれば、公共性を応援する政策そのものが破綻してしまう。したがって、あくまでも経営は優良であり、持続可能なものでなければならない。

よって、本書の目的は、そのような優良事例について、経営分析の立場からモデル化を試み、今後の道の駅の運営に資する知見をまとめることにある。

【注】

(注 1) 本書では、「半公共財」を「地域貢献が期待され、行政がイニシャルに補助するもの(上下分離的位置づけ)」と定義し、詳細については、第2章で詳述している。

(注 2) 公共性のある経営体とは、イニシャルや固定費用を支援する手法(上下分離、PFIとも関係)があるものとする。

目　　次

序　章

1. 研究の対象と本研究の意義

多くの道の駅は、設立経費（イニシャルコスト）については、国や自治体からの補助金を活用している。

一方、道の駅の店舗維持や運用に関する運転資金（ランニングコスト）については、小川（2016）の研究が興味深い。

小川（2016）は、山梨県北杜市のホームページ資料として、北杜市にある「道の駅はくしゅう」に関する、2003年度から2005年度までの3年間の北杜市の予算収支状況を参考に分析を行った。なお、国土交通省関東地方整備局のホームページで紹介されている「道の駅はくしゅう」の併設施設は、飲食施設と農林産物販売所とされているので、収入欄に記載されている施設と一致する。3年間の数字を見る限り、北杜市は、「道の駅はくしゅう」の運営における毎年1000万円強の収支の不足額を補填していることになる。さらに、施設の老朽化に伴って、今後はこの支出以外にも修繕費など大きな費用が発生することを考慮すると、北杜市の支出額は将来より大きくなるものと予想される、と指摘する（小川、2016、pp.35-37）。

このように、中山間地域に位置する道の駅においては、道の駅の店舗維持や運用に関する運転資金（ランニングコスト）については、未だ自治体などからの補助金に頼る道の駅は少なくないが、今後は、道の駅の自立化に向けた動きとして、自助努力による売上確保は避けられないと考える。

よって、本章が研究対象とする道の駅としては、

1）自立経営している道の駅かつ、2）優れた成績を示す道の駅を対象

とする。

このような観点から、本章では「自立経営」している道の駅とは、ランニングコストの補助金支給がない道の駅を対象としている（表－1）。

また、「優れた成績を示す道の駅」とは、全国の道の駅のうち、採算性評価・パフォーマンスなどのデータを得られる道の駅16箇所を対象に、売上効率の分析（延床面積の売上高）において、延床面積が小さい道の駅（1200㎡以下）かつ、回帰モデルによる平均的予想を上回る、道の駅を優れた成績を示す道の駅としている(注1)。

表－1　自立経営している道の駅の内容

	一般的	本稿対象事例
【設備投資】 イニシャルコスト	補助金 （国・市町村等）	補助金 （国・市町村等）
【運転資金】 ランニングコスト	補助金	なし

出所：筆者作成

近年においては道の駅は増加傾向にあり、近隣の類似施設だけに留まらず、道の駅同士の競争は避けられない状況となりつつある。このような環境にて持続可能な経営を目指していくには、経営的分析の視点は本来避けられないはずである。しかしながら、これまでの経営分析は、民間企業の経営が主であり、地域活性化を目的とした道の駅の経営に関する例は、ほとんど見当たらない。

また、国土交通省によると、道の駅とは、「休憩機能」「情報発信機能」「地域連携機能」の3つの機能が定義され、海外においては、ドライブインなどの似たような施設は存在しているが、そこではドライバーの休憩や飲食を目的としており、日本の道の駅とは、明らかに概念が異なることが示唆される。

これらを踏まえ、国内の論文検索サイトのCiNiiにて、論文検索「道の駅　戦略」を行った結果、対象件数は31件(注2)であった。その内容を大まかに分類すると、「地域観光」「直売所販売」「差別化」「マーケティング」「ブランド」などがあるが事業活動レベルに留まっており、道の駅の経営の方向性に関する研究は、ほとんど見当たらないことが明らかになった。

2. 分析の方法論

後述するように、道の駅は「公共性のある経営体」である。その正当性は、地域活性化、地域に資するという点であるが、だからといって、持続可能でなくてもよいことにはならない。経営は健全であることが望ましい。これについては、先行研究の一つとして、経営戦略の枠組みとして考えると、既存の経営戦略の研究では、現在有力な二つの方向があることに注目する。ひとつは、企業が活動する産業の構造やそのなかでの企業の市場地位が、当該企業の業績を決定するという分析プロセスの戦略形成であるポーターの「競争戦略論（ポジショニング・スクール）」であり、もうひとつは、企業内部の経営資源や組織能力から戦略形成を行う「資源ベース論（RBVスクール、ケイパビリティスクール）」である。

この両者は、現在、いずれも重要な要素であり、対立する概念というより、相互補完しあう概念となっている。

特に道の駅は、人的資源からみると、従業員はほとんど地元採用であり、特別な資源ではない。また川上の地域農家の組織は、地域のソーシャルキャピタルと関係し、通常の経営理論と違う地域性が入ってくる（小長谷（2012）のまちづくり3法則のように、地域問題では、経営学の3Cをそのまま読み替えることはできず、例として、経営学の3CのうちのCompanyは、経営主体と考えると、経営学の3Cの自社は単一の意志決定主体だが、地元と読み替えると、地元は意志決定が合意形成される必要がありソーシャルキャピタルが必要になってくる）。

本章の狙いは、「地域活性化」が期待される道の駅の持続的な「競争優位」を明らかにすることである。

川下システムでは、企業外部からの視点として、「地域活性化」に欠かせないマーケティング戦略（片山、2018）や、「競争優位」をもたらすブランド論（アーカー、2014）にも着目する。

一方、川上システムでは、道の駅では、地域資源の活用を前提に、地域の生産活動から販売活動までの一貫した流れを地域内にて実現させ、地域内循環を生み出すことで地域振興への貢献を担っている。よって、本章では、企業内部の経営資源やケイパビリティから戦略形成を行う「資源ベース論（RBV）」に着目する。

道の駅は、地域振興の担い手の役割が期待されており、「地域資源」を活用した「地域活性化」は、ますます重要になると考える。そして、道の駅は増加傾向であり、今後は過当競争が想定されるなかで、道の駅が経営を持続させていくには、他の施設などとの「差別化」は避けられないことが示唆される。よって、1）まずは、企業内部の経営資源を重視する資源ベース論（RBV）に着目し、道の駅の「川上の視点」による地域活性化の要因を明らかにする。道の駅の地域資源の活用により、競争優位を創出する事業活動をバリューチェーンの視点にて分析・モデル化を試みる。2）次に、消費者などから見た道の駅の「川下の視点」による差別化の要因を明らかにする。競争優位をもたらすブランド論、地域活性化に欠かせないマーケティング戦略などの視点にてブランドメカニズムなどの分析・モデル化を試みる。なお、「資源ベース論（RBV）」によるマーケティング研究においては、ブランドやチャネル関係性などの「市場ベース資源」に着目し、企業が保有している資源と持続的な競争優位の関係を明らかにしようとしているが、道の駅に関しては、研究例が少ないことから、本章の意義は大きいと考えている。

また、道の駅は、地域資源を活用し、地域内循環を創出させることで、地域振興の担い手として地域社会に欠かせない存在＝公共としての役割が期待されており、実際に道の駅を建設する際のイニシャルコストについては、行政が負担するケースが大半を占めている。一方、店舗運営に関するランニングコストについては、近年では独立採算を求められており、持続可能な運営方法が課題となりつつある。これらを踏まえ、本章では、道の駅を「半公共財」的なものであり、経営的には「公共性のある経営体」という位置づけで捉えることとする。

以上から、1）道の駅の「川上の視点」による地域活性化の分析・モデル化、2）道の駅の「川下の視点」による差別化の分析・モデル化を行うことで、持続的な競争優位を明らかにすることを試みる。

3. 本書の要旨

第1章「道の駅の現状と課題」では、「道の駅」の利用者数と売上高からは、個々の道の駅においては、必ずしも利用者数、売上高は増加傾向とはいえない状況がみられ、道の駅の集客においては、二極化が進展していることを指摘し、持続可能な条件の確立の重要性と、本研究での川上システム／川下システムの視点と分析上の課題を指摘する。

第2章「「公共性のある経営体」としての道の駅」では、道の駅のもつ公共性について考察する。

1）経済学や公共政策学では、財の利用に関する制約をあらわす状況から競合性と排除性という2つの視点から、通常の財以外に公共性のある純粋公共財、コモンプール財、クラブ財などを考える。

2）道の駅においては、道の駅の設立に係るイニシャルコストについては、国や自治体からの交付金・補助金を活用しているケースは大半を占めるが、事業運営に関わるランニングコストは、交付金や補助金に頼らず、自助努力による収益確保による事業継続性（自立化）を行っているケースもあり、図書館のような「準公共財（クラブ財）」とは、あきらかに概念が異なっている。

3）公共性のある経営体に対し、支援の方法としては、①イニシャルに補助する（道の駅等。道の駅でもランニングで応援する部分が大きくなれば、やり過ぎと考える）。②固定費用に補助する（鉄道等交通機関のインフラ部分は、公共性あり、公共財とみなせるためこれを分離して補助すること等を「上下分離」という)。③一般的なPFI等の公民連携の場合は、イニシャル、固定費用の組合せとなることがある。これらを踏まえ、本研究では、「半公共財的」であり、「経営体」としてのマネジメントを実施している道の駅を「公共性のある経営体」として定義する。

4) しかし、いくら公共性があるといっても、イニシャル、固定費用を応援し、その上で、経営が行き詰まり破綻すれば、公共性を応援する政策そのものが破綻となる。したがって、あくまで経営は優良であり、持続可能なものでなければならない。本研究の目的は、そのような優良事例について、経営分析の立場からモデル化を試み、今後の道の駅の運営に資する知見をまとめることにある。

そこで、第3章では「経営分析方法に関する先行研究」を検討し、分析の立場を示す。

1) 経営分析において、喬 (2020) は6期に分けており、ミンツバーグ (1999) は10学派をあげている。**経営分析を考える枠組みとしては、現在は、最終的には1980年代までの規範的・分析的アプローチを集大成したポーターらのポジショニングスクールと、1990年代以降台頭した資源ベースのケイパビリティスクールの2つの考え方が主流**である。2000年代以降、この2つの立場が有力で、そして並立する形となっている。そこで本研究では、バリューチェーン分析、ポーターらのポジショニング学派の差別化・競争優位、資源ベース論 (RBV) スクールのチャンネル管理・ブランド価値などの観点から行う。

2) とくに、後半では、「ブランド」が「競争優位」を生み出すことを主張するアーカー (2014) をあげ、ブランド認知、ブランド連想、ブランド・ロイヤルティより構成される「ブランド・エクイティ」に注目し、ブランド資産の5つのカテゴリーである「知覚品質」の重要性を指摘する。さらに、製品やサービスが差別化しにくい場合には、「シンボル」がブランド・エクイティの中心的な要素となりうること、「ブランド連想」だけで競争優位の源泉になるという恩蔵 (1995) をあげ、「ブランド・エクイティ」の構築でケラー（2010）が「知識構築プロセス」に着目し、その差別化効果を主張し、その知識構築プロセスに含まれる「ブランド要素」の「キャラクター」のユーモア、ファンタジー、ブランド認知を生み出す「人的要素」による選好性の向上をあげている。

3）ただし、地域固有の問題として、地域課題に援用する場合、経営学の手法そのままというわけにはいかない多くの注意点も指摘した。①まず意志決定主体の問題で「公共性のある経営体」である道の駅では、まず経営が公共のチェックをうけるし、地域の合意形成がなければそもそも設立、運営ができない。②次に、資源が指定されている問題で、川上の生産者は、道の駅本来の趣旨から地元が前提であり、経営体が自由に有利な相手を域外から選ぶことはできない。地域の農家との合意形成には当然ソーシャルキャピタルが必要になってくる。また資源が限られる問題もある。そのような中でどのようにして地域の人的資源を活かし、あるいは、外部の有利な資源を導入活用するのか、その手腕が求められる。

第4章「道の駅の分類と持続可能な例の選定」では、全国の道の駅のうち、採算性評価・パフォーマンスなどのデータを得られる道の駅16例を対象に、道の駅の年間売上高を従属変数に、延床面積を独立変数として、回帰分析を行う。その結果、回帰直線を上回る道の駅は10カ所存在しており、これらの道の駅では、延床面積に対して平均よりも高い年間売上高を生み出していることが判断できる。また商業・小売業は「強い規模の経済」がはたらく産業であることから、一般論としては規模が大きい施設が有利となる。ところが、延床面積が小さい道の駅であっても高いパフォーマンスで成功しているところがある。これらは創意工夫をしている優れた道の駅とみられる。よって、延床面積が小さいにも関わらず（1200㎡以下）、回帰モデルによる平均的予想を上回る優れた成績を示す道の駅6カ所のうち、西日本エリアに限定する5カ所（「塩津海道あぢかまの里」「能勢くりの郷」「妹子の郷」「かつらぎ西

（下り）」「なぶら土佐佐賀」）を対象とする。

第5章「事例1：「塩津海道あぢかまの里」、事例2：「能勢くりの郷」－バリューチェーン分析」では、2つの事例について、中山間地域の道の駅のバリューチェーンに着目し、安くて新鮮な農産物の販売、レストランの併設や自社ブランド加工品の開発に焦点をあて、中山間地域の道の駅が目的地となり得る競争優位を明らかにする。中山間地域の道の駅のバリューチェーン分析をテーマにした研究は、ほとんど見当たらない。研究方法としては、バリューチェーンの分析フレームを活用し、道の駅の野菜直売所やレストランでは消費者に商品やサービスを提供することから、小売業の分析フレーム「①商品企画機能」「②仕入機能」「③店舗運営機能「④集客機能」「⑤販売機能」「⑥アフターサービス機能」の観点にて分析を試みる。

第6章「モデル1：道の駅の地域資源活用によるチャネル管理モデル」では、以下の分析をする。

1) パフォーマンス分析：「あぢかまの里」「能勢くりの郷」の損益分岐点分析を行った結果、「あぢかまの里」の損益分岐点分析では、損益分岐点比率は90%以内を推移しており良好であることを示す。また、「能勢くりの郷」では、損益分岐点比率は100%を超えつつも、改善傾向にあることを明らかにする。
2) マーケティング・チャネル戦略による道の駅の競争優位の変化：中山間地域の道の駅においては、従来の競争優位であった「仕入」機能を中長期的には維持しつつも、新たに価値を生み出す「商品企画」機能へと競争優位が変化しつつあると解釈することができるものと十分考えられる。

第7章から第8章では、道の駅の飲食サービスに関する事例分析を行うことで、道の駅の「川上の視点」および「川下の視点」による地域活性化の要因を明らかにする。

第7章「モデル2:「新しい味覚・高品質の味覚」の開発」では、前章で明らかとなった「あぢかまの里」「能勢くりの郷」の採算性を高めている要因の一つである、商品開発「鮒寿し茶漬け」「ブランド野菜3種の開発」の取り組みについての事例分析を試みる。商品開発としては、担当者のこだわりが新しい味覚の開発に大きく寄与していることが考察される。新しい味覚の開発は、採算性を高める可能性を示唆していると結論できる。新しい味覚の開発段階には、担当者のこだわりが大きく寄与していることが考察される。それは、大竹（2015）が指摘するイノベーション型の「知的資源」にあたり、「競争優位の源泉」となっていることが示唆される。

第8章「事例3：大津市「妹子の郷」の比較分析、モデル3：多角化、モデル4：専門店戦略（飲食）」では、以下を明らかにする。

1)「米プラザ」と「妹子の郷」を4P分析にて対比させた結果、シニア層らを想定顧客に専門店に求められる狭い品揃えと接客を実現させていることを確認する。また、専門店には欠かせない深く狭い品揃えは、地元の方が主体的に地元の仕入業者との信頼関係を長年築いていたことが極上近江牛A5の仕入れを実現させたことも、さらに接客では、顧客に対する丁寧な接客を心掛けるスタッフの意識変化が起こり、対面接客サービスの向上によるさらなる専門店化の促進も確認できる。

2) 2点目の研究目的である「道の駅の来店者属性から考察し、施設内の専門店レストランとコンビニが顧客をすみ分けさせていること」について。今後、国交省からの要請などによる道の駅でのコンビニ設置は避けられず、コンビニとの差別化が想定される。レストランの専門店化と顧客のすみ分け戦略を示す。

3) 最後に、多角化による道の駅の深化モデルを構築した。①フェーズⅠ（休憩の機能）、②フェーズⅡ（地域振興、産業振興の機能）、③フェーズⅢ（多様化する顧客ニーズに対応した機能）。

次に、第9章から第15章では、道の駅の「川下の視点」から、道の駅のマーケティング活動に関連した「ブランディング」戦略に焦点をあて、差別化の要因を明らかにした。

第9章「事例4:「かつらぎ西（下り）」－道の駅直売所の過当競争を避ける差別化・地域ブランド戦略」では、豊富な果実の種類とコンテンツの利用で、「フルーツ王国」という地域ブランドの構築に見事に成功している事例を分析する。これまで、農産物直売所においては、委託販売が多くを占め、価格は近隣スーパーや卸売市場の価格を参考に、出荷者自身が決めている傾向が高い。さらに道の駅と地元生産者との関係は、農家が消費者の顔が見える関係までには至らず、店舗内での顧客への接客や販促は消極的である。そこで、戦略としてのブランド連想は競争優位の源泉としてはたらくと考察され、地域ブランドは、地域の魅力と商品の魅力に好影響を与えることが示唆される。

1）調査方法としては、「かつらぎ西」の関係者のインタビュー調査内容と先行研究のレビュー整理を比較し、マーケティング戦略の4P分析から考察する。商品では、地域ブランドを裏切らない見た目の綺麗さも重要視している。価格では、価格競争に陥らないようにコントロールしながら、高価格帯を維持させる価格調整を行っている。流通チャネルでは、品揃え形成においては兼業農家が加入する出荷者組織との契約が一般的だが、専業農家との契約が約8～9割を占め、顧客が欲しいタイミングに農産物を出荷できる協力体制を構築している。

2）さらに、計数データからは、売上高、出荷者数、来店者数（レジ通過数）とも増加しており、ポテンシャルの高さがうかがえる。

3）実際に、道の駅に農産物を出荷する農家からは、「農産物の価値をさげない姿勢や農産物のこだわりを伝える店舗運営に共感して出荷している。他の店舗だと価格競争に陥りやすく高値がつけにくい」との話を伺い、顧客への接客や販促を重視する取り組みは、専業農家との契約増に貢献していることが示唆される。

4）以上から、今回、積極的な販売販促を行うメカニズムとして、地域ブランド「フルーツ王国」のイメージを醸成させる、高級感、高価格、対話や接客を重視する姿勢などをマーケティング分析の観点から明らかにできた。地域ブランド「フルーツ王国」のイメージと道の駅との結びつきを連想させることで好影響をもたらしていることから、ブランド連想戦略と解釈することができる。

第10章「事例5:「なぶら土佐佐賀」－より深化したマーケティング戦略の4P分析」では、より高度な川下モデルとして、積極的なマーケティング活動を展開する「なぶら土佐佐賀」の事例の詳細について、マーケティング戦略の4P分析を行い、ケラーの3要素および物語マーケティングの立場から分析を行った。

1点目の研究目的である「「ケラー3要因」による差別化効果の要因」については、事例分析を通じて、「ケラー3要因」(ブランド要素の選択、4P戦略によるマーケティングプログラムの設計、2次的連想の活用)の存在を明らかにする。ケラー(2010)は、ブランド・エクイティを構築する知識構築プロセスの3つの要因が「ブランド知識」を形成し、それが強化されることで差別化効果を生み出すと主張する(以下、「ケラー3要因」という)。よって、この「ケラー3要因」をもとに、事例分析を行うことで、差別化効果の要因の考察を試みる。ブランド要素は「一本釣りで漁獲した戻り鰹、高知県黒潮町産の天日塩、国内産の藁」などで、本物志向を強く訴求しており、高知市内の観光名所として有名な「ひろめ市場(明神丸)」の雰囲気をこの道の駅で体験できることは、来店者の目的地化に寄与する可能性があり、差別化効果が期待できることを考察する。

2点目の研究目的である「物語モデルの構築」については、事例分析を通じて、来店者の感情に訴求する体験やストーリーを与える「なぶら土佐佐賀」独自のマーケティングモデル「物語モデル」の構成要素を確認したので、以下の章でより深く分析する。ターゲッティングセグメント層は、「子連れ家族」「感度の高い人達」「本物志向」「食にこだわる人達」の想定顧客が考察され、1)商品(稀少性)「元祖・藁焼き塩たたき」、2）販売・店内演出（パフォーマンス）「焼き切りによる藁焼き実演」、3）オリジナルのキャラクターの漁師キャラ「なぶら元吉」など、来店者の感情に訴求する体験やストーリーを与える構成要素などがある。

第11章「モデル5：コンテンツ導入モデル、モデル6：アトラクションモデル」では、「なぶら元吉」や「わら焼き」といったコンテンツやアトラクションを入れることによりマーケティング上の効果があることを検証する。具体的には、漁師キャラ（なぶら元吉）などによるキャラクター・マーケティングに焦点をあて、「なぶら土佐佐賀」の対象セグメント層を主人公とする「物語マーケティングモデル（以下、物語モデル）」の構築を試みる。道の駅のオリジナル・キャラクターの漁師キャラは、地域性のストーリーを意識させ、来店者の感情に訴求し、来店者の行動に影響を与えていることが想定される。池田（2016）は、消費者行動に応用性が高い「態度の単一次元モデル」においては、態度を、ある対象についての好意的あるいは非好意的な「感情」と捉え、態度（感情）が認知や行動を促す、と指摘する。よって、「態度の単一次元モデル」をもとに、来店者の「感情」に訴求する体験やストーリーについての分析や考察を踏まえて、「物語モデル」の構築を試みた。アンケート調査の結果、キャラクターコンテンツはその生活を連想させるよりは、新鮮なタタキの商品そのもののイメージを強く印象づけさせ、新鮮なタタキのアトラクションとキャラクターコンテンツの相乗効果があることを示す。

第12章「コンテンツ・アトラクション戦略の実証分析（1）：子供連れ家族へのターゲティング」では、「なぶら土佐佐賀」の事例分析を通じて、漁師キャラ（なぶら元吉）などのキャラクターの存在から、キャラクター・マーケティングの取り組みが示唆されるとともに、対象セグメント層を主人公とする物語マーケティングモデル（以下、物語モデルという）の仮説では、子供連れ家族を想定セグメント層としており、家族をイメージさせる漁師キャラ達を主人公とし、想定セグメント層に親近感を創出することで、ターゲティングセグメント層（想定顧客）である子供連れ家族の来店を高める効果が仮定されるが、それをデータで裏付ける。アンケート調査をもとに実施した実証分析（t検定）の考察としては、来店者属性などに関する分析や考察を行うことで、なぶら土佐佐賀において、「物語モデル」の想定顧客である子供連れ家族の来店が、他の道の駅に比べ多くなっていることを明らかにする。

第13章「コンテンツ・アトラクションマーケティング戦略の実証分析（2）：ケラー3要素を拡張するブランド知識リピートモデル」では、森山（2016）が示すようにあらゆるマーケティングにおいて「新規顧客よりもリピート客（既存顧客）の維持が持続的な利益をもたらす可能性が高い」（1対5の法則、リピーターが基本）ことから、コンテンツやアトラクション戦略をとった場合、リピート増進に貢献するのかどうかを、クロンバック係数分析や共分散構造分析（SEM：構造方程式モデリング）等を用いて明らかにする。

1）「拡張ケラーモデル」の構築：手法としては、ケラーが提唱するブランド知識を構成する3つの要因「ブランド要素」「4P戦略」「2次的連想」（ブランド・エクイティによる差別化効果）モデルに、「リピート知識」を4番目の要素として加え「拡張ケラーモデル」を構築し、さらに時間的効果を加えた独自モデルを作った。また、子連れ家族に特に効果があるのかどうかについても、パス解析により、コンテンツ戦略がより強く効いていることを明らかにした。研究方法としては、キャラクターなどのブランド要素は、事前に道の駅の存在を知り、行ってみたいと思う気持ちにさせる効果があると考えられるが、再来店や知人友人の紹介などのリピート効果に貢献するには、道の駅に来店してからの現場体験（店舗戦略）が重視されると想定する。よって、そのような時間的な因果関係を考慮した「全体モデル」として、「全体修正モデル（時間的因果）」の作成を試みる。「ブランド知識」を構成する3つの要因「ブランド要素」「2次的連想」「店舗戦略」は、来店者の「リピート効果」に影響を与えていることを確認する。

2) 子連れ家族による漁師キャラの影響分析【共分散構造分析】の結果、「子連れ家族」のほうが、ブランド要素要因（漁師キャラ）による差別化効果への影響が強く表れている。

3) 初心者とリピーターの影響分析【共分散構造分析】の結果、「初心者」は、知人・友人紹介に強く影響を与え、「リピーター」は、再来店に強く影響が表れているといえる。これにより、より重要な顧客である「リピーター」に対し、コンテンツ・アトラクションマーケティング戦略がより希求していることを証明する。

4) 道の駅で提供する「稀少性（元祖・藁焼き塩たたき）」「店内演出（藁焼きの実演）」を含む店舗戦略要因の影響度は、「初心者」に比べて「リピーター」のほうが高くなっていることが見て取れる。

5) ブランド知識の要因である、①「ブランド要素」から「店舗戦略」、②「2次的連想」による「リピート効果」への影響が強く表れており、「リピーター」には、さらなるリピーター化を促す行動、「初心者」については、知人・友人への紹介を促す行動に貢献していることが考察される。これは、「初心者」にとっては、知人友人に話をしたくなるような話題性があるインパクトの強さを持つと考えられる。また、「リピーター」は、既に知人友人に話をしていることが想定されることから、誰かに紹介をするというよりかは、自分がまた行ってみたいと思う気持ちが強い傾向にあると推測できる。

6) リピート効果への影響としては、①「ブランド要素」から「店舗戦略」による影響、②「2次的連想」による影響という2つのリレーションを確認する。

7) また、漁師キャラは、「子連れ家族」の再来店や知人・友人への紹介を促す行動に貢献することが考察され、漁師キャラによる影響が確認された。

第14章「コンテンツ・アトラクションマーケティング戦略の実証分析（3）:「物語モデル」の仮説検証分析」では、研究目的である「来店者の感情に訴求する体験やストーリーを与えている物語モデルが、来店者の行動に影響を与えていることを明らかにする。このことについて、2つの仮説を設定する。仮説1は、「漁師キャラ」「藁焼き実演」「元祖・藁焼き塩たたき」等のコンテンツ・アトラクションマーケティングより抱く態度や感情は、「再来店を促す」行動を高める、仮説2は、これらから抱く態度や感情は、「知人・友人への紹介を促す」行動を高める、である。仮説を検証するため、アンケート調査をもとに多重の回帰分析を行った結果、仮説1、仮説2とも支持された。以上から、なぶら土佐佐賀が実施する物語モデルが来店者の行動に影響を与えていることを確認できたと解釈することができるものと十分考えられる。

第15章「コンテンツ・アトラクションマーケティング戦略の実証分析（4）：態度形成メカニズム」では、パス解析、共分散構造分析（SEM：構造方程式モデリング）とAIC（赤池情報統計量）の手法を用いて、認知、感情、行動の相互関係を分析する。まず1点目は、道の駅の消費者行動に寄与する態度を形成する3要素（認知、感情、行動）の「関係性」を明らかにする。次に2点目としては、3要素の「影響力」を明らかにする。

1）3要素（認知、感情、行動）の「関係性」としては、これらの道の駅では、特に味覚、キャラのような感情に訴える動因の成分が優位ではないかと仮説を立てる。【仮説】道の駅の消費行動においては、「認知から始まるモデル（標準的学習階層モデル）」よりも、「感情から始まるモデル（経験階層モデル）」のほうが、態度の形成に適合したモデルである。
2）共分散構造分析（SEM：構造方程式モデリング）とAIC（赤池統計量）を用いた分析の結果、「認知から始まるモデル（標準的学習階層モデル）」と「感情から始まるモデル（経験階層モデル）」を分析した結果、明らかに「感情から始まるモデル」のほうが当てはまりよく、説明されることがわかる。
3）Solomon（2008）が提唱する「標準的学習階層モデル」におい

ては「認知→感情→行動」の一貫性が支持されているが、認知からの直接的な行動への影響度を判断することができない。そこで、Kernan&Trebbi（1973）が提唱する「階層効果モデル」に基づき、行動を加えた態度の3要素モデルの立場から態度の一貫性に着眼し、態度内成分の階層的構造「認知→感情→行動」の要素ごとの影響力を実証分析にて試みる。その結果、①「感情」から「行動」への直接効果がさらに高まる。②「認知」から「行動」に影響する際の間接効果（認知から感情を経由して行動に移る）も高まることで、「認知」から「行動」への総合効果（直接効果＋間接効果）がさらに高まることが明らかになった。

以上から、道の駅の消費行動における態度形成においては、顧客の感情に訴えるアプローチが重要視されることを意味しており、現地での体験から創出される感情をさらに高めていく取り組みが重要であることが示唆される結果となる。コンテンツ・アトラクションマーケティングを用いることにより、認知よりもより直接的に感情から行動をうながし、より強力なマーケティングとなっていることが明らかになった。

小規模でも非常に優秀な成功する道の駅の6モデルと3つの競争優位

いままでの事例を踏まえると、道の駅には、6つのモデル「6次化（チャンネル管理）モデル」「多角化モデル」「専門店化モデル」「新しい（高質な）味覚の創造モデル」「コンテンツマーケティングモデル」「アトラクションモデル」が存在しており、ここではこれらを3つの競争優位からまとめる。

(1)「チャネル管理モデル」の競争優位➡ネットワーク化（6次化）戦略：

道の駅の強みは「新鮮さ・安全さ（低農薬、とれたて）」であり、消費者が求める安全安心の品質確保、農産物の安定供給を実現させるには、川上の農家の強力なネットワーク形成と協力は欠かすことはできない。その実現には、マーケティング・チャネル管理が重要となる。これらは、中山間地域の「出荷者組織」が主体となり、「道の駅」と共存関係を構築することで、安定的な出荷体制や新たな商品開発が実現できており、広く適用が可能な要素と考えられることから「ネットワーク化(6次化) による競争優位」とする。

(2) 「多角化モデル」「専門店モデル」により競争優位は「サービス拡大」➡道の駅主体による飲食の高度化の導入など：

これらは、中山間地域の「道の駅」が主体となり、顧客ニーズを踏まえた商品開発や飲食などの高付加価値なサービスを実現しており、広く適用が可能な要素と考えられることから「サービス拡大による競争優位」とする。

(3) 「新しい（高質な）味覚の創造モデル」「コンテンツマーケティングモデル」「アトラクションモデル」➡「ブランディング」の競争優位＝＞道の駅の過当競争をさける差別化戦略：

1）道の駅の過当競争を避ける差別化戦略が有効。2）すでに使われているコンテンツ作品や地元のクリエーターを起用。3）希求対象（来てほしい顧客）のセグメントが主人公の物語的マーケティング。4)「ファミリー」にアピールするコンテンツなどのイラストやキャラクター、フルーツの地域ブランド作り。4）道の駅の資源ベースは、「地元生産者とのネットワーク」と「ブランド」である。

3つの道の駅の競争優位モデルとして、「ネットワーク化（6次化)」「サービス拡大」の実現には、農家などの地元生産者とのネットワークは欠かせない。また、「ブランディング」は、地域ブランドや道の駅特有のキャラクターなどのブランドの活用が必要となる。

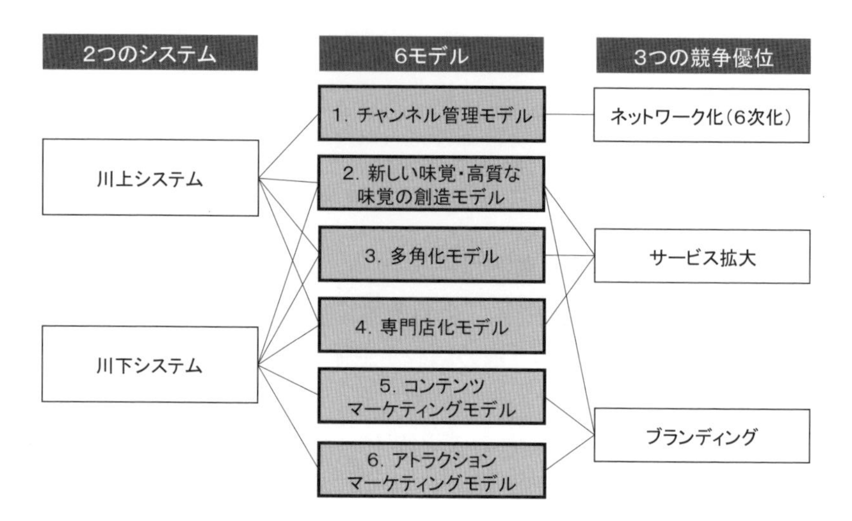

図－1　道の駅の6モデルと3つの競争優位

出所：筆者作成

【注】

(注 1)「優れた成績を示す道の駅」の詳細については、第4章で詳述している。

(注 2) 2020年6月時点による。

第1章　道の駅の現状と課題

1. 道の駅の定義・制度

近年、道の駅がクローズアップされつつある。

道の駅とは、日本の各自治体と道路管理者が連携して設置し、国土交通省（制度開始時は建設省）により登録された、商業施設・休憩施設・地域振興施設・駐車場等が一体となった道路施設であり、国土交通省による最初の道の駅の基本コンセプトとしては、道路利用者のための「休憩機能」、道路利用者や地域の人々のための「情報発信機能」、道の駅を核としてその地域の町同士が連携する「地域連携機能」という3つの機能を兼ね備えたものである（国土交通省HP「道の駅案内　概要」）。

しかし、いまは、直販所・飲食が中心の地域活性化機能が強くなっている。

1993年登録開始で現在、全国登録数は1180カ所(注1)と増加傾向にある。

(1)「道の駅」が設立された狙い

国土交通省によると、構想された当時は長距離ドライブが増え、女性や高齢者のドライバーが増加するなかで、トイレ休憩も必要で、道路交通の円滑な「ながれ」を支えるため、一般道路にも安心して自由に立ち寄れ、利用できる快適な休憩のための「たまり」空間が求められていた。

こうしたことを背景として、道路利用者のための「休憩機能」、道路利用者や地域の方々のための「情報発信機能」、そして「道の駅」をきっかけに町と町とが手を結び活力ある地域づくりを共に行うための「地域の連携機能」の3つの機能を併せ持つ休憩施設「道の駅」が誕生した。

さらに今では、人々の価値観の多様化により、個性的でおもしろい空間が望まれており、これら休憩施設では、沿道地域の文化、歴史、名所、特産物などの情報を活用し多様で個性豊かなサービスを提供することかでき、これらの休憩施設が個性豊かなにぎわいのある空間となることにより、地域の核が形成され、活力ある地域づくりや道を介した地域連携が促進されるなどの効果も期待される。

(2)「道の駅」の目的と機能

国土交通省によると、道の駅の目的としては、「道路利用者への安全で快適な道路交通環境の提供」「地域の振興や安全の確保に寄与」である。その両輪を実現させる機能として、24時間無料で利用できる駐車場・トイレを設置した「休憩機能」、道路情報・地域の観光情報・緊急医療情報などを提供する「情報発信機能」、そして、文化教養施設、観光レクリエーション施設などの地域振興施設や防災施設（感染症対策を含む）を含む「地域連携機能」の3つの機能が求められている。これらの3つの機能（休憩機能、情報発信機能、地域連携機能）を相互活用することにより、地域とともにつくり個性豊かな、にぎわいの場づくりの実現を目指している（国土交通省HP「道の駅案内　概要」)。

(3)「道の駅」の登録要件

道の駅の登録要件としては、1）休憩機能、2）情報発信機能、3）地域連携機能、4）その他、5）設置者、となっている（国土交通省HP「道の駅案内　概要」)（表1－1)。

表1－1　道の駅の登録要件

1）休憩機能 利用者が無料で24時間利用できる 十分な容量を持った駐車場 清潔なトイレ（原則、洋式） 子育て応援施設（ベビーコーナー等） 2）情報発信機能 道路及び地域に関する情報を提供（道路情報、地域の観光情報、緊急医療情報等）

3) 地域連携機能
文化教養施設、観光レクリエーション施設などの地域振興施設
4) その他
施設及び施設間を結ぶ主要経路のバリアフリー化
5) 設置者
市町村又は市町村に代わり得る公的な団体
（都道府県、地方公共団体が三分の一以上を出資する法人または市町村が推薦する公益法人）

出所：国土交通省HP「道の駅案内　概要」をもとに筆者作成

(4)「道の駅」の設置者、登録方法

「道の駅」の設置者、登録方法は、1)「道の駅」は、市町村またはそれに代わり得る公的な団体が設置、2) 登録は、市町村長からの登録申請により、国土交通省で登録、3) 整備の方法は、道路管理者と市町村長等で整備する「一体型」と市町村で全て整備を行う「単独型」の2種類、となっている（国土交通省HP「道の駅案内　概要」)。

(5) 道の駅の質の確保・向上機能の役割を果たす「重点道の駅制度」

重点道の駅制度とは、全国各地で道の駅を地域活性化の拠点とする取組が進展しており、この動きを応援するため、国土交通省にて、重点道の駅制度を創設し、優れた道の駅を関係機関と連携して重点支援する取組を実施していく、としている（国土交通省HP「モデル「道の駅」・重点「道の駅」の概要」）（表1－2)。

表1－2　重点道の駅制度

1) 全国モデル「道の駅」
地域活性化の拠点として、特に優れた機能を継続的に発揮していると認められるもの。
平成26年（2014年）選定（6箇所）
・既存の道の駅を対象に、国土交通大臣が選定
・観光、産業、福祉、防災等、地域資源の活用や地域の課題解決を図るための地域のゲートウェイや地域センターとして機能
・設置から一定年数（10年以上)、継続的に地域に貢献
2) 特定テーマ型モデル「道の駅」
特定のテーマについて、道の駅の質的向上に資する全国の模範となる取組を行い、その成果が認められるもの。

平成28年度（2016年）住民サービス部門モデル選定（6駅）
平成29年度（2017年）地域交通拠点部門モデル選定（7駅）
・全国各地の道の駅の模範となる成果をあげている道の駅を対象に、国土交通大臣が認定
・道の駅が有する個々の機能が異なる点を踏まえ、模範性を高めるために、テーマ（部門）を設定
・全国の道の駅からの視察及び講師の要請に対応するなど、道の駅の質的向上に貢献する役割

3）重点「道の駅」
地域活性化の拠点となる優れた企画があり、今後の重点支援で効果的な取組が期待できるもの。
平成26年（2014年）選定（35箇所）、平成27年（2015年）選定（38箇所）、
平成30年（2018年）選定（15箇所）、令和元年（2019年）選定（15箇所）
・道の駅の整備の企画段階から、国土交通大臣が選定
・取組の先駆性、効果、実現可能性に基づき、優れた企画を選定

4）重点「道の駅」候補
地域活性化の拠点となる企画の具体化に向け、地域での意欲的な取組が期待できるもの。
平成26年（2014年）選定（49箇所）、平成30年（2018年）選定（14箇所）、令和元年（2019年）選定（15箇所）
・道の駅の整備の企画を対象に、地方整備局長等が選定
・取組の具体化に向けた地域の意欲的な体制整備等に基づき、選定

出所：国土交通省HP「モデル「道の駅」・重点「道の駅」の概要」をもとに筆者作成

2. 道の駅の現状

(1)「道の駅」の登録数の推移と分布

「道の駅」の登録数は、1180駅（2020年7月1日現在）となっており、設立当初の1993年に比べ、約10倍以上と年々増加傾向にある(注2)。

また、2015年時点の道の駅の登録数（1079件）をもとに、都道府県別の道の駅の登録件数をみると、「北海道（117件）」が最も多く、次は「岐阜県（54件）」「長野県（42件）」「新潟県（38件）」「兵庫県（32件）」となっている(注3)。

(2)「道の駅」の利用者数と売上高

全国の「道の駅」の利用者数や売上高については、国土交通省から正式な数値が公開されていないことから、ネット上にて公開されている情

報から分析を試みる。中国四国管区行政評価局（2017）によると、全国の「道の駅」の年間利用者数は2億人（2012年）を超え、売上げは2100億円（同年）に達している（中国四国管区行政評価局、2017）。また、ビジネス＋IT HPによると、道の駅の年間利用者は2015年で延べ約2億4000万人を数え、約2500億円の売り上げがある、とのことである（ビジネス＋IT HP、2021）。

本章では、これらの内容をもとに、1駅あたりの道の駅の利用者数と売上高の試算を行うこととする。2012年と2015年にて単純比較を行った結果、2012年の道の駅数は977駅、2015年は1040駅であることから、1駅あたりの平均利用者数は20万人（2012年）から23万人（2015年）と約15%増となっており、さらに、平均売上高は、2億1494万円（2012年）から2億4038万円（2015年）と約12%増であることが明らかになった。この結果から、全国平均として1駅あたりの平均利用者数、平均売上高ともに増加傾向にあることが類推される。

一方、北海道管区行政評価局（2019）によると、北海道内の道の駅13駅の利用者数および売上の年度別の推移からは、利用者数は、増加6駅、概ね一定4駅、減少2駅。売上は、増加6駅、概ね一定4駅、減少1駅となっている。

(3)「道の駅」の実態

特定非営利活動法人元気な日本をつくる会（2015）は、全国の地方自治体に対して、道の駅の運営に関するアンケート調査を2015年に実施した。具体的には、全国の地方自治体のうち、県・市・町、合計1603カ所の首長あてに、地域活性化の拠点として、交流促進や情報発信、地域特産品の販売・PR等で期待されている道の駅の運営に関するアンケート調査票を送付し、271自治体からの回答を得た（回収率16.9%）。集計期間は2015年2月14日から3月31日までである。

本章では、このアンケート調査の結果を踏まえつつ、道の駅の実態を考察していくこととする。

1）指定管理者が運営事業者へ期待したい事項

20項目の選択事項(注4)から最も期待したい5項目を選択する形にて調査を行っている。その結果からは、「来場者数を増やすための施策(16.3%)」が最も多く、次いで「地域特産物を利用したオリジナル商品の開発（13%)」「取扱商品の充実（8.4%)」「観光協会等との連携による観光案内の充実（7.6%)」「冬場の来場者数の増加（7.2%)」が上位を占めている（特定非営利活動法人元気な日本をつくる会、2015)。「来場者を増やすための施策」が最も多く、次に「地域特産物を利用したオリジナル商品の開発」となっている。

この結果を踏まえ、道の駅に来場者を呼び込むためには、道の駅の強みである「地域性」を活かしたオリジナル商品開発は欠かせないが、オリジナル商品開発には時間とお金などが掛かることから、まずは、即効性が高いイベントなどの集客施策にて、来場者数を増やすことが優先されている結果であることが考察される。

「取扱商品の充実」に関しては、近年では道の駅に農産物を出荷する兼業農家の高齢化が課題となっており、道の駅の品揃え確保のために、地域外からの農産物を仕入れる動きも出てきている。この動きは、道の駅の強みである「地域性」を弱体化させることに繋がる恐れがあり、近隣のスーパーとの同質化が危惧される。一方、品揃えが少ないと午前中で品切れ状態となり、それが定常化すれば来場者が減少してしまうとの指摘もあり、いかに地産地消の農産物を道の駅で確保できるかが課題となっている。

「観光協会等との連携による観光案内の充実」が上位にあがっている。その背景としては、道の駅では国交省にて観光案内所の設置を義務付けているが、多くの道の駅ではパンフレットを置いているだけの無人の観光案内所となっている。国交省は、観光案内所の有人化を求めつつあるが、道の駅の運営管理者は人件費などのコスト負担を嫌がり、なかなか進まない状況にあることから、観光協会等との連携を通じて、道の駅の観光案内所の効率的な運用を期待していることが示唆される。

「冬場の来場者数の増加」については、冬場は農産物の収穫品種が少なくなり品揃えが確保できなくなることや、豪雪地域では雪による国道遮断などによる観光客の来店減少などが要因として考えられる。ある道の駅では、冬場でも収穫できる農産物を作付けするなどの動きをしているところもある。

2）道の駅の売上推移

直近3カ年の売上推移として、「①平成23年度＜平成24年度＜平成25年度（上昇→上昇）」、「②平成23年度＜平成24年度＞平成25年度（上昇→減少）」、「③平成23年度＞平成24年度＜平成25年度（減少→上昇）」、「④平成23年度＞平成24年度＞平成25年度（減少→減少）」の4つの選択肢より分析を行っている。

その結果としては、「①上昇→上昇（33.8%）」が最も多く、次いで「④減少→減少（25.9%）」「②上昇→減少（16.7%）」「③減少→上昇（12.0%）」となっている（特定非営利活動法人元気な日本をつくる会、2015）。

売上推移が2カ年連続で前年を上回る道の駅が最も多く、次に、2カ年連続で前年を下回る道の駅という結果となっており、これは道の駅の経営状況が二極化していることを顕著に表す結果であることがわかる。

3）道の駅の利用者数

施設ごとの利用者数利用者数（2013年度）の回答があった道の駅280カ所を対象に分析している。

その結果からは、「10万人未満（25.9%）」が最も多く、次いで「10万人以上20万人未満（18.7%）」「20万人以上30万人未満（12.5%）」「30万人以上40万人未満（9.3%）」「40万人以上50万人未満（7.8%）」「50万人以上70万人未満（4.7%）」「70万人以上100万人未満（4.4%）」「100万人以上（4.0%）」「回答なし（12.8%）」となっている（特定非営利活動法人元気な日本をつくる会、2015）。

道の駅280カ所のうち約6割（57.1%）が、30万人未満の利用者に留まっている状況が示唆される。

今回、本研究の研究対象とする5カ所の道の駅の利用者数を見てみると、「塩津海道あぢかまの里」では約39万人（2018年）、「能勢くりの郷」では約71万人（2017年）[注5]、「妹子の郷」では約79万人（2016年）、「なぶら土佐佐賀」では約37万人（2017年度）、「かつらぎ西（下り）」では約80万人（2018年度）[注6]である。大規模ではないにもかかわらず、この5カ所の道の駅の利用者は30万人以上であり、道の駅の利用者数から見ると平均以上であることがわかった。

4）運営事業者の属性

管理運営している主体の組織属性を8項目の選択事項[注7]から選択する形で調査している。その結果からは、「第3セクター（28.5%）」が最も多く、次いで「民間企業への委託（18.3%）」「財団法人等の団体組織への委託（10.6%）」「自治体（8.7%）」「その他（6.1%）」「JA（4.2%）」「NPO（2.9%）」「商工会議所 商工会（2.2%）」「無回答（18.6%）」となっている（特定非営利活動法人元気な日本をつくる会、2015）。

今回、本研究の研究対象とする5カ所の道の駅の運営事業者を見てみると、最も多い「第3セクター」が運営する道の駅は、「能勢くりの郷」の「有限会社能勢物産センター」の1カ所だけであり、残り4カ所の道の駅、「塩津海道あぢかまの里」の「有限会社西浅井総合サービス」、「妹子の郷」の「大津志賀地域振興観光株式会社」、「なぶら土佐佐賀」の「株式会社なぶら土佐佐賀」、「かつらぎ西（下り）」の「かつらぎ町商工会」は、第3セクター以外の運営事業者となっている。

5）飲食部門（軽食コーナー）における取扱商品

9項目の選択事項[注8]からの複数回答にて調査を行っている。その結果からは、「ソフトクリーム（オリジナル）（22.2%）」が最も多く、次いで「揚げ物系（コロッケ・から揚げ等）（13.7%）」「焼き物系（焼き鳥・串焼き等）（7.7%）」が上位を占めている（特定非営利活動法人元気な日本をつくる会、2015）。

この結果からは、地元の農産物（栗、イチジク等）を練りこむ工夫により、オリジナルのソフトクリームづくりを行う道の駅が多くみられ、この道の駅でしか食べられないソフトクリームなどの希少性が差別化に貢献している事例も多く見受けられる。また、食べ歩きができるアイスクリームやコロッケ、から揚げ、焼き鳥などは、手ごろ感が受けて顧客からの人気が高いことが示唆される。

また、差別化を図っていくには、新たな商品の開発は欠かせないが、本格的なオリジナルの商品開発を行うとなれば、パッケージ制作から製造委託、お客様への販促PRなどの課題に対処していく必要があり、時間とコストがかかることが危惧される。一方、アイスクリームやコロッケ、から揚げ、焼き鳥などは、顧客の認知度も高く、地元の特産物を使い、地元の有志の協力で比較的簡単に作ることができ、即販売につながる手頃さが支持されていると示唆される。

6）オリジナル商品の開発

道の駅主導で地域内の企業や学校等と連携してオリジナル商品を開発したことがあるかを、6項目の選択事項[注9]からの複数回答にて調査を行っている。その結果からは、「地域内企業と共同開発したことがある（20.4%）」が最も多く、次いで「地域外（県外）企業と共同開発したことがある（10.4%）」が上位を占めている。一方、オリジナル商品を開発したことがないなどの「無回答（37.8%）」も約4割を占める（特定非営利活動法人元気な日本をつくる会、2015)。オリジナル商品を開発したことがある道の駅は約6割を占めており、その中で、地域内外を問わず企業と共同開発をしている道の駅が約3割（30.8%）を占めている。

本章の研究対象とする「能勢くりの郷」では、製造委託先の地域外（県外）企業に、地域特産物の栗を支給することで、栗を使ったお菓子やレトルト総菜などの道の駅オリジナル商品の開発を行っており、道の駅単独でオリジナル商品を開発することは、非常にハードルが高いことが示唆される。

7）他府県の道の駅との連携（イベントや商材交流）

ここでは「①他府県の道の駅と何らかの連携をしている」「②他府県の道の駅とは連携していない」から選択する形で調査している。その結果からは、「他府県の道の駅とは連携していない」が約8割（77.3%）を占めており、「他府県の道の駅と何らかの連携をしている（18.9%）」は約2割に留まっている（特定非営利活動法人元気な日本をつくる会、2015）。

この結果を踏まえ、他府県の道の駅と何らかの連携をしている道の駅は約2割程度と多くはないが、本章の研究対象とする「塩津海道あぢかまの里」では、地元で採れる農産物の品揃えにこだわりを持ちつつ、道の駅に農産物を出荷する兼業農家の高齢化や豪雪による冬場の農産物収穫品種の減少などにより、売り場の品揃え減少に歯止めがかからない状況に危機感を抱き、売り場の品揃え確保のために、他府県の道の駅から農産物を仕入れることで品揃えの充実に取り組んでいる。

今後は、農産物を出荷する兼業農家の高齢化は避けられないことから、道の駅の品揃え確保に向けて、他府県の道の駅と何らかの連携を模索していく動きは避けられないことが示唆される。

3. 今後、望ましい「道の駅」にもとめられる課題

当初は、道の駅をきっかけに町と町とが手を結び活力ある地域づくりを共に行うための「地域の連携機能」を目指していたが、道の駅登録開始から27年が経過した現在においては、直販所・飲食が中心の「地域活性化機能」が求められている状況にある。さらに、1993年の登録開始から、全国登録数は年々増加傾向にある。

1）このような状況を踏まえると、近隣の類似施設だけに留まらず、道の駅同士の競争は避けられない状況となりつつある。過当競争を回避するためには、「差別化」が求められる。よって、道の駅のマーケティング活動に関連したブランディングとして、差別化効果に貢献するブランドメカニズムを明らかにする【課題1】。

2) また、地域振興の担い手の役割が期待されており、「地域性」「共同性」を強みに生産から販売まで一貫した流れを地域内にて実現させ、地域内循環を生み出すことで地域振興への貢献が求められている。よって、チャネル管理など「市場ベース資源」に関連したバリューチェーンに着目し、地域活性化を促すチャネル管理の関係性を明らかにする【課題2】。

【課題1】　川下の視点
過当競争の回避→差別化→ブランドメカニズム
【課題2】　川上の視点
地域活性化→地域資源活用→チャネル管理

【注】

(注 1) 2020年7月時点による。国土交通省HP「道の駅案内　沿革」

(注 2) 国土交通省HP「道の駅案内　沿革」

(注 3) 都道府県データランキングHP「道の駅（道の駅数）」

(注 4) 指定管理者が運営事業者へ期待したい選択事項としては、「1.イベント開催回数の増加」「2.来場者数を増やす為の施策」「3.冬場の来場者数の増加」「4.近隣施設・団体との連携（学校や高齢者施設、地域団体等）」「5.他の地域の道の駅との商材交流や人的交流促進」「6.取扱商品の充実」「7.地域特産物を利用したオリジナル商品の開発」「8.インバウンド顧客（外国人）向けの対応促進」「9.観光協会等との連携による観光案内の充実」「10.店員（パート含む）の顧客対応レベル向上」「11.自治体で実施している各施策との連携」「12.ホームページ等の充実」「13.施設内のPOPや案内などの改善」「14.来場者の特性分析やニーズ調査分析と対応」「15.体験型プログラムやイベントの実施」「16.産直における農林漁業者との連携促進（コミュニケーションや事業者数増加）」「17.クレジットカードの利用」「18.役所の担当部署との連携および情報交換」「19.ほか」「20.なし」である。

(注 5)「能勢くりの郷」の利用者数は、レジ通過数23万6436人（2017年）をもとに3倍した値を計上している。他の道の駅関係者からのヒアリングより、レジ通過数の3倍が施設の利用者数としてみなされていることによる。

(注 6)「かつらぎ西（下り）」の利用者数は、レジ通過数26万7137人（2018年度）をもとに3倍した値を計上している。

（注 7）運営事業者の組織属性の選択事項としては、「①自治体」「②第3セクター」「③財団法人等の団体組織への委託」「④民間企業への委託」「⑤JA」「⑥商工会議所 商工会」「⑦NPO」「⑧その他」である。

（注 8）飲食部門（軽食コーナー）における取扱商品の選択事項としては、「1.自家製パン（施設内で焼き立てを提供）」「2.ソフトクリーム（オリジナル）」「3.生・しぼりたてジュース（瓶ではなく、コップ等で販売）」「4.スムージー」「5.焼き物系（焼き鳥、貝類、肉の串焼き等）」「6.揚げ物系（コロッケ、から揚げ等）」「7.汁物系（豚汁や芋煮等）」「8.オリジナルのハンバーガー」「9.その他」である。

（注 9）オリジナル商品の連携開発の選択事項としては、「1.地域内企業と共同開発したことがある」「2.地域外（県外）企業と共同開発したことがある」「3.学校と共同開発したことがある（小学校・中学校・高等学校・大学・ほか）」「4.地域内の各種団体と共同開発したことがある（NPO・協議会・協会・ほか）」「5.住民のアイデアをもとに共同開発したことがある」「6.自治体職員と共に共同開発したことがある」である。

第2章　「公共性のある経営体」としての道の駅 ―先行研究とともに位置づける

本章では、道の駅のもつ公共性について考える。

1. 公共性について

(1)「公共性」とはなにか

齋藤（2000）によると、一般的に「公共性」とは、1）国家に関係する公的（official）なものという意味、2）特定の誰かにではなく、すべての人びとに関係する共通のもの（common）という意味、3）誰に対しても開かれている（open）という意味、であると指摘する（齋藤、2000）（表2－1）。

表2－1　公共性とは

1）国家に関係する公的（official）なものという意味 「公共性」は、国家が法や政策などを通じて国民に対しておこなう行動を指す。例えば、公共事業、公共投資、公的資金、公教育、公安などの言葉はこのカテゴリーに含まれる。対比されるのは民間における私人の活動である。この意味での「公共性」は、強制、権力、義務といった響きをもつはずである。 2）特定の誰かにではなく、すべての人びとに関係する共通のもの（common）という意味 「公共性」は、共通の利益・財産・共有するべき規範・共通の関心ごとなどを指す。公共の福祉、公益、公共の秩序、公共心などの言葉はこのカテゴリーに含まれる。この場合に、対比されるのは、私権、私利・私益、私心などである。この意味での「公共性」は、特定の利害に偏っていないというポジティブな含意をもつ反面、権利の制限や「受忍」を求める集合的な力、個性の伸長を押さえつける不特定多数の圧力といった意味合いも含む。 3）誰に対しても開かれている（open）という意味 「公共性」は、誰もがアクセスすることを拒まれない空間や情報などを指す。公然、情報公開、公開などの言葉はこのカテゴリーに含まれる。この場合には、秘密、プライバシーなどと対比される。この意味での「公共性」は、とくにネガティブな含みはないが、問題は、開かれてあるべきものが閉ざされているということである。

出所：齋藤（2000）をもとに筆者作成

(2) 政策論における「公共性」とは

宮脇（2011）によると、政策議論における「公共性」とは、「価値観の違う他者との協力関係を形成し維持すること」である。また、「公共政策」とは、「価値観の違う他者との関係を形成し維持しつつ、理想と現実をつながる手段の集まり」としている（宮脇、2011、p.20）。

ここで重要な点は、第1に「価値観の違う他者への存在」であり、「一つでも多い価値観と協力関係を形成し、意志決定していくために、民主主義においては多数決の原則などが存在する」とする。第2に「協力関係を形成し維持する点」であり、この場合、「政治の民主的決定で開始した公共サービスは、たとえ財政赤字でも行政が勝手にやめることはできず、継続性を確保することがまず重要課題」と指摘する。そして、「最終的に公共サービスを持続する意義がないと判断される場合、民主主義に従い公共サービスを廃止する議論を展開」するが、公共サービスの改廃議論では、公共サービスの位置づけを判断する排他性・競合性の座標軸を活用し、財やサービスとしての性格を検証することが有用」としている（宮脇、2011、pp.22-23）。

(3) 社会学的立場からの解釈

社会学では、公共性の厳密的な定義を難しいとするものもあり、「内容的な定義をしても、仮に民が認める定義を下そうとすれば「人間性」や「自由」という包括的な理念をうたったものになり、定義しても内容が広すぎて定義として意味をなさない」と指摘する（田中、2010、p.43）。

しかし、地域に絞った公共性に関して、森岡（2008）は「「地域」は、連携と共生の舞台として、今や「公共財」でもある」と主張する。さらに、公共財として求められるのは、「経済的・社会的資源（信用）に加えて、彼ら（自営業者）がパーソナルな資源としての問題設定・計画・効率的処理・説得能力などを発揮することと、その舞台と装置を設けることである」と指摘する（森岡、2008、p.213）。

2. 経済学における「公共」

(1) 公共経済学的立場からの解釈

1) 市場以外の場合

経済学では、市場がうまく機能しないような状況を「市場の失敗」とよぶ。

この場合、「公共財」の存在がある場合があり、そして、純粋公共財の供給を市場に任せようとしてもうまくいかないのは、「ただ乗り問題(free rider problem)」の発生がある（麻生、1998、p.45)。

公共財とは、「その社会に属する人々によって共同消費される財・サービスであり、消費における「非排除性」および「非競合性」という2つの性質によって特徴づけられる」(長峯、1996、p.108)。

細江（1997）は具体的に「公共財とは、「非排除性」と「非競合性」をもつ財・サービスで、防衛、治安、環境、社会・産業インフラストラクチャーなどがあげられる」と指摘する（細江、1997、p.8）(注1)。

また、地方公共財については、「公共財からの便益の及ぶ範囲が、ある特定の「地域」に限定される」と長峯（1996）は述べる（長峯、1996、p.138)。

2) 供給の特殊性

一方、細江（1997）は、公共財の供給メカニズムとして、公的供給と私的供給を指摘しており、公共財の私的供給では、「資源配分の効率性という基準から、最善の結果に結びつかない」と主張する（細江、1997、p.91)。さらに、公共財の資源配分について、「こうした公共財の供給は民間企業にある供給がむずかしいので、政府による直接的な資源配分によって行われる」とする（細江、1997、p.8)。

ただし、「多くの財・サービスは公共財と私的財（排除性と競合性をもつ）との中間的な混合財がある。これらの場合、資源の効率的利用の観点からではなく、政治的圧力によって過剰供給される可能性」を指摘する（細江、1997、p.8)。

長峯（1996）は、政府の政策手段である公共支出について、「市場の失敗を是正すべく効率的な資源配分の達成を意図して、たとえば公共財の供給や外部経済・不経済を是正するための補助金の配分に使われる」と指摘する（長峯、1996、p.107）。さらに、公共財への補助金の効果については、「公共財への需要を刺激するという点で、所得効果だけを持つ定額補助金よりも価格効果（代替効果）を持つ定率補助金の方が、一般的にその効果は大きい」とする（長峯、1996、p.142）[注2]。

(2) 公共政策学的立場からの解釈

秋吉ほか（2015）は、公共政策とは「公共的問題を解決するための、解決の方向性と具体的な手段」であると指摘する。そして、公共的問題とは、「端的には社会で解決すべき問題と認識された問題であり、それは政策問題とされる」と述べている（秋吉ほか、2015、p.26）。

また、公共政策の手段としては、「直接供給・直接規制」「経済的インセンティブ」「その他（啓発）」を述べており、その中の「直接供給」における政府が直接に財・サービスを供給する対象として、「公共財」を指摘する（秋吉ほか、2015、p.85）。

また、公共選択の視点として、宮脇（2011）は、厚生経済アプローチと公共選択アプローチの違いに触れ、厚生経済アプローチでは、「公共性を担えるのは行政だけと考えることから、公共性あるサービスは全て行政が提供すべき」と述べる。一方、公共選択アプローチでは、「企業や国民も含め特定の主体のみを公共サービスの提供者や受益者であるとは考えない」と指摘する（宮脇、2011、p.187）。さらに、公共政策が抱える3大争点として、「第1は限られた資源に対する基準争点、第2は優先順位の配分争点、第3は配分に関する基準争点」があると主張する（宮脇、2011、p.38）。

3.「地域」と道の駅施策

以上をふまえ、「道の駅」とそのもつ公共性、および公共的支援の関係を検討する。

(1) 政策問題で重要視される「地域」

ここでは、政策における「地域」的視点の重要性を述べてみたい。

森岡（2008）によると、「近代社会システムの改革は、このシステムの基盤をなす「地域」の改革抜きにありえない」という（森岡、2008、pp.15-16）。

岡本（2003）によると、課題を解決させる施策の問題については、「全国一律にどこにでも役に立つ政策は、どこにも役に立たないばかりでなく、むしろ地域の活力を奪ってしまうことがしばしばある」と指摘する。そして、地域についての政策を構想するには、「地域特性をどのように生かすかが最も重要」と主張する。さらに、地域開発の観点から地域特性を「地域資源」と置き換えた上で、「地域特性とは、「もちろんその土地の歴史であり、風土であり、文化であり、自然環境であり、産業であり、人間関係であり、生活風習そのもの」と述べる。その「地域特性」を生かすことによって、「それぞれの地域が違った解決策、つまり政策をもつこと」であると指摘する（岡本、2003、p.116）。

本稿が扱う「道の駅」は、近年増加傾向にある。地元の農産物や加工品などの地域資源の活用を前提に、地域の生産活動から販売活動までの一貫した流れを地域内にて実現させ、地域内循環を生み出すことで地域振興の役割を担っており、地域活性化に寄与していることが示唆される。このことからも、「道の駅」と「地域」の関係性は、表裏一体にあるといえる。よって本研究では、社会で解決すべき問題の中から「地域」に着目する。

(2) 地域の内発的発展に寄与する「道の駅」

岡本（2003）はまた、地域を考える枠組みとして、「産業集積」や「産業クラスター」という概念をいう。そして「ただ集積しているだけでは十分ではなく、企業間に綿密な関係があることが望ましい。企業間の網の目のようなネットワークによって、そこに立地する企業は相互に利益を享受することができる」と述べる。また、地域の発展には「内発的発展[注3]」を主張し、そのためには「地域特性のもとで企業や店舗を集積させること」を指摘する（岡本、2003、p.118）。

「クラスター[注4]」のメリットとして、寺本（2003）は「クラスターの内部では競争のメリット（市場原理）と強調のメリット（垂直統合）の双方を享受することができる」と述べる。そして、その効果として「クラスターに一連の「集積のメカニズム」がはたらくことによって、結果としてクラスターに立地する企業は、クラスター以外の場所に立地する企業に比べてより高い生産性を実現することができる」と述べており、「新しい産業集積論、すなわちクラスター論（地域の生産性の論理）の登場である」と主張する（寺本、2003、p.109）。

小長谷ほか（2012）によると、「内発的発展論は、「経済の域内循環」の面が重視され、あたかも閉鎖的な経済のように誤解されている」と指摘する。そして、地域活性化の実際においては、「資本財・原材料・雇用の多くは地元活用であっても、市場としては「外需」を開拓し、専門人材も「外人部隊」を導入する開放性が求められる」と述べる。さらに、その本質としては、「地域の自律性こそ重要なのであり、地域の発展のためには、あくまで地域が主体でありながら外部の良いもの利用するという姿勢を表現する方が自然な構造であると考えられる」と指摘する。これらの事情を考慮し、小長谷ほか（2012）は「内発的外需開拓モデル」を主張する（小長谷ほか、2012、pp.49-50）。

これらを踏まえると、道の駅が地域のクラスター化を創出する「地域振興施設」として、地域社会に欠かせない存在に位置づけされる可能性が示唆される。

(3) 利用者が抱く道の駅の公共性

松尾・蕪木（2016）は、道路利用者の生の声データベース「fresh Voice[注5]」をもとに、道の駅の公共性に関するキーワード分析を行った結果、以下の内容を明らかにした。

1)「使わせていただいている」「利用させてもらっている」というよう

な表現が多い。民間企業の施設にはこのような表現はない。このような言葉は、「道の駅」は公共的な施設であるという利用者さらに国民の共通認識のあらわれであるといえる。

2) 上記の読者の自由回答に加えて「道21世紀新聞ルートプレス」で毎号行った48回にわたる選択式アンケートでも道の駅の「公共性」に期待する声が証明された。

(4) 一般の経営理論と地域政策の違い

小長谷は、小長谷ほか(2012)、小長谷(2012a)において、成功する「まちづくり」事例約300例に共通する要素を「まちづくり3法則」とあげ、経営学の3C(Company、Competitor、Customer)と対比させている。まちづくりの経営主体(自治体やまちづくり会社、地元団体の連合)からみて、小長谷のまちづくりの法則のうちの第2法則のCompetitorに対する差別化(差異化)、第3法則のCustomerの顧客マーケティングは、経営理論に平行的だが、第1法則のCompanyは運営主体を表し、まちづくりでは地元の集合であり、意志決定主体が多数の集合となり、意志決定が単一の企業理論をそのまま平行的に参考にすることはできない。地元を構成する多様な意志決定主体の合意形成を保証する「ソーシャルキャピタル」等の要素が大切であることなどを指摘した(小長谷ほか2006)。

このような点の重要性は、岡本(2003)も「地域戦略や施策を構想するプロセスの重要性」と主張し、「そのプロセスに多くの地域住民が関わり、コンセンサスを形成することに大きな意味がある」と指摘する。さらに、まちづくりを目的としたNPOの役割を踏まえ、「地域コミュニティの凝集力が地域を復興し活性化させる」と述べる(岡本、2003、p.117)。

4.「道の駅」への支援施策

以上のような議論からも、道の駅には、集客・地域活性化に資するという理由で、公的補助を行うことは広く容認されている。そこで、現在、どのような公的支援があるのか、について概観する。

(1) 国からの「道の駅」への補助金・交付金制度

国土交通省(2019)によると、「道の駅」に関する取組に活用可能な制度例として、各省庁からさまざまな支援策が示されている(表2−2)。

このうち、道路区域内の駐車場、休憩施設、トイレ、道路情報提供施設等の設置については、国土交通省の「社会資本整備総合交付金(社会資本整備総合交付金事業)」および「直轄道路事業(交通安全)」などがある。また、直売所・農家レストラン、ハウス等の設置では、農林水産省の「農山漁村振興交付金(農山漁村活性化整備対策)」が活用されている。

表2−2 「道の駅」に関する取組に活用可能な制度例

1) 内閣府「地方創生推進交付金(まち・ひと・しごと創生交付金)」
2) 内閣府・厚生労働省「地域子育て支援拠点事業」
3) 総務省「地域経済循環創造事業交付金」「公衆無線LAN環境整備支援事業」「過疎地域遊休施設再整備事業」
4) 農林水産省「農山漁村振興交付金(農山漁村活性化整備対策)」「食料産業・6次産業化交付金(加工・直売)」 「水産加工・流通構造改善促進事業」「浜の活力再生・成長促進交付金」「離島漁業再生交付金」
5) 経済産業省「国内・海外販路開拓強化支援事業費補助金(地域産業資源活用事業)」 「電気自動車・プラグインハイブリッド自動車の充電インフラ整備事業費補助金」 「災害時に備えた地域におけるエネルギー供給拠点の整備事業費」 「小規模事業対策推進事業(地域力活用新事業創出支援事業)」
6) 環境省「二酸化炭素排出抑制対策事業費等補助金(設備の高効率化改修支援事業)」 「二酸化炭素排出抑制対策事業費等補助金 (地域の防災・減災と低炭素化を同時実現する自立・分散型エネルギー設備等導入推進事業)」
7) 国土交通省「官民連携基盤整備推進調査費」「直轄道路事業(交通安全)」 「社会資本整備総合交付金(社会資本整備総合交付金事業)」 「小さな拠点を核とした「ふるさと集落生活圏」形成推進事業」「みなとオアシス制度」「地域公共交通確保維持改善事業」
8) 観光庁「広域周遊観光促進のための観光地域支援事業」 「訪日外国人旅行者受入環境整備緊急対策事業(地方での消費拡大に向けたインバウンド対応支援事業)」 「ICT等を活用した多言語対応等による観光地の「まちあるき」の満足度向上」

出所:国土交通省(2019)をもとに筆者作成

(2)「道の駅」への交付金制度の詳細

1）農山漁村振興交付金（農山漁村活性化整備対策）

「農山漁村振興交付金（農山漁村活性化整備対策）」は、都道府県または市町村が作成した、農山漁村における定住及び農山漁村と都市との交流促進を図るための「活性化計画」の実現に向けて、農産物加工・販売施設、地域間交流拠点等の整備の支援をしている（農林水産省HP「農山漁村振興交付金（農山漁村活性化整備対策）」）。

また、定住促進または交流促進の目的に応じて、様々な施設整備が可能となっており、具体的には、「ハウス」「直売所・農家レストラン」「地域特産品の加工体験施設」「集出荷・貯蔵・加工施設」「農作業の体験施設」「廃校を利用した交流施設」などがある（農林水産省、2021）。

申請書類の作成については、地方公共団体（都道府県、市町村）が計画主体となる。交付金の制限事項としては、交付率は基本的に1/2であり、1計画における交付上限額は4億円（税込）である。また、建築物であれば延べ床面積1m²当たり29万円（事業費ベース・税込）などの上限額が設定されている（農林水産省、2021）。

事業の流れとしては、国から地方公共団体に交付され、地方公共団体から農林漁業者の組織する団体等に、1/2等が補助される（農林水産省HP「農山漁村振興交付金（令和2年度予算）」）。

2）社会資本整備総合交付金

「社会資本整備総合交付金」は、国土交通省所管の地方公共団体向け個別補助金を一つの交付金に原則一括し、地方公共団体にとって自由度が高く、創意工夫を活かせる総合的な交付金として、平成22年度に創設された制度である（国土交通省、2008）。

交付金の概要としては、地方公共団体は、地域が抱える政策課題を自ら抽出し、定量的な指標による目標を設定した、おおむね3～5年の「社会資本総合整備計画」を作成し、計画へ配分された国費の範囲内で、地方公共団体が自由に計画内の各事業（要素事業）へ国費を充当することが可能となっている（国土交通省、2008）。

道の駅への適用可能な対象事業「社会資本整備総合交付金（道路事業）」では、道路管理者が行うべき事業として、都道府県道に隣接する一体型や市町村道に隣接する単独型の道の駅があり、駐車場（簡易パーキング）やトイレ、休憩施設、道路情報提供施設等の道路施設の部分を整備している。また、道の駅に関する事業のうち、1）全国モデル「道の駅」、重点「道の駅」の機能強化、2）子育て応援の機能強化、3）広域的な防災拠点となる道の駅の機能強化については、「社会資本整備総合交付金（道路事業）」の重点配分対象となっている（国土交通省、2021）。

重点「道の駅」は、103駅(注6)が認定されている。重点「道の駅」に認定されている約4割の道の駅では、駐車場の整備に「社会資本整備総合交付金（道路事業）」が活用されている。一方、未活用（約6割）のうちの約2割は、直轄道路事業(注7)にて整備を行っている（国土交通省、2020）。

(3)「道の駅」への交付金（イニシャルコスト）

道の駅の整備事業に関する数値データが整理されている資料は、なかなか見つからないが、小川（2016）は、インターネット上の公的機関や市町村等の公式ホームページにて、数値データが公開されている道の駅を4カ所探し出し、アットランダムに紹介している。本章では、その情報を元に、筆者が整理を行った（表2－3）。

小川（2016）によると、「道の駅いぶすき」の総事業費は12億2850万円となっており、都市公園・駐車場（公園整備面積1万2000m^2）に4億8360万円、トイレ・駐車場・道路情報案内に3億8000万円、観光案内や特産品・農作物の展示販売（延べ床面積809m^2）に3億6490万円などである。補助金の内訳は、国からは5億7739万円、自治体からは6億5111万円となっている。また、「道の駅八王子滝山」の総事業費は12億2850万円となっており、補助金の内訳としては、国からは1億9800万円、自治体からは6億9730万円である(注8)。

表2−3 道の駅のイニシャルコスト

名称	総事業費	補助金		備考
道の駅いぶすき	12億2850万円	【国】	5億7739万円（47%）	・都市公園・駐車場（41台、公園整備面積1万2000m^2）4億8360万円（補助金1億9900万円、起債調達2億1340万円、一般財源7120万円） ・地域交流施設（観光案内、特産品・農作物の展示販売など、延べ床面積809m^2）3億6490万円 ・トイレ・駐車場（26台）・道路情報案内装置3億8000万円
		【自治体】	6億5111万円（指宿市53%）	
道の駅 八王子滝山	8億9530万円	【国】	1億9800万円（22%）	・交流ホール、農産物直売所、飲食コーナー ・国からの交付金1億9800万円、東京都からの交付金1億500万円、地方債2億5400万円、指定寄付金70万円、一般財源3億3761万円
		【自治体】	6億9730万円（東京都12%）（八王子市66%）	
道の駅なかつ	13億3137万円	【国】	11億503万円（83%）	・直売所、レストラン、トイレ情報休憩室 ・国庫支出金3億2964万円、合併特例債の起債5億8490万円（合併特例債の返済の70%は国が負担）、雇用創出基金3億6317万円、その他440万円、一般財源4927万円
		【自治体】	2億2634万円（中津市17%）	
道の駅 もっくる新城	4億1199万円	【国】	7416万円（18%）	・情報案内施設、飲食施設、特産品販売施設等 ・国庫補助金7370万円、市債3億610万円、市の税金等負担分3220万円
		【自治体】	3億3783万円（新城市82%）	

出所：小川（2016）「「道の駅」と地域の活性化」をもとに筆者加工

また、北海道管区行政評価局（2019）によると、北海道内の道の駅13駅のうち、整備費用、財源については、13駅全てにおいて国や自治体からの補助金・交付金を活用している。1）整備費用は、整備時期が新しくになるにつれて増加しており、平成4年度以前に整備した6駅では1億円〜5億円未満となっている一方、20年度以降に整備した4駅では5億円〜15億円未満である。2）財源は、市町村の一般財源、地方債（過疎対策事業債等）、国または北海道の補助制度を活用、となっている。この内容からは、地域振興施設については、主に自治体が設置していることがわかった。

本研究の研究対象である事例については以下の通りである。

1）「能勢くりの郷」では、能勢町観光物産センターの設立は、「地域農業基盤確立農業構造改善事業（2000年）」を活用しており、整備費は4億2200万円（補助率：国50%、大阪府15%、能勢町35%）となっている。

2）「塩津海道あぢかまの里」では、奥びわ湖「水の駅」の野菜直売所の設立において「山村振興補助金（2005年）」、交流館・ハウス施設の設立では「厚生労働省多世代型交流促進事業（2009年）」を活用している。

3）「なぶら土佐佐賀」では、道の駅施設の新築工事として「高知県産業振興総合支援事業（2003年）」を活用しており、事業費は1億7000万円となっている。

以上から、道の駅に関する交付金・補助金としては、国と自治体があり、駐車場とトイレ等は国土交通省、地域振興施設は自治体等が整備を行っている。よって、道の駅の設立に関するイニシャルコストの費用負担としては、国や自治体からの交付金・補助金を活用することが一般的であることがわかった。

(4)「道の駅」の交付金（ランニングコスト）

北海道管区行政評価局（2019）によると、北海道内の道の駅13駅のうち、運営・管理者等の収支をみると、厳しい状況がわかる。1）市町村から管理費用の交付を受けなければ経営困難な「道の駅」がある（黒字6駅、赤字5駅）。2）黒字額から、市町村から交付された管理費用を差し引くと、黒字は1駅（直売所の管理者）のみ、となっている。

この内容からは、市町村からのランニングコストに係る経費の支援がないと黒字化できない道の駅が存在することがわかった。

5. 道の駅に関する研究

松尾・山口（2019）は、道の駅の設置・運営に公的資金が投入されている理論的根拠を示し、道の駅が公益性の極めて強い施設であると主張する。さらに、この道の駅の公共的機能は、「地域活性化」のために非常に重要であり、自治体の支援が必要であると主張する。そして、道の駅への助成金の効果については、道の駅の売上高向上の要因として、助成金の適用だけでは効果は望めないことを指摘する。

また、小川（2016）も、道の駅を設置する地域では、地域産業の活性化もしくは交流人口の増加（他地域からの訪問者の増加）を意図している傾向が強いこと、また、過疎地域においては「地域産業の活性化」を道の駅に期待する傾向が強いものと解釈することができると指摘する。

道の駅が担う「地域の活性化」の側面については、菊地ら（2005）は、「特産品」を取り上げて、それ以外にも新たな魅力づくりの企画が必要であるという見解を示している。

また、関・酒本（2016）は、道の駅を地域連携拠点と位置づけ、農村や中山間地域の活性化を促す「地域産業の振興」の役割を主張する。それに必要となる道の駅の3つの成功モデル「農産物直売所」「農産物加工」「農村レストラン」の機能を指摘する。

そこで、以下では、こうした支援の根拠について各論者の立場を参考にする。

(1) 道の駅の公共的機能の有効性―松尾・山口（2019）の議論

既述したように、松尾・山口（2019）は、道の駅の設置・運営に公的資金が投入されている理論的根拠[(注9)]について論じ、道の駅が公益性の極めて強い施設であると主張する（松尾・山口、2019、p.46）。そして、道の駅の運営方法については、道の駅は公共施設であり、経済的な要因、すなわち費用面だけで決定することはできない[(注10)]と指摘する。

また、地方自治体や公立病院のような行政活動の多くが、直面する合理化によって生産性を向上させ難いという問題は、経済理論「ボーモル効果」[(注11)]にて説明を行っている。そして、ボーモル効果のある産業に関して、地域住民の生活の質を維持するためには、「地域コミュニティの形成」が重要であると主張し、サービスの質を保つために、経済合理主義の考え方で運用されるのではなく、「地域」の支援によって維持されなければならないことを指摘する。すなわち、この地域コミュニティの形成の理論を、公共施設としての機能が重要視される道の駅へ適用(注12)する考えを紹介する。

このように、道の駅は、地域の主体がコミュニティを形成する場を提供する。この道の駅の公共的機能は、「地域活性化」のために非常に重要である。つまり、地域コミュニティが形成され、地域のさまざまな主体（農業者、商工会等）が道の駅の空間を共有することで、互いのコミュニケーションが高まる効果があることを指摘する。同時に、公共施設でありボーモル効果をもつ道の駅が魅力ある地域づくりを進めるための地域コミュニティを形成する役割を十分発揮するために、施設の設置・維持・管理には、必ず自治体の支援が必要であるとした（松尾・山口、2019、pp.63-65）。

また、松尾・山口（2019）は、道の駅は一般的な民間企業とは異なり強い公共性を持つことから、この公共性に注目して、道の駅運営のあり方を4つの観点(注13)から理論的検証を試みている（松尾・山口、2019、p.71）。

(2) 道の駅への助成金の効果―松尾（2014）、小川（2016）の議論

松尾（2014）は、観光立国構想の下地となっている「内的発展（endogenous development）」の視点に立って、観光立国構想に関する交付金と道の駅の関係について統計分析を行っている。このアンケート調査による重回帰分析(注14)によって、助成金の効果を計量的に分析している。その結果、助成金を受けたか否かは有意な要因ではなく、「駐車場の規模」、「地域の主体間で連携・ネットワークの形成を図っていること」や、「地元の主体が主導的にイベントを開催して地域振興に取り組んでいること」に、説明能力が認められたと指摘する。

一方、小川（2016）が、助成金を受けた道の駅のサンプルのみを使った重回帰分析では、「駐車場の規模」よりも、「イベント実施回数」の方が売り上げに対する寄与度が大きかったことから、道の駅の売上高向上の要因に関して、助成金の適用だけでは効果は望めず、地域主体間の連

携・ネットワークの形成や、地元活性化のモチベーションが高いことが重要であるという（小川、2016、pp.43-44）。

(3) 道の駅が担う地域の活性化と構成要素 —菊池、小川、松野等の議論

小島ら（1999）は、施設の計画・運営への住民参加の切り口から、アンケート調査(注15)を実施した。

この結果を使って、小川（2016）は、道の駅を設置する地域においては、道路利用者の利便性に資するという意図は薄弱であり、地域産業の活性化もしくは交流人口の増加、すなわち他地域からの訪問者の増加を意図している傾向が強いこと、農業地域類型から類推すると、過疎地域と考えられる地域ほど「地域産業の活性化」を道の駅に期待する傾向が強いものと解釈することができると指摘する。そうした意図に沿う形で、実際に道の駅に設置された施設は、「特産品販売所・物産センター」と「レストラン・喫茶コーナー」が群を抜いて多い結果である、と指摘する（小川、2016、p.39）。

菊池ら（2005）は、北海道にある道の駅(注16)をヒアリングした内容のうち、「地域の活性化」に関しては、利用者、管理者とも「特産品の販売」、「地元の人たちの利用を増やす」という意見が中心となっていた。さらに、「地域活性化」のために貢献したい点やアピールしたい点で最も多かった「特産品」を取り上げて、それ以外にも新たな魅力づくりの企画が必要であるという見解を示している（小川、2016、p.41）。

松野・興梠（2006）は、全国の道の駅にアンケート調査(注17)を実施し、道の駅の農産物直売所について考察を行っている。その結果、道の駅の施設について、農林水産物販売施設が設置されている道の駅が全体の78%、同様に飲食店・レストランが77%、観光土産品売り場が88%、また、農林水産加工体験施設と木工体験施設が、それぞれ15%、4%だったとしている。さらに、「中山間農業地域」では、4割の駅を第3セクターが運営しているのとは対照的に、「都市農業地域」では、民間業者

などが42%を占めている、と述べている（小川、2016、p.42）。

また、道の駅に併設された農林水産物販売施設については、一般の農林産物直売所よりも規模が大きいものの、道の駅と地元生産者の関係は「委託販売」のみであるという駅が68%と多い、との結果を踏まえ、これでは地元生産者にとって、消費者との顔の見える関係の構築が実感できないのではないかと、松野らは疑問を投げ掛けている。さらに、道の駅の農林水産物販売施設の利用客を確保し、リピーターを増やす工夫に関する回答として、「地場産品の取扱」（80%）、「生産者ラベルの貼附」（58%）に偏っているため、今後は道の駅の新たな動向に注目したい、と指摘する（小川、2016、p.43）。

(4)「地域産業振興の拠点」としての道の駅の機能
—関・酒本（2016）の議論

関・酒本（2016）は、スタート時は、「休憩機能」と「情報機能」「地域の連携機能」を備えた立ち寄りポイントであった道の駅が、徐々に地域産業振興の拠点としての機能を高め、現在の道の駅には中山間地域や農山村の振興の希望の星とされている農産物や海産物の「直売所」、「加工品」の販売、地産地消の「レストラン」の3点セットというべきものを備えているところが増えている、と指摘する（関・酒本、2016、pp.240-241）。

1）道の駅における農産物や海産物の「直売所」は、農家や漁業者の収入増につながる直接的な効果に加え、眠っていた人材や農地などの地域資源を再び活かすことができるといった効果も大きく、直売所の設置と合わせてこの効果も上手に活かすことで地域産業の振興に大きく寄与できる（関・酒本、2016、p.243）。

2）道の駅の「加工品」販売は、これまで活躍できる場が少なかった地域の女性の就業機会の提供と収入の確保といった直接的効果に加え、地域のビジネスを生み出し活性化させる大きな可能性を秘めているといってよい。道の駅での地元食材などを使った加工品の販売は、地域産業の振興を考えると欠かせない機能となってきたのである（関・酒本、2016、p.244)。

3) 道の駅に欠かせないものの一つが「レストラン」である。軽食だけの道の駅もあるが、集客や地域産業の振興をかかげる道の駅では、地元の「食」の魅力を積極的に提供しようとしている。人気の道の駅を見ると、求められている「食」は、一流どころよりも、地元の食材を使った伝統の味やその味に磨きをかけた地産地消のメニューであることがわかる(関・酒本、2016、pp.244-245)。

6. 小括 道の駅の先行研究の課題

(1) 道の駅の先行研究の課題

1) 関・酒本(2016)の道の駅に関する研究では、農村や中山間地域の活性化を促す地域産業の振興を目的に、道の駅を地域連携拠点と位置づけたうえで、全国の道の駅にて成功している事例(10例)の定性的なアプローチにて事例分析を試みており、そこから導きだされた道の駅の3つの成功モデル「農産物直売所」「農産物加工」「農村レストラン」の機能を明らかにしている。一方、本研究では、道の駅の経営に着目しており、事業を継続していくには、事業活動において「競争優位」となる機能を明らかにするとともに、強化していくことが重要であると考えている。よって、道の駅の事業活動において「競争優位」となる機能について、詳細な分析を行うことが課題であると考える。

2) 松尾・山口(2019)の経済学的アプローチによる道の駅研究では、地域の創意工夫で運営される道の駅を対象に経済学のアプローチを駆使し、PFI経営体と交付金受領の施設整備(駐車場、防災機能など)に着眼し、実証的・計量的分析を試みている。PFI手法・新交付金等による道の駅経営と地域振興の分析・考察、投資効果の視点による地域への経済波及効果の分析など、特にイニシャルコストを重視した分析を行っている。一方、本研究では、道の駅は「半公共財」と位置づけ、イニシャル部分は自治体による費用負担や設置を前提とし、事業を自立していくには、収益を生み出す事業活動（ランニング部分）について、詳細な分析を行うことが課題であると考える。

(2) 本研究におけるオリジナリティ

1）道の駅の事業継続性に欠かせない持続可能な「競争優位」となる機能を明らかにすることを試みることである。成功している事例分析の方法としては、①バリューチェーン分析に着目した事業機能の明確化、②収益データ等を活用した定量的なパフォーマンス分析、などである。

2）本研究の問題提起は、道の駅を「一つの経営体」として見た際に、イニシャル投資以降の事業継続性に欠かせない事業活動（ランニング部分）について詳細な分析を試みることである。事業収益を生み出す消費者に焦点を当て、マーケティング研究のブランド論に着眼しつつ、道の駅の事業内容を明らかにしていくことである。

7. 本研究での立場

(1) 道の駅が提供するサービス総体としてみた場合

中山間地域に位置する道の駅では、地元の農産物や加工品などの地域資源の活用を前提に、地域の生産活動から販売活動までの一貫した流れを地域内にて実現させ、地域内循環を生み出すことで地域振興への貢献を担っている。地域社会には、「地域性（＝地産地消）」と「共同性（＝地元の協力・協同関係）」の二つの原理があり、地域社会の実現には、「地域性」と「共同性」の一体化は欠かせないとの指摘もある（重本・藤原、2010）。このように、道の駅では、「地域性」と「共同性」を一体化させることで、地域社会の実現に欠かせない存在（＝公共）となっていることから、道の駅に国や自治体からの交付金・補助金が投入される意味合いが強いことが示唆される。

また、国や自治体からの交付金・補助金にて設立された施設では、「公共財」としての地域貢献の役割が求められている。井堀（2005）によると、「公共財」を特徴づける二つの大きな性質は、消費における「排除不可能性」と「非競合性」である。

この二つの性質が完全に成立する「公共財」は、「純粋公共財」とよばれている（井堀、2005、p.270）。そして、排除可能だが競合性のない財は、「クラブ財」(注18)とよばれている（井堀、2005、p.271）。たとえば、道の駅では、地元農家しか道の駅に出荷できないという規約を設けることで排除原則をはたらかせ、地元農家はお互いに道の駅を自由に利用（競合性がない）できることから、道の駅は、「準公共財（クラブ財）」に分類されると考える。例えば、一般的な「準公共財（クラブ財）」である図書館では、誰もが無料で利用できる公共機関の色合いが強く、イニシャルコストだけに留まらず、ランニングコストについても、行政からの交付金・助成金で賄っているケースが多く見受けられる。

道の駅では、設立に係るイニシャルコストについては、国や自治体からの交付金・補助金を活用しているケースが大部分を占める一方、事業運営に関わるランニングコストでは、交付金や補助金に頼らず、自助努力による収益確保による事業継続性（自立化）を行うケースもあり、図書館のような「準公共財（クラブ財）」とは、若干概念が異なっている。つまり、地域貢献が期待され、行政がイニシャルに補助するものは、サービス総体としてみた場合は、「半公共財」とよべるものといえるだろう。

(2) 経営体としての公共の応援の仕方からみた位置づけ

本研究が取り上げる道の駅では、事業活動による収益確保によりランニングコストを賄っており、ランニングコストに対する交付金や補助金は、一切支給されていない。収益を生み出す事業活動を持続していくには、民間企業のような「経営体」としてのマネジメントは、不可欠であると考えている。

これらを踏まえ、本研究では、「半公共財的」であり、「経営体」としてのマネジメントを実施している道の駅を「公共性のある経営体」として定義する。

以上から、本研究では、取り上げる道の駅を「公共性のある経営体」として位置づけ、分析を行うこととする。

公共性のある経営体に対し、支援の方法としては、

1) イニシャルに補助する。

　道の駅等。道の駅でもランニングで応援する部分が大きくなれば、やり過ぎと考える。

2) 固定費用に補助する。

　鉄道等交通機関のインフラ部分は、公共性あり、公共財とみなせるためこれを分離して補助すること等を「上下分離」という。

3) 一般的なPFI等の公民連携の場合は、イニシャル、固定費用の組合せとなることがある。

これらを図にまとめた（図2−1）。

しかし、いくら公共性があるといっても、イニシャル、固定費用を応援し、そのうえで、経営が行き詰まり破綻すれば、公共性を応援する政策そのものの破綻となる。したがって、あくまで経営は優良であり、持続可能なものでなければならない。本研究の目的は、そのような優良事例について、経営分析の立場からモデル化を試み、今後の道の駅の運営に資する知見をまとめることにある。

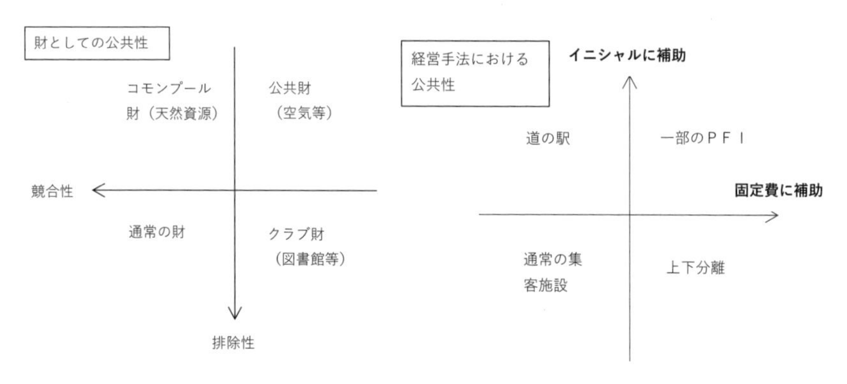

図2−1　公共性マトリックス

出所：筆者作成

【注】

（注 1）山田（1996）によると、公共（非市場）の経済では、「公共財が社会的に最適に供給されるためには、各個人の公共財に対する限界評価の和が、公共財精算のための限界費用に等しくなければならない」とされている（山田、1996、p.34）。公共財の場合には、消費者は購入しなくても「非排除性」のためにその財を消費できることから、「公共財が市場によって供給される場合、その供給量は最適量を下回る」と主張する（山田、1996、p.35）。そして、細江（1997）は、公共事業の狙いとして「公共事業は、本来、社会資本の整備のために行われるべきものであるが、従来、景気対策上の問題として、すなわち景気浮揚政策あるいは失業対策（所得移転政策）としての目的で取り上げられることが多く、これは、投資の乗数効果をねらったものである」と指摘する（細江、1997、p.9）。

（注 2）長峯（1996）は、地方政府による供給方法に関して、オーツ（W.E.Oates）によって提示された「分権化定理」を踏まえ、「地方公共財の供給費用が中央政府においても地方政府においても等しく、また各地方政府はそれぞれの地域住民にそのパレート最適な量を供給できるものと仮定するならば、中央政府が国民全体に同一水準の供給を行うよりも、地方政府による供給の方が社会全体の厚生水準を必ず高める」と指摘する（長峯、1996、p.138）。そして、公共財を供給する最適な政府政府（都市規模）については、「社会における人々の公共財に対する選考（需要水準）が多様であり、類似の選考（需要水準）を持つ人々が近隣に居住しているほど、最適な政府単位（都市規模）は小さくなる。すなわち分権的である方が望ましい」と指摘する（長峯、1996、p.142）。

（注 3）内発的発展については、「地域が自らの力で地域資源を活用して発展する姿は理想である」と述べる（岡本、2003、p.118）。

（注 4）クラスターとは、特定の分野において相互に関連のある企業・機関が地理的に集中している状態をいう（寺本、2003、p.108）。

（注 5）freshVoiceとは、「道21世紀新聞」に寄せられた道路利用者のご意見・ご要望・ご感想等の投稿ハガキをもとにした道路利用者の生の声データベースである。51827件のデータが収録されている（松尾・燕木、2016）。

（注 6）2014年度から2019年度の総数による。

（注 7）「直轄道路事業（交通安全）」の事業内容としては、直轄国道の利用者への安全で快適な道路交通環境の提供を目的に、道路管理者として行うべき事業として、駐車場（簡易パーキング）やトイレ、休憩施設、道路情報提供施設等を直轄道路事業として整備している（国土交通省、2021）。なお、「直轄事業」とは、国が実施する、道路・河川・ダム・港湾の整備・維持管理などの公共事業であり、地方財政法により、地元の地方公共団体に費用の一部負担が義務付けられている（コトバンクHP「デジタル大辞泉「直轄事業」の解説」）。

（注 8）小川（2016）をもとに筆者加筆。

（注 9）①道の駅が公共施設としての機能を有していることにある。道の駅本来の休憩機能・情報発信機能・地域の連携機能に加えて、医療・福祉機能、防災機能のような、いずれも利用者が無料で利用できる機能である。道の駅は、地域住民や他の地域からの来訪者とのコミュニティの場としてのコモンズとして、来訪者の案内・地域住民の福祉・防災に役立つ機能を果たしている。②地方創生拠点として、地域経済の発展をけん引する経済主体として見た場合、その公共的な役割が大きいことから、この機能を充実させるためには、公的資金導入が必要である（松尾・山口、2019、p.46）。

（注10）その理由としては、道の駅のような公共サービスを行う経営体は労働集約的であり、そのサービスの質が損なわれないためには、国民一人あたりの人員を削減することは難しいからである、と指摘する（松尾・山口、2019、p.63）。

（注11）ボーモル＝ボーエン（1996）は、芸術活動に関する分析を行い、非営利活動に対する政府の助成の必要性を理論的に説いた。芸術・文化の公的支援は2つの観点から根拠づけられる。1つ目は資源配分による市場の失敗、2つ目は芸術や文化の及ぼす公共性にある（松尾・山口、2019、pp.50-51）。

（注12）①道の駅は「地域コミュニティを形成する場」を提供する。②道の駅は地域を活性化したいという志を持った企業、自治体、農協、商工会等の団体が集まり、「地域に内在する資源を統合するための場」を提供する。③道の駅は農業者、地元の農協、商工会、地方自治体等が「出会い、創生する場」を提供する。（松尾・山口、2019、p. 65）。

（注13）道の駅運営のあり方の4つの観点としては、①道の駅に、地域全体をけん引するリーダーシップが発揮されるようなリーダーが存在すること、②道の駅が、地域コミュニティの場としての機能を備えていること、③道の駅が公共施設として、地域における各主体の知識の共有と学習活動の場となっていること、④道の駅を中心とした地域のさまざまな主体間のネットワークが形成され、相互の意思疎通が図られていること、である。（松尾・山口、2019、p.71）。

（注14）307の道の駅に対してアンケートを実施し、回答のあった94の道の駅のデータをもとに、売上高を被説明変数とした重回帰分析（小川、2016、p.44）。

（注15）北関東にある道の駅の企画担当者に対するヒアリングおよび、全国を対象としたアンケート調査（回答数347市町村）を行っている（小川、2016、p.39）。

（注16）菊地ら（2005）は独自に、まず道の駅の機能を「基本機能」と「付加機能」に2分類している。「基本機能」とは、駐車場、トイレ、情報の3機能を必須条件として、その他に障害者用設備、公衆電話、食事機能、売店の4機能が加わったものを指す。また、「付加機能」とは、アウトドア、無料休憩所、商業、学習、体験施設、温泉・宿泊、展望台、コンベンションの8機能だとしている。その上で、この機能をもとに、北海道にある道の駅を4つのタイプに分類（「ドライブイン拡大型」と「単一型」をA、「複合型」と「総合型」をB）して、2つのグループ（A、B）に分けてヒアリングを行っている（小川、2016、pp.40-41）。

（注17）701件のうち回答数は387件である（小川、2016、p.42）。

（注18）排除原則がはたらく準公共財のうちで、ある特定の地域に便益が限定される公共財は、「地方公共財（クラブ財）」とよばれる。「クラブ財」とは、スポーツ施設の会員権のように、一定の料金を支払う人のみに限定して入会を認めることができる（排除原則がはたらく）が、入会してその施設を利用する際には、ある程度混雑現象なしで利用することができる（競合性がない）ものである（井堀、2005、p.360）。

第3章　経営分析方法に関する先行研究

以上のように、道の駅は、半公共財的な性格をもち、地域活性化に資するという目的で、公共がイニシャルには応援するという社会的合意のあるシステムである。しかし、いくら公共性があるといっても、イニシャル／固定費用等を応援し、その上で、経営が行き詰まり破綻すれば、公共性を応援する政策そのものの破綻となる。

したがって、あくまで経営は優良であり、持続可能なものでなければならない。本研究の目的は、そのような優良事例について、経営分析の立場からモデル化を試み、今後の道の駅の運営に資する知見をまとめることにある。そこで、本章では、そのような分析の立場を紹介する。

1. 川下戦略と川上戦略、市場位置（ポジショニング）と資源ベースの考え方について

まず、経営分析を行うにあたり、ミンツバーグ他（2009）、喬（2020）等を参考に、経営戦略の潮流をみておく。

喬（2020）は、概略で6期に分けており、ミンツバーグ（1999）は10学派をあげている。ここでは両者をベースに独自に6期にまとめる。

第1期（1950年代）は、チャンドラーの論説が代表例で、事業部制（Multidivisional Organization）、チャンドラー命題「組織は戦略に従う」、経営史分析の概念で特徴づけられ、ミンツバーグ（1999）の10学派では、デザイン学派に対応する。

第2期（1960年代）は、アンゾフの論説が代表例で、多角化戦略論（Diversification）、成長戦略マトリックス（市場浸透・開拓）、アンゾフの逆命題「戦略は組織に従う」、「乱気流」概念で特徴づけられ、ミンツバーグ（1999）の10学派では、デザイン学派およびプランニング学派に対応する。

第3期（1970年代）は、BCG・ヘンダーソンの論説が代表例で、ポートフォリオ戦略論（資源配分戦略）、PPMマトリックス（市場占有率と成長性）、PLC概念で特徴づけられ、ミンツバーグ（1999）の10学派では、ポジショニング学派に対応する。

第4期（1980年代）は、ポーターの論説が代表例で、競争戦略論（Competitive Strategy）、5F分析（5 Force）、3基本戦略（3 Genetic Strategy）、競争優位、バリューチェーン、ポジショニング等の概念で特徴づけられ、ミンツバーグ（1999）の10学派では、ポジショニング学派に対応する。

第5期（1990年代）は、バーニー（オハイオ州立大）、ストーク、ハメル＆プラハラードらの論説が代表例で、資源ベース戦略論（RBV：Resource Based View）、経営資源の異質性・固着性（レント）、VRIO（価値、希少性、模倣困難性、組織）、ケイパビリティ、コア・コンピタンス等の概念で特徴づけられ、ミンツバーグ（1999）の10学派では、（資源ベース戦略論）学習学派、文化学派に対応する。

第6期（2000年代以降）は、各派林立の時代で、グローバリゼーションとローカリゼーション、ブルーオーシャン戦略等の概念で特徴づけられ、各派折衷となっている。

さらに、経営戦略の形成における規範的アプローチ／記述的アプローチという点では、ポーターまでが概ね「規範的アプローチ（概念を先に設定し事例を分析）」が主流であるが、RBV学派以降「記述的アプローチ」の手法が強まったといわれている。また、このことは、分析的アプローチ／プロセス論的アプローチという見方にも対応している。ポーターまでが分析的アプローチ、RBV学派以降がプロセスアプローチになる。

これらのことから、以下のようなポイントに要約できる。

1）**経営分析を考える枠組みとしては、現在は、最終的には1980年代までの規範的・分析的アプローチを集大成したポーターらのポジショニングスクールと、1990年代以降台頭したRBVスクールの2つの考え方が主流である。**

表3−1　分析にかかる経営戦略論の各立場

	喬(2020)の6期分類		ミンツバーグ(1999)の10学派の対応	規範的アプローチ／記述的アプローチ	分析的アプローチ／プロセス論的アプローチ	
1950年代	チャンドラー(HBS)	事業部制(Multidivisional Organization)、チャンドラー命題「組織は戦略に従う」、経営史	デザイン学派	規範的アプローチ	分析的アプローチ	
1960年代	アンゾフ(カーネギーメロン大)	多角化戦略論(Diversification)、成長戦略マトリックス(市場浸透・開拓)、アンゾフの逆命題「戦略は組織に従う」、「乱気流」表現	デザイン学派／プランニング学派	規範的アプローチ	分析的アプローチ	
1970年代	BCG・ヘンダーソン(ボストン基盤)	ポートフォリオ戦略論(資源配分戦略)、PPMマトリックス(市場占有率と成長性)、PLC	ポジショニング学派	規範的アプローチ	分析的アプローチ	
1980年代	ポーター(HBS)	**競争戦略論**(Competitive Strategy)、5F分析(5 Force)、3基本戦略(3 Genetic Strategy)、競争優位、バリューチェーン、ポジショニング	ポジショニング学派	規範的アプローチ	分析的アプローチ	外部環境重視
1990年代	バーニー(オハイオ州立大)、ストーク、ハメル&プラハラード	**資源ベース戦略論**(RBV:Resource Based View)、経営資源の異質性・固着性(レント)、VRIO(価値、希少性、模倣困難性、組織)、ケイパビリティ、コア・コンピタンス	(資源ベース戦略論)学習学派、文化学派	記述的アプローチ	プロセス的アプローチ	内部資源重視
2000年代	各派林立	グローバリゼーションとローカリゼーション、ブルーオーシャン戦略	折衷?			

出所：各種資料をもとに筆者作成

表3－2　ポジショニングスクールとRBV（ケイパビリティ）スクール

	アウトサイド・イン・パースペクティブ（ポーターの考え）	インサイド・アウト・パースペクティブ（バーニーの考え）
強調点	外部市場から経営資源を獲得する	内部の経営資源を外部の市場活動に活かす
志向	市場・産業志向	経営資源志向
出発点	市場・産業構造	企業の経営資源インフラ
適した環境	ゆっくり変化する市場環境	中速度で変化する市場環境
競争優位の源泉	ユニークで価値ある戦略的ポジション	ユニークで価値ある模倣困難な内部資源
戦略目的	優位性を有する市場ポジションの確立	独自の資源を企業内部に蓄積する
競争優位の持続可能性	短期的で不安定	長期的で安定的
戦略的な動き	市場・産業ポジショニングにもとづく行動	資源の蓄積
戦術的な動き	必要な資源の調達	有利な産業への参入とポジショニング
競争的対抗手段	交渉力と移動障壁	優良資源と模倣障壁

出所：林（2005）、河合（2004）、喬（2020）

2) ポジショニングスクールでは、経営資源は外部からも獲得できるとし、企業の競争優位の決定要因として市場の中の位置どりを重視する。ポーターはまた、コスト戦略を考える上で「バリューチェーン分析」も構想した。これにより、自企業から購入・原材料方向、インプット方向にあたる「川上戦略」と自企業から製品販売方向、アウトプット方向にあたる「川下戦略」に分けることができる。

3) 1990年代には、こうした規範的・分析的アプローチに対抗し、記述的・プロセス論的アプローチが台頭してきた。その代表が、バーニー（オハイオ州立大）、ストーク、ハメル＆プラハラードらで、企業に競争優位の源泉を、企業内部の固有資源（コアコンピタンス、ケイパビリティ）にあるとする資源ベース戦略論（RBV）である。

4) 2000年代以降は、この2つの立場が有力で、そして並立する形となっている。2つの立場の違いは、アウトサイド・イン・パースペクティブ（ポーターの考え）とインサイド・アウト・パースペクティブ（バーニーの考え）と象徴的に言い表すことができ、外部市場から経営資源を獲得する「外部環境重視」と内部の経営資源を外部の市場活動に活かす「内部資源重視」という点である。この視点は、SWOT分析の4つの要素では、内部要因の「強み」「弱み」、外部要因の「機会」「脅威」に対応する。

本章では両者の視点を考慮し分析していきたい。

2. 経営戦略の分析手法に関する研究

経営戦略の研究としては、現在、産業の構造などの外部要因から企業の市場地位を決定する「ポーター理論」（ポジショニングスクール）と、競争優位性は企業の内部資源に根差しているという「資源ベース論」の2つが有力であることを見た。現在は、「資源ベース論」は、競争戦略論（ポーター理論）を構成する相互補完的な理論的フレームワークといえる。

(1) 経営戦略の視点 ポーター理論（SCPモデル）と資源ベース論（RBVモデル）

このように、経営戦略の研究の規範的なアプローチとしては、1980年代に分析プロセスの戦略形成であるポーターの競争戦略論（ポジショニング・スクール）が登場した。企業が活動する産業の構造やそのなかでの企業の市場地位が当該企業の業績を決定するという立場をとる（以下、「ポーター理論」という）（浅羽、2001、p.5）。

一方、1980年代後半から1990年代になると、新たに企業の経営資源やケイパビリティから戦略形成を行う「資源ベース論」が登場した。高井（2009）は、「資源ベース論」では、競争優位性は企業の内部資源に根差している、と主張する。その理由としては、経営資源に分析の視点を置くのは、企業の経営資源は戦略の実行を通じて長期的に蓄積されていくものであるため、同じ資源とスキルを獲得したり、同じ組織文化を作り出す企業は二つとないからである、と指摘する（高井、2009、p.99）。

また、「ポーター理論」と「資源ベース論」の違いについて、小松（2009）は、「ポーター理論」に始まる一連の競争戦略論は、その後の企業が活動する産業の構造や、そのなかの企業の市場地位が当該企業の業績を決定するという立場をとることから「ポジショニング・スクール」あるいは「ポジショニング・アプローチ」と総称されるようになったが、「資源ベース論」との大きな違いのひとつは、企業の業績差を説明する要因のタイプの違いにある、と指摘する（小松、2009、p.21）。

当初「資源ベース論」は、「ポーター理論」への批判的スタンスと理論的差別化を意識しながら展開してきた経緯があるが、近年のバーニーの企業戦略論においては、「資源ベース論」は、競争戦略論を構成する相互補完的な理論的フレームワークである、と主張する（小松、2009、p.22）。

(2) 競争優位をもたらす戦略とは（競争優位の源泉）

競争に成功するためのセオリーにとって最も重要な視点は、いかに「競争優位」を構築するかであり、「競争優位」とは、その企業の行動が経済的価値を生成し、かつ同様の行動を取っている競合企業がほとんど存在しない場合に成立する、と指摘する（バーニー、2003）。そして、戦略が企業の「競争優位の源泉」となるためには、4つ要素（「強み」、「弱み」、「機会」、「脅威」）(注1)を考慮したものでなくてはならない。「競争優位」をもたらす戦略とは、「外部環境における「脅威」を無力化し、外部環境における「機会」と自社の「強み」を活用すると同時に、自社の組織が持つ「弱み」を回避もしくは克服できる」戦略でなければならないのである（バーニー、2003）。

(3) 外部環境分析（SCPモデル）の限界

外部環境の「脅威」と「機会」を分析するうえで有益な、理論的フレームワークとは、産業組織論における「業界構造－企業行動－パフォーマンス・モデル(注2)」(SCPモデル）である。SCPモデルによる外部環境の「脅威」と「機会」の分析(注3)は魅力だが、いくつかの限界も抱えている(注4)(バーニー、2003)。

そもそも、バーニー（2003）では、SCPのフレームワークは、もともとは規制当局のために業界の競争状況を評価する目的でつくられたものであり、このフレームワークによると、企業の行動とパフォーマンスは、業界構造に大きく影響される可能性が高く、標準を上回る経済的なパフォーマンスの源泉としては、業界の構造的な特徴に求められる場合に限られる。SCPのフレームワークは、戦略形成の一般モデルではないことをこれらの限界は示唆しており、SCPモデルでは、マネージャーが個別の企業の「強み」と「弱み」を分析できるような、さらに理論的なフレームワークとともに利用しなければならない、と指摘する（バーニー、2003)。

(4) 内部環境分析（RBVモデル）による経営資源への着目

バーニー（2003）はさらに、内部環境分析の視点では、近年、企業の強みと弱みを分析する厳格なモデルを構築するため、マネージャーのスキル、組織リーダー、経済レント、そして企業成長といった要素を全て統合した考え方が発展を見せていることを指摘する。一般にリソース・ベースド・ビュー（resource-based view of the firm、経営資源に基づく企業観）とよばれるフレームワークは、企業ごとに異質で、複製に多額の費用がかかるリソース（経営資源）に着目する。そして、こうした経営資源を活用することで、企業は競争優位が獲得できると考える(バーニー、2003、p.242)。

また、企業の資源の強み・弱みを分析するこのアプローチは、2つの根本的な仮定に基づいている。第1は、企業ごとの経営資源の異質性(resource heterogeneity）の前提とよばれる。第2に、これは、経営資源の固着性（resource immobility）の前提といわれるものである。仮に、①ある経営資源を保有していることによって経営の外部環境に存在する機会を活用し、脅威を無力化することができ、かつ②その経営資源を保有する企業の数がごく少数であり、かつ③その経営資源の複製コストが非常に高いか供給が非弾力的である場合、その経営資源は企業の「強み」、すなわち競争優位の潜在的源泉となり得る、ということ主張する（バーニー、2003、pp.242-243)。

以上をまとめると、企業の組織的な「強み」と「弱み」を分析するいくつかのフレームワーク(注5)と先行理論が直接的に関係するのは、企業を「リソース・ベースド・ビュー」、すなわち企業の個々の経営資源(注6)の観点から見ることであり、2つの大きな前提に基づいている。つまり、1）各企業はそれぞれ違った経営資源とケイパビリティを持っており（経営資源の異質性の前提）、2）またその違いは長期間にわたって持続的に存在する（経営資源の固着性の前提）、ことである。

(5) バリューチェーン分析による競争優位を生み出す経営資源の特定

バーニー（2003）もまた、ポーターと同じく、企業にとって「競争優位」を生じさせる可能性がある経営資源やケイパビリティを特定する方法の1つは、「バリューチェーン分析」(注7)を行うことであるとする。たいていの製品やサービスは、垂直的に連鎖する事業活動(注8)によって作り出されている。企業があるバリューチェーンのどの部分に特化しているかを理解することは、その企業の保有する財務資本・物的資本・人的資本・組織資本を特定するのに役立つ。そして次のステップとして、これらの経営資源やケイパビリティが企業にとっての競争優位を生み出すのに、どの程度貢献するのかを分析することができる、と指摘する（バーニー、2003、p.247）。

「バリューチェーン分析」を行うことにより、企業の経営資源やケイパビリティが非常に細かいミクロレベルで考察されることになる。より細かいレベルで分析を行えば、企業の「競争優位」をもたらす源泉をより詳細に考察できるようになる。それは、「競争優位」という概念がこのレベルでも適用可能であることを意味している（バーニー、2003、p.247）。そして「経営資源の異質性の前提」と「経営資源の固着性の前提」という2つの前提をもとに、企業の経営資源とケイパビリティから得られるであろう利益は、「VRIOフレームワーク」を構成する4つの問い（①経済価値に関する問い、②稀少性に関する問い、③模倣困難性に関する問い、④組織に関する問い）に答えることによって決定される、と指摘する（バーニー、2003）。

廣田（2017）は、経営資源に経済的価値があり（valuable）、稀少であり（rarity）、模倣困難である（inimitability）という属性が備えられており、企業が保有する経営資源の潜在能力を十分に引き出し、活用するための組織的な方針や手続きが整っている場合（organization）に、持続的な「競争優位」を得ることができる、と主張する（廣田、2017、pp.129-130）。そして、固定性や企業特異性の程度が高い「情報的経営資源」に着目する。固有技術や顧客情報、ブランド、信用などは、企業に特異な情報のストックである場合が多く、カネを出しても容易には入手できないことを指摘する（廣田、2017、pp.122-123）。また、競争優位獲得が可能となるのは、企業保有経営資源に何らかの優れた属性が備えられていたから(注9)と考える見方がある（廣田、2017、pp.126-129）。そして、これらの経営資源の展開方法としては、各種の経営資源を獲得し、育成し、活用し、増強させることを経営資源展開（resource deployment）と定義し、経営資源を新たに獲得したり、切り離したり、再配置したりして、経営資源を縦横無尽に活用すること(注10)、を主張する（廣田、2017、pp.133-138）。

バーニー（2003）によると、「リソース・ベースド・ビュー」の意義としては、個別の企業がはたして競争優位を獲得できるのか、そしてその競争優位はどの程度接続可能なのか、さらにそうした競争優位の源泉は何なのか。こうした分析に、「リソース・ベースド・ビュー」と「VRIOフレームワーク」は適応可能である、とする（バーニー、2003）。この意味において、「リソース・ベースド・ビュー」と「VRIOフレームワーク」は、個別企業の競争状況を分析するという観点から、「5つの競争要因」による分析や、「機会」の分析と補完関係にあるといえる（バーニー、2003）。

3. マーケティング論に関する研究

石井ほか（2013）をはじめ多くのマーケティング資産の研究では、

「市場ベース資源」について、ブランドや関係性の構築などの「関係的資源」に注目してきた。ただし、大竹（2015）は、イノベーションの遂行、知識の形成などの「知的資源」に着目しており、「関係的資源」に対しては、企業外部に蓄積される資源であり、企業によるコントロールは難しい、と指摘する。

また、企業が顧客との関係の創造と維持をさまざまな企業活動を通じて実現するには、「マーケティング・ミックス」が重要であることを指摘する。「マーケティング・ミックス」は、製品・価格・流通・プロモーションの4つのカテゴリーに分けてとらえるのが一般的であり、その代表的分析手法である「4P分析」については、4P（Product、Price、Place、Promotion）の最良の組み合わせ（内的に整合がとれている）とともに、外部環境との整合的なマーケティング・ミックスを実現する「マーケティング・マネジメント」が重要である（石井ほか、2013）。

ケラー（2010）によると、これらのマーケティングの活動から、「ブランド・エクイティ」を構築することができる、という。さらに、4P戦略のうち、広告や販売促進活動からなる「コミュニケーション」活動の重要性を指摘している（戸田、2008）。そして、「マーケティング・コミュニケーション」としては、企業が販売するブランドについて、直接的または間接的に消費者に情報を提供し、説得し、記憶を喚起することであり、それには、「ブランド」が消費者との対話を確立し、リレーションシップを構築する手段であると主張する。一方、「広告」は、通常はブランド・エクイティ構築のための唯一の要素ではないと指摘する（ケラー、2010）。

ところで、片山（2018）は、マーケティング戦略は地域活性化には欠かせないと主張する。マーケティング戦略の派生形として、観光版といえる観光マーケティング、サービス業を対象としたサービス・マーケティングなどを指摘している。

(1) マーケティング論　研究の視点（マーケティング資産）

大竹（2015）によると、マーケティング活動に関連した一連の無形の資源のことを「市場ベース資源」という。「市場ベース資源」としては、ブランドや関係性の構築、イノベーションの遂行、知識の形成などがあり、2つの資源（「関係的資源」と「知的資源」）に分けられるとする。ここで、「関係的資源」については、企業と外部のステークホルダー[注10]との関係性によって蓄積される資源[注11]とする。そして、この資源の特徴として、企業外部に蓄積される資源であることから、企業によるコントロールが難しい、ということを指摘する（大竹、2015、p.50）。

また、石井ほか（2013）は、企業経営に必要となるさまざまな資源や能力の総称[注13]が経営資源である、としており、この経営資源との関係を無視して、マーケティング・マネジメントを計画しても、その実効性は疑わしいと主張する。ある企業で成功したマーケティング・マネジメントのプログラムをそのまま他社に移植してもうまくいかないのは、利用可能な経営資源が企業によって異なるからである。さらに、マーケティングを支える経営資源は、企業の内部だけではなく、企業の外部にも蓄積されており、系列店システムや顧客からの信頼、ブランドなどは、マーケティングを通じて取引先の企業や顧客との関係の中に蓄積されている、と指摘する。このように、企業のマーケティングを長期にわたって支え、マーケティングを通じて育成されていく経営資源を「マーケティング資産」とよび、この代表的な「マーケティング資産」として、「チャネル資産」「顧客関係」「ブランド」の3つを主張した（石井ほか、2013、pp.355-356）。

(2) マーケティング論　4P分析（マーケティング・ミックス）

マーケティングとは、企業が顧客との関係の創造と維持をさまざまな企業活動を通じて実現していくことである。顧客との関係の創造と維持にあたっては、単純に顧客のことだけを考えていればよいわけではなく、他社との競争や取引、自社の組織や経営資源との関連も考慮しなければならないと主張する。そのなかで、マーケティング・ミックスとは、顧客との関係の創造と維持にあたって、企業が用いる手法や活動の総称もしくは集合であり、製品・価格・流通・プロモーションの4つのカテゴリーに分けてとらえるのが一般的である。つまり、ターゲットとするセグメントに対してはたらきかける具体的なマーケティング施策の総称であり、4P（Product、Price、Place、Promotion）の最良の組み合わせを考えていくことになる。これが4P分析である（石井ほか、2013、p.32）。

最終的には、内的に整合がとれているとともに、外部環境との整合的なマーケティング・ミックスを実現するマーケティング・マネジメントが重要であると指摘しており、設定したターゲット、コンセプト、ポジショニングに沿って、マーケティング・ミックスを策定するというのが、その基本であると主張している（石井ほか、2013、p.32）。

(3) マーケティング論　コミュニケーション活動

ケラー（2010）によると、今日の市場では、製品やサービスとそれに対応したさまざまなマーケティング・プログラムによってブランド・エクイティを構築することができると主張する。そして、チャネル戦略、コミュニケーション戦略、価格戦略をはじめとするマーケティング活動すべてが、ブランド・エクイティを拡大もすれば、損ねもする、という（ケラー、2010、p.228）。

一方、マーケティング活動に関連して戸田（2008）は、4P戦略のうち、ブランド・エクイティ構築のために広告や販売促進活動からなるコミュニケーション活動の重要性を主張する。ブランド・エクイティが消費者の頭の中にあるブランド・イメージや知識なのだから、それを記憶の中に植えつけ、定着させるための「コミュニケーション戦略」は重要であるとする（戸田、2008、p.212）。

「マーケティング・コミュニケーション」のケラーによる定義は、企業が販売するブランドについて、直接的または間接的に消費者に情報を提供し、説得し、記憶を喚起するための手段である。ある意味において、マーケティング・コミュニケーション(注14)はブランドの声であり、「ブランド」が消費者との対話を確立し、リレーションシップを構築する手段である。一方、「広告」は、マーケティング・コミュニケーション・プログラムの中心的要素であることが多いが、通常はブランド・エクイティ構築のための唯一の要素ではなく、最も重要な要素でさえないと主張する（ケラー、2010、pp.287-288）。

(4) 地域活性化とマーケティング

片山（2018）によると、地域活性化の目的として、地域経済の活性化があり、地域文化の発見・発掘などを通じての地域における生活の向上であると指摘する。また、地域活性化の目的段階には、「認知度向上段階」「集客段階」「定住促進段階」の3つが考えられると主張する。

1)「認知度向上段階」：地域としてのイメージ作成やイメージ向上に向けた取り組み段階としての認知度向上段階である。

2)「集客段階」：次に、その地域に来てもらい、特産品などの購買や顧客満足を高め、リピーターを増やす段階である。

3)「定住促進段階」：そして、その地域に定住を促進する段階である。その地域の生活にあこがれ、そこで生活してもよいという段階である。これは過疎地域や離島が主に担当する。

地域活性化の主体として、観光企業、観光関連企業、地方自治体、地域住民などの様々な主体が考えられる。地域活性化には、そのいずれもが中心になって取り組み可能性があるが、関係する企業や団体などと協議することで巻き込みながら、広がりがみられるようになっていく(注15)、ことを指摘する。地域活性化の中心ともいえるものは、「マーケティング戦略」である。そのエンジンは、顧客満足であり、マーケティング戦略の派生形として、観光版といえる観光マーケティングであり、サービス業を対象としたサービス・マーケティング、農山漁村の活性化を中心としたルーラル・マーケティング(注16)などが関係している。マーケティングとしての派生形よりも、その基本的であるマーケティング戦略が地域活性化には欠かせないと主張し、その結果として、経済的効果と社会文化的効果があることを指摘する（片山、2018、p.5）。

4. ブランド論に関する研究

アーカー（2014）をはじめ多くブランド論の研究では、「ブランド」が「競争優位」を生み出すことを主張する。そのブランド構築においては、アーカー（2014）は、ブランド認知、ブランド連想、ブランド・ロイヤルティより構成される「ブランド・エクイティ」に注目し、ブランド資産の5つのカテゴリーである「知覚品質」の重要性を指摘する（アーカー、1994）。さらに、製品やサービスが差別化しにくい場合には、「シンボル」がブランド・エクイティの中心的な要素となりうる、とする。一方、恩蔵（1995）は、「ブランド連想」それだけで、競争優位の源泉になると主張する。

「ブランド・エクイティ」の構築では、ケラー（2010）は、「知識構築プロセス」に着目し、その差別化効果を主張する。その知識構築プロセスに含まれる重要な「ブランド要素」には「キャラクター」がある。アーカー（1994）は、「シンボル」に含まれる「漫画のキャラクター」のユーモア、ファンタジーの重要性を指摘しており、ケラー（2010）も、ブランド認知を生み出す「ブランドキャラクター」の「人的要素」による選考性の向上を指摘する。

ところで、「ブランド」を地域活性化として注目すると、片山（2018）は、地域活性化のために、地域資源を顧客価値に転換することが「地域ブランド」であると指摘する。さらに、「地域ブランド」は、地域活性化のためには欠かせないものであると主張し、その土地柄といった希少性と品質の優良性が欠かせないとする。

(1) ブランド・エクイティによるブランド構築

アーカー（2014）は、強いブランドが将来に向けた競争優位と長期的収益性の基盤になるという前提を述べる。そのブランド構築の第一の目標は、ブランド認知、ブランド連想、ブランド・ロイヤルティより構成されるブランド・エクイティを築き、それを高め、活用することである（アーカー、2014、p.15）。さらに、「ブランド・エクイティ」は、ブランド・ロイヤリティ、名前の認知、知覚品質、知覚品質に加えてブランド連想、他の所有権のあるブランド資産の5つのカテゴリーにグループ化できると指摘する（アーカー、1994、p.21）。その中で、高い「知覚品質」を獲得する鍵としては、高い品質を提供し、重要な品質次元を識別し、買い手に対して何が品質のシグナルとなるかを理解し、信頼される方法で品質についてのメッセージを伝達することであることとする（アーカー、1994、p.379）。

一方、恩蔵（1995）は、「ブランド連想」は、ブランド名とある事柄（製品カテゴリーや顧客への便益など）との結びつきであると指摘し、戦略としてのブランド連想においては、自社ブランドと製品ブランドとの間に連想が生まれていたり、他のプラスの事柄との間に連想が生まれていれば、それだけで競争優位の源泉にはたらくことに違いないと考察している（恩蔵、1995、pp.79-100）。

また、アーカー（1994）によると、製品やサービスが差別化しにくい場合、「シンボル」がブランド・エクイティの中心的な要素、つまり、あるブランドを差別化する中核的な特性となりうる、という。そして、「シンボル（幾何学的な形状、物、パッケージ、ロゴ、人、シーン、漫画のキャラクター）」は、それ自体が認知、連想、好感または感情を創造し、それはそれでロイヤルティや「知覚品質」に影響することができる、と主張する（アーカー、1994、p.273）。

(2) ブランド・エクイティを構築する知識構築プロセス「ケラー3要因」

ケラー（2010）によると、「ブランド・エクイティ」を構築する知識構築プロセスは、①ブランド要素の選択（ブランド・ネーム、ロゴとキャラクター、スローガンとジングル、パッケージング）、②4P戦略によるマーケティングプログラムの設計、③2次的連想の活用、の3つの要因に依存する（ケラー、2010、p.35）。

また、ブランド・エクイティを強化する差別化効果を生み出すのは「ブランド知識」である（ケラー、2010、p.54）。「ブランド知識」には、

「ブランド認知」と「ブランド・イメージ（ブランド連想）」という2つの構成要素があると考えられ（ケラー、2010、p.54)、3つの要因からは、ブランド知識の効果（ブランド認知とブランド連想）を示唆している（ケラー、2010、p.773)。

よって、ブランド・エクイティを構築する知識構築プロセスの3つの要因がブランド知識を形成し、それが強化されることで差別化効果を生み出すことが示唆される。

(3) ブランド要素

ケラー（2010）は、知識構築プロセスの一つの要因である「ブランド要素」はブランド・アイデンティティを編成し、ブランドを識別し差別化するのに有効で商標登録可能な手段である、とする（ケラー、2010、p.175)。さらに、具体的な主な「ブランド要素」としては、ブランド・ネーム、URL、ロゴ、シンボル、キャラクター、スポークスパーソン、スローガン、ジングル、パッケージ、サイネージ（記号）であると述べている。

また、顧客ベースのブランド・エクイティ・モデルでは、ブランド認知を高め、強く、好ましく、ユニークなブランド連想の形成を促進し、ポジティブなブランド・ジャッジメントとブランド・フィーリングを引き出せるような「ブランド要素」を選択すべきであると指摘する。「ブランド要素」のブランド構築力を実証するのは、消費者が、ブランド・ネームや関連ロゴ、その他の特徴を知らされた場合、当該製品に関してどう感じ、何を考えるかである。ブランド・エクイティにプラスの貢献をする「ブランド要素」は、価値ある連想や反応をもたらしたり示唆したりする（ケラー、2010、p.175)。

さらに、「ブランド要素」によって強みと弱みは異なるので、ブランド・エクイティに対する各要素の貢献を最大化するために、それらを「ミックスし、マッチさせる」ことが重要である（ケラー、2010、pp.213-214)。

(4) キャラクター（ブランド要素）のマーケティング

ケラー（2010）によると、「キャラクター」は、特別なタイプのブランド・シンボルで架空あるいは実在の人物や生き物をかたどったものである。「ブランド・キャラクター」は、主に広告を通じて紹介され、広告キャンペーンやパッケージ・デザインにおいて中心的な役割を果たす（ケラー、2010、p.196）。

「ブランド・キャラクター」は、カラフルでイメージ豊かな場合が多いので、アテンション・ゲッターとなり、「ブランド認知」を生み出すのにきわめて役に立つ。そして、主な製品ベネフィットを伝播するのに使えるだけでなく、市場のクラッター（広告等の情報が氾濫した状態）を突破するのにも有効である。また、「ブランド・キャラクター」の人的要素は、選考性を向上させ、当該ブランドを楽しく面白いものと知覚させるのに役立つ。ブランドに人間あるいはその他のキャラクターがあると、消費者にとっては関係を築きやすい。人気キャラクターは、価値あるライセンシング資産となることも多く、直接収入になるだけでなく、追加的なブランド露出を生み出す、とする（ケラー、2010、p.198）。

また、アーカー（1994）も、非常に成功した興味深い「シンボル」の中には、ユーモア、ファンタジーをもたらす漫画の「キャラクター」があるとする。「キャラクター」は、記憶に残りやすく、好まれ、また強力な連想を持っている。また、ある「キャラクター」は、面白さまたは笑いといった肯定的な感情と結びついているという事実が重要である、と指摘する（アーカー、1994、pp.276-277）。

5. 本研究の立場

(1) 地域固有の問題－意志決定主体

通常の経営学のモデルを地域課題に援用する場合、経営学のモデルそのままというわけにはいかない多くの注意点がある。

地域の問題や地域性のある企業では、まず意志決定の問題がある。

すでに述べたように、小長谷は、小長谷ほか（2012）、小長谷

(2012a) において、成功する「まちづくり」事例約300例に共通する要素を「まちづくり3法則」とあげ、経営学の3C (Company、Competitor、Customer) と対比させている。まちづくりの経営主体 (自治体やまちづくり会社、地元団体の連合) からみて、小長谷のまちづくりの法則のうちの第2法則のCompetitorに対する差別化 (差異化)、第3法則のCustomerの顧客マーケティングは、経営理論に平行的だが、第1法則のCompanyは運営主体を表し、まちづくりでは地元の集合であり、意志決定主体が多数の集合となり、意志決定が単一の企業理論をそのまま平行的に参考にすることはできない。地元を構成する多様な意志決定主体の合意形成を保証する「ソーシャルキャピタル」等の要素が大切であることなどを指摘した (小長谷ほか、2006)。(経営学の3CのうちのCompanyは、経営主体と考えると、経営学の3Cの自社は単一の意志決定主体だが、地元と読み替えると、地元は意志決定が合意形成される必要がありソーシャルキャピタルが必要になってくる)。

すでに述べたように、このような点の重要性は、岡本 (2003) も「地域戦略や施策を構想するプロセスの重要性」と主張し、「そのプロセスに多くの地域住民が関わり、コンセンサスを形成することに大きな意味がある」、「地域コミュニティの凝集力が地域を復興し活性化させる」としている (岡本、2003、p.117)。

「公共性のある企業体」である道の駅では、まず経営が公共のチェックをうけるし、地域の合意形成がなければそもそも設立、運営ができない。その設立にあたっては、地域の小売り・サービス業とは競合しないように、また集客が多目的トリップ(注17)に流れて、むしろ地域への集客増にメリットがあることも大切である。

また、特に川上の生産者は、道の駅本来の趣旨から地元が前提であり、経営体が自由に有利な相手を域外から選ぶことはできない。地域の第1次産業者を尊重しなければならないし、むしろそれが設立の目的である。地域の農家とのその合意形成には当然ソーシャルキャピタルが必要になってくる。単一の意志決定ではない。

(2) 地域固有の問題－資源が限られる問題

資源ベースの視点（RBV）からみると、道の駅は本来制約があり、さらに、むしろ不利な形である。

道の駅は、人的資源からみると、従業員はほとんど地元採用であり、特別な資源ではない。

そのような中でどのようにして地域の人的資源を活かし、あるいは、外部の有利な資源を導入活用するのか、その手腕が求められる。

川上の地域農家の組織は、地域のソーシャルキャピタルと関係し、通常の経営理論と違う地域性が入ってくることにも留意が必要である。

(3) 地域ブランドとマーケティング

片山（2018）によると、中小企業基盤整備機構による地域ブランドの定義としては、地域の魅力と地域の商品とが互いに好影響をもたらしながら、よいイメージ、評判を形成している場合を「地域ブランド」とよぶことができる、と述べる（片山、2018、pp.34-35）。

一方、永野（2006）は、「地域ブランド」とは、1）ある特定の地域で生産あるいは提供される商品やサービスであり、2）他の地域で生産あるいは提供される商品やサービスと差別化し、3）肯定的評価を受ける個性を確立している商品やサービスであるとする。片山による「地域ブランド」の定義は、地域活性化のために地域資源を顧客価値に転換することであり、「地域ブランド」の要件としては、その土地柄といった希少性と品質の優良性が欠かせない（片山、2018、p.33）。「地域ブランド」は、地域活性化のために欠かせないものであり、様々な定義が存在するが、顧客満足が基本である、とする。（片山、2018、p.29）。

また、ブランドの観点からは、識別、差別化、品質表示、出所表示機能を有していることが重要であり、マーケティング活動がそれを支えている、とする（片山、2018、p.33）。さらに、ブランドの本質は、消費者にとっての「信頼」、食品でいえば消費者の「安心」「安全」を意味する。ブランドは広告によってのみ構築されるものではなく、広報活動や幅広い企業活動によらなければならない。すなわち、「ブランディング」

とは、マーケティングそのものであるといえる（片山、2018、pp.32-33）。次に、「ブランド」の効果については、1）商品やサービスを繰り返し購入するロイヤルティ効果、2）価格が多少高くても購入する価格プレミアム効果、3）そのブランドなら流通業者が取り扱いと考える流通業者の協力、4）一度、ブランド力ができ上がると広告費用が比較的抑えられるプロモーションの容易化など、と指摘する（片山、2018、p.31）。よって、「ブランド」は、顧客満足からブランド・ロイヤルティを経て、ブランド・エクイティの確立に至るプロセスで確立され、それには、顧客満足度を継続的に顧客に提供していくことが大切である（片山、2018、p.32）。

【注】

（注 1）戦略が戦略策定や意思決定のため、自社の内部環境における①強み（strengths）と②弱み（weakness）、外部環境における目標達成に貢献する③機会（opportunity）と④脅威（threats）の４つのカテゴリーについて要因分析すること。戦略策定においては自社の状況を適切に把握するとともに、競争優位の確保のために経営資源をどの領域に投入すべきか（強みを活かすか、弱みを克服するか、どのように機会を利用するか、どのように脅威から身を守るか）の判断に役立てることを目的とする（深山ほか、2015、p.145）。

（注 2）当時の経済学者たちは、企業のパフォーマンスは、企業の個別の行動だけではなく、企業の置かれた環境にも強く影響を受けると考えたのである。この考え方をＳＣＰモデルという。Ｓは業界構造（Structure）、Ｃは企業の行動（Conduct）、そしてＰが業界のパフォーマンス（Performance）である（グロービス経営大学院、2017、p.25）。

（注 3）外部環境分析の手法としては、マクロ環境を政治（Politics）、経済（Economy）、社会（Society）、技術（Technology）にて分析する「ＰＥＳＴ分析」や、５つの競争要因（①新規参入の脅威、②競合の脅威、③代替品の脅威、④供給者の脅威、⑤購入者の脅威）から業界環境を分析する「５フォース分析」などのフレームワークが存在する。

（注 4）特に重要な欠点としては、①企業利益と業界参入に関する前提（既存企業の利益が潜在的新規参入者に与える影響）、②非効率な企業戦略の役割（意図的抑制など、既存企業が実行する効率性と効果性を低下させる戦略が潜在的新規参入者に与える影響)、③限定された企業異質性の前提(企業の個別異質性という感覚が弱い点)、などである(バーニー、2003、p.224)。

(注 5)「強み」と「弱み」を分析するフレームワークはいくつかの先行研究のうち、経済学に基づくものとそうでないものがある。なかでも特に重要な研究の流れは、①企業固有能力に関する伝統的研究、②リカード経済学、③企業成長の理論、の3つである(バーニー、2003、p.235)。

(注 6) 企業は独自の要素を投入(インプット)し、それを処理・加工(スループット)することで、結果を産出(アウトプット)する。この投入された要素が経営資源と称される。一般に、これは人的資源(ヒト)、物的資源(モノ)、財務的資源(カネ)および情報に区分される。近年は、第4の要素である情報が重要視されている(深山ほか、2015、p.69)。

(注 7) 事業活動を機能あるいはプロセスによって分解し、どの部分(機能)で付加価値が生み出されているか(言い換えれば、企業としてどの部分に手間暇やコストをかけているか)を分析することで、その事業のポジションにおける価値提供の源泉を探り、戦略の再構築や事業改善に役立てようというものだ。ポーターはバリューチェーンのフレームワークを、大きく5つの主活動「購買物流」「製造」「出荷物流」「販売・マーケティング」「サービス」(顧客に遠いほうから近いほうに向けてプロセスを並べている)と、4つの支援活動「全般管理(インフラストラクチャー)」「人事・労務管理」「技術開発」「調達活動」に分けて提示した。バリューチェーン分析では、企業の諸活動を枠組みに沿って厳密に分類することが最終目的ではなく、それぞれの活動の役割やコスト(付加価値)、そして全体としての競争戦略や成長戦略への貢献度を明確にし、そこからの戦略的示唆を得ることがポイントとなる(グロービス経営大学院、2017、p.41)。

(注 8) すなわち、原材料の獲得、中間製品の製造、最終製品の製造、販売と流通、販売後のサービス等である(バーニー、2003、p.245)。

(注 9) 具体的には、①経済的価値(value)をもつ経営資源、②稀少性(rarity)をもつ経営資源、③模倣困難性(inimitability)をもつ経営資源、④持続可能性(sustainability)をもつ経営資源、⑤専有可能性(appropriability)をもつ経営資源、⑥経路依存性(path dependency)をもつ経営資源、などである(廣田、2017、pp.126-129)。

(注10) 経営資源の展開方法として、具体的には、①経験効果に基づく経営資源展開:経験効果を通じて経営資源を増強させる方法、②シナジーの活用による経営資源展開:相乗効果(シナジー)を通じて経営資源を増強させる方法、③イ

ノベーションによる経営資源展開：イノベーションを通じて新たな組織能力を作り出す方法、④提携（アライアンス）による経営資源展開：提携（アライアンス）行動を通じて自社の経営資源のみならず、提携相手企業の経営資源も含めて幅広く経営資源を活用しようとする方法、⑤M＆Aによる経営資源展開：M＆A（Merger&Acquisitoin）を通じて、当該企業で不足する経営資源や能力を獲得しようとする方法、⑥事業群や組織構造との適合性向上に基づく経営資源展開：経営資源の増強と連動して、有望な事業群を企業ドメインとして再設定するとともに、組織構造も再編して、経営資源との適合性を高めようとする方法、などである（廣田、2017、pp.133-138）。

（注11）顧客のみならず、流通小売業者、戦略パートナー、コミュニティ・グループ、政府組織など（大竹、2015、p.50）。

（注12）具体的には、ブランド・エクイティは広告や優れた製品の機能によって、またチャネル・エクイティは長期的なチャネルメンバーとの事業関係に基づいて生まれる、ことなどである（大竹、2015、p.50）。

（注13）人材や資金、土地や設備、特許や技術、あるいは顧客情報や信用など（石井ほか、2013、pp.355-356）。

（注14）具体的なマーケティング・コミュニケーションの手段としては、メディア広告、ダイレクト・レスポンス広告、オンライン広告、場所広告、購買時点広告、流通業者向けプロモーション、消費者向けプロモーション、イベント・マーケティングとスポンサーシップ、パブリシティとパブリック・リレーションズ、人的販売など、である（ケラー、2010、pp.287-288）。

（注15）例えば、地域でしか取り扱っていないものを生産する特産品企業や、地域住民の農家が寄り集まって農産物直売場を展開することで、地域への集客を実施している（片山、2018、p.5）。

（注16）ルーラル・マーケティングとは、マーケティング戦略論を基礎にして、農山漁村型地域産業の振興という特有の領域を対象としたマーケティングのことである。ルーラル・マーケティングの究極の目的は、定住・勤労意欲の向上に貢献するような農山漁村型地域産業を確実に振興させることである（片山、2018、p.20）。

（注17）トリップとは、一般に自宅を出て帰宅するまでの空間的移動を指すが、多目的トリップは、１回のトリップの中に複数の目的の行動を含んだものである。この場合、買物のみならず通勤・社交・娯楽といったあらゆる目的が１回の外出の中でいかに結合されるかが問題となる（若林、1984、p.16）。

第4章　道の駅の分類と持続可能な例の選定

1. 研究対象条件　売上効率分析

すでに述べたように、道の駅そのものはブームが続いており、道の駅の設立は増加傾向にある。1993年に登録が開始されてから、現在の全国登録数は、1180カ所[注1]となっている。

しかし、一方、道の駅は年々増加しているにも関わらず、小川（2016）によると、道の駅の収支に関する数値データは公開されているデータは少ないと指摘しており、さらに道の駅の数値的な収支データ等が著しく乏しいため、客観的な統計分析等が困難であると指摘する（小川、2016、p.20）。また、小川（2016）は、インターネット上で辛うじて見つけることができたデータをもとに、道の駅の収支分析を試みている。それによると、全国モデル「道の駅」に選定される評判の高い道の駅でさえ、収支が安定しているとはいえない状況であるとしており、他の道の駅の収支状況は本当に大丈夫かと心配になる、と述べている（小川、2016、pp.35-37）。

このような状況を踏まえ、本研究では、全国の道の駅のうち、インターネットなどから採算性評価・パフォーマンスなどのデータを得られる道の駅16例[注2]を対象に分析を行うこととする。

(1) 研究対象の詳細内容（道の駅16例）

研究対象とする道の駅は、「遠野風の丘」「鳥海ふらっと」「アグリパークゆめすぎと」「とみうら」「和田浦WA・O！」「八王子滝山」「塩津海道あぢかまの里」「妹子の郷」「能勢くりの郷」「かつらぎ西（下り）」「なぶら土佐佐賀」「しまなみの駅御島」「よしうみいきいき館」

「伯方S・Cパーク」「萩しーまーと」「豊前おこしかけ」の16例である(表4－1)。

表4－1　研究対象とする道の駅16例の詳細内容

《1》道の駅　遠野風の丘			
岩手県遠野市に位置する道の駅。遠野ならではの民芸・工芸・土産物の他、農産物直売所や遠野朝市の店等があり、豊富な品揃えでバラエティ豊かな空間となっている。また、遠野の食材を生かした料理である暮坪そば・行者にんにくラーメン・ひっつみ定食が人気。遠野名物ジンギスカンを全国唯一串焼きで食べることができる。風の丘のシンボル「スパイラルマグナス風車」は、羽根の形がネジ巻き棒という一風変わった風車。この地区は寒風（さむかぜ）といってとても風が強い場所のため、その風を利用して施設の照明や冷暖房などの電力に利用されている。			
特　徴	全国「モデル」道の駅に選定、防災の拠点、産業振興の拠点、観光や地方移住等の総合案内拠点（ＪＮＴＯ認定外国人観光案内所）、震災伝承コーナー		
所在地	岩手県遠野市綾織町新里８－２－１	駐車台数	普通車161、大型車14、身障者用３
延床面積	1276㎡（全体面積：１万7756㎡）	トイレ数	男性19、女性12、身障者用４
年間売上	約６億円	道の駅登録	1999年8月
《2》道の駅　鳥海ふらっと			
山形県遊佐町に位置する道の駅。海に近い道の駅の農産物直売所「ひまわりの会」、鮮魚直売所「元気な浜店」、ラーメン「味の駅」、ベーカリー工房「ほっほ」、食堂「ふらっと」などの店舗には、遊佐町の極上の旨いもの、海の幸、山の幸が大集合している。			
特　徴	県漁協女性部による販売、鮮魚直売所で購入した焼魚、刺身等を道の駅内の食堂で定食として食べられる。		
所在地	山形県飽海郡遊佐町大字菅里字菅野308－1	駐車台数	普通車214、大型車13、身障者用４
延床面積	810㎡（全体面積：１万1000㎡）	トイレ数	男性15、女性16、身障者用１
年間売上	約４億円	道の駅登録	1996年4月
《3》道の駅　アグリパークゆめすぎと			
埼玉県杉戸町に位置する道の駅であり、別名は「人と人とのふれあいの場」である。「アグリパーク」とは、英語で農業公園という意味である。農産物直売所・食堂・花屋の他、ふわふわドームや遊具、ひだまり広場、バーベキュー広場などがある「公園ゾーン」、収穫体験のできるカントリー農園がある「農業ゾーン」がある。			
特　徴	体験農園・貸農園、住民参加型の施設内容・運営の整備		
所在地	埼玉県北葛飾郡杉戸町大字才羽823－2	駐車台数	普通車468、大型車25、身障者用７
延床面積	1935㎡（全体面積：10万1569㎡）	トイレ数	男性17、女性17、身障者用５
年間売上	約７億4000万円	道の駅登録	2002年8月
《4》道の駅　とみうら			
千葉県南房総市に位置する道の駅であり、別名は「人、文化、自然、すべての感動は「枇杷倶楽部」から始まる」である。千葉県初の産業・文化・情報の拠点としてオープン。特産の「枇杷（びわ）」と、たくさんの出会いのある「倶楽部」となる願いを込めて命名している。2000年には、全国道の駅グランプリで最優秀賞を受賞。情報から旅のサポートまで、南房総のランド・オペレーターとなり、たくさんの感動と出会える枇杷倶楽部を目指している。			
特　徴	全国「モデル」道の駅に選定、「道の駅」を核とした６次産業、地域固有の観光資源をパッケージ化し、観光ニーズを呼び込み（観光バスの誘致）、地域の伝統・文化の継承、交流のための取り組み		
所在地	千葉県南房総市富浦町青木123－1	駐車台数	普通車65、大型車15、身障者用４
延床面積	1460㎡（全体面積：8600㎡）	トイレ数	男性10、女性８、身障者用１
年間売上	約４億9000万円	道の駅登録	1993年4月

《5》道の駅　和田浦WA・O！

千葉県南房総市に位置する道の駅であり、別名は「食べて、歩いて、クジラを知る「たべあるくじら」な旅」である。黒潮洗うクジラの海が眼下に広がる南房総・和田浦のまち。自慢のクジラ料理はどれも都会では食べられない一品ばかり。懐かしの竜田揚げや、カツ、そして捕鯨基地ならではの稀少なお刺身まで実に様々な味わいに出会える。また、新鮮な魚を使った郷土料理類やカレーなどの軽食メニューも幅広く取り扱う。エントランスにあるアトリウムでは、南房総の観光情報の提供や、道の駅名物の「ソフトクリーム」のテイクアウト販売なども行っている。

特　　徴	首都圏沿岸部、地域防災機能（隣接する一時避難施設との連携）、地域住民を中心とした運営		
所 在 地	千葉県南房総市和田町仁我浦243	駐 車 台 数	普通車75、大型車４、身障者用２
延床面積	573㎡（全体面積：9695㎡）	ト イ レ 数	男性10、女性４、身障者用１
年間売上	約２億円	道の駅登録	2012年９月

《6》道の駅　八王子滝山

東京都八王子市に位置する道の駅。東京初、東京唯一の道の駅。八王子で栽培された野菜や果物、畜産物などたくさんの東京の恵みが集まっている。地元の新鮮な農産物や畜産物などを販売している農産物直売所「ファーム滝山」、八王子農家のお母さん（嫁）が集まって、地元食材を活かした昔ながらの惣菜が購入できる「はちまきや」、八王子の牛乳を使ったソフトクリームや四季折々の地元食材を使ったジェラート「ミルクアイスMO－MO」、カフェラテや地元食材を使用したスムージーなどが並ぶ「カフェ・ラ・ジータ」、八王子ならではのメニューや新鮮野菜を使ったサラダバーなどを提供する「やさいの食卓八農菜」などがある。

特　　徴	都市型道の駅、消費者第一の農産物直売所		
所 在 地	東京都八王子市滝山町１－592－２	駐 車 台 数	普通車96、大型車９、身障者用２
延床面積	1322㎡（全体面積：１万404㎡）	ト イ レ 数	男性10、女性８、身障者用１
年間売上	約３億7000万円	道の駅登録	2005年８月

《7》道の駅　塩津海道あぢかまの里

滋賀県長浜市に位置する滋賀県の奥びわ湖にある道の駅であり、別名は「知る・観る・食べる、奥びわ湖」である。「あぢかま」とは塩津の地域をさす枕言葉でびわ湖の水辺で冬を越す鴨に由来。駅の北に広がるのは、ブナ林やアカガシ林など、様々な林・植物の宝庫として、約３万年の歴史をもつ山門水源の森。輝く水面に映える新緑や紅葉。湖と水源の森の間、四季折々に美しく表情を変える自然環境に位置しており、奥びわ湖をより快適に楽しむための観光情報や道路情報を案内している。また、琵琶ますや鮎など、びわ湖でとれる水産物や鴨肉、地域ならではの新鮮な農産物や特産品も豊富に揃えている。様々な奥びわ湖の魅力を、知って、観て、食べる！そんな魅力の発信地の道の駅である。

特　　徴	鯖一本寿し、鴨肉、滋賀県の奥びわ湖でとれた鮒、鮒寿し茶漬けセットが有名		
所 在 地	滋賀県長浜市西浅井町塩津浜1765	駐 車 台 数	普通車74、大型車12、身障者用２
延床面積	466㎡	ト イ レ 数	男性12、女性９、身障者用２
年間売上	約１億9500万円	道の駅登録	2009年７月

《8》道の駅　妹子の郷

滋賀県大津市に位置する道の駅。京都と滋賀県湖西地域を結ぶ湖西道路上で唯一の休憩施設である。大津市志賀地域は琵琶湖や比良山の豊かな自然環境に恵まれ、夏場のウォーターレジャーからスキー・スノーボードなどのウィンタースポーツ、トレッキングなど、年間を通じて自然体験ができる地域である。地域の特産品等を販売する地域振興の拠点施設として、滋賀県産近江牛Ａ５のステーキやすき焼き、棚田米（主に比良山系の山水で育てたうるち米）を提供している。

特　　徴	滋賀県産近江牛Ａ５、棚田米、琵琶湖や比良山の豊かな自然環境		
所 在 地	滋賀県大津市和邇中528	駐 車 台 数	普通車86、大型車28、身障者用４
延床面積	1200㎡（全体面積：１万3600㎡）	ト イ レ 数	男性10、女性10、身障者用２
年間売上	約５億1100万円（※２）	道の駅登録	2014年４月

《9》道の駅　能勢くりの郷			
大阪府能勢町に位置する道の駅。大阪府の最北端に位置し、山間に広がる美しい町にある。自然豊かな地域で育った農産物や農産加工品・工芸品などを販売する直売所、地元の農家女性が調理するレストランひだまり、能勢の歴史や見所を紹介する観光案内所などを併設する。農産物直売所では、地元で収穫された新鮮な農産物（野菜、果実、花き、加工品等）が約250品目販売され、レストランでは地元の食材を使った料理が堪能できる。			
特　徴	三白三黒（米・寒天・凍み豆腐、銀寄栗・黒牛・炭）、能勢ブランド野菜（のせ太陽の粒、のせ黒枝豆など）、ポイントカード、農業生産法人の取得		
所在地	大阪府豊能郡能勢町平野535	駐車台数	普通車30、大型車6、身障者用2
延床面積	675㎡（全体面積：4554㎡）	トイレ数	男性7、女性6、身障者用1
年間売上	約3億9700万円	道の駅登録	2001年4月

《10》道の駅　かつらぎ西（下り）			
和歌山県かつらぎ町に位置する道の駅。和歌山県北東部に位置し、北は和泉山脈、南は紀伊山地の高野山麓にあり、町の中央には清流紀の川がゆったりと流れる自然豊かな地域に位置する。気候は四季を通し温暖で、フルーツはパイナップル、バナナ以外はなんでも栽培され、特に栗、柿、桃、ぶどう等が盛んである。また、2004年7月に「紀伊山地の霊場と参詣道」の世界遺産登録、かつらぎ町においても「丹生都比売神社」「町石道」「八町坂」の登録が決定され、「観光のまち」「人と人のふれあう町」を目指している。			
特　徴	かつらぎ町「フルーツ王国」、かつらぎ町商工会によるアンテナショップ運営、周辺には「紀伊山地の霊場と参詣道」の世界遺産登録		
所在地	和歌山県伊都郡かつらぎ町大字笠田東1270番地の22	駐車台数	普通車39、大型車16、身障者用3
延床面積	541㎡	トイレ数	男性5、女性10、身障者用1
年間売上	約2億6300万円	道の駅登録	2015年4月

《11》道の駅　なぶら土佐佐賀			
高知県黒潮町に位置する道の駅。幡多地域の東の玄関口に位置する道の駅であり、フードコート、農林水産直売所、情報発信スペースがある。フードコートでは、地元の食材を活かしたメニューやカツオの藁焼きタタキの実演が見られるブースを設け、目で見て楽しみ食することができる。直売所でも地域でとれた新鮮な魚介類や野菜等を販売、日戻りカツオも提供する。また、情報発信スペース等により黒潮町、幡多地域の観光イベント情報を発信している。			
特　徴	元祖・藁焼き鰹塩たたき、藁焼きの実演、地元有名デザイナー（デハラユキノリ氏）制作の漁師キャラ（なぶら元吉）		
所在地	高知県幡多郡黒潮町佐賀1350	駐車台数	普通車62、大型車3、身障者用2
延床面積	520㎡（全体面積：2942㎡）	トイレ数	男性7、女性4、身障者用1
年間売上	約2億100万円	道の駅登録	2013年10月

《12》道の駅　しまなみの駅御島			
愛媛県今治市に位置する道の駅。大山祇神社に隣接して整備されたしまなみの駅御島では、大三島でとれた特産品コーナーやサイクリストの休憩も考慮したシャワー室が整備され、レンタサイクルも配置されている。情報コーナーでは大三島のみならず瀬戸内しまなみ街道周辺地域の情報も提供されている。			
特　徴	「重点道の駅」に選定。レンタルサイクル		
所在地	愛媛県今治市大三島町宮浦3260	駐車台数	普通車26、大型車2、身障者用1
延床面積	477㎡（全体面積：2966㎡）	トイレ数	男性11、女性8、身障者用1
年間売上	約700万円	道の駅登録	1999年8月

《13》道の駅　よしうみいきいき館

愛媛県今治市に位置する道の駅。来島海峡大橋を眺望しながら、新鮮な魚介類が味わえる海鮮料理や七輪バーベキューが楽しめる。また、豪快さが自慢のお食事処と町内で採れた野菜や鮮魚、特産品などが購入でき、土・日・祝日には、じゃこ天の実演販売も実施している。

特　　徴	「重点道の駅」に選定。鮮魚コーナー、生簀（いけす）、七輪バーベキュー		
所在地	愛媛県今治市吉海町名4520－2	駐車台数	普通車100、大型車10、身障者用2
延床面積	982㎡（全体面積：5047㎡）	トイレ数	男性6、女性5、身障者用2
年間売上	約2億円	道の駅登録	2002年8月

《14》道の駅　伯方S・Cパーク

愛媛県今治市に位置する道の駅。伯方S・Cパークの"S"は「Sports（スポーツ）」、"C"は「Culture（文化）」を意味する。伯方S・Cパーク内には文化センター（コンサートホール）や体育センターが敷設され、公園、テニスコート、人工ビーチ（海水浴場）、レンタサイクルなどが整備されている。道の駅内の中央に位置する施設「マリンオアシスはかた」には特産品の販売所やレストランがあり、しまなみ海道を訪れた観光客の方々に親しまれている。

特　　徴	「重点道の駅」に選定。文化センター（コンサートホール）、体育センター		
所在地	愛媛県今治市伯方町叶浦甲1668－1	駐車台数	普通車300、大型車16、身障者用5
延床面積	1034㎡（全体面積：5428㎡）	トイレ数	男性18、女性11、身障者用2
年間売上	約1億1000万円	道の駅登録	1999年8月

《15》道の駅　萩しーまーと

山口県萩市に位置する道の駅であり、別名は「魚市場直結の道の駅」である。漁協をはじめ、地元生産者が集結して運営する臨海の生鮮市場である。漁港直結で輸送コストはゼロ、しかも中間流通を介さず生産者直売により、新鮮・安全な旬の食材を安価に提供している。杉の原木を構造材として用い、その他の部分も木造を基本にした環境にやさしい建物の内部では、昔懐かしい公設市場を再現している。

特　　徴	全国「モデル」道の駅に選定、魚の「地産地消」、魚食普及・食育の拠点、地域活性化プロジェクト		
所在地	山口県萩市椿東4160－6	駐車台数	普通車65、大型車7、身障者用4
延床面積	1540㎡（全体面積：7420㎡）	トイレ数	男性10、女性5、身障者用4
年間売上	約9億6000万円	道の駅登録	2000年8月

《16》道の駅　豊前おこしかけ

福岡県豊前市に位置する道の駅であり、別名は「かぼちゃ伝説の里」である。特産品のいちご、いちじくをはじめとする採れたて地場野菜、ゆず、かぼちゃの加工品、ハム、干物を販売している。また、地元漁協による鮮魚の朝市も毎朝8時から開店しており、豊前近海でとれた新鮮な魚介類をそのままお届けしている。

特　　徴	日本一おもいやりのあるトイレ、「道の駅弁」をはじめとした特産品の開発		
所在地	福岡県豊前市大字四郎丸1041－1	駐車台数	普通車70、大型車10、身障者用4
延床面積	1460㎡（全体面積：約1万6500㎡）	トイレ数	男性12、女性12、身障者用2
年間売上	約6億1000万円	道の駅登録	1998年4月

（※1）道の駅16例のうち、11事例（「遠野風の丘」「鳥海ふらっと」「アグリパークゆめすぎと」「とみうら」「和田浦WA・O！」「八王子滝山」「しまなみの駅御島」「よしうみいきいき館」「伯方S・Cパーク」「萩しーまーと」「豊前おこしかけ」）の詳細内容については、茅ヶ崎市（2015）および道の駅HP、道の駅公式HP、株式会社しまなみHP、四国の「道の駅」HP、道の駅八王子滝山HPをもとに筆者が加筆。

（※2）妹子の郷の売上高については、上期実績より年間売上を想定

出所：各道の駅HPをもとに筆者作成

(2) 売上高効率分析

一般的に商業・小売業においては、限られた販売スペースにて、より多くの商品を販売することが売上の拡大には重要なポイントとなる。販売スペース＝延床面積として、商品を販売する延床面積に対する年間売上高を検証することで、店舗運営の効率性を判断することが可能となる。

以上から、研究対象となる道の駅16例を対象に、延床面積に対する年間売上高の関係について分析を行った。なお、統計ソフトとしては「IBM SPSS Statistics Version26」を用いて検証する。有意確率は、有意性の高いものから1%有意、5%有意までを含むものとする。

1）売上高効率分析の検証方法【単回帰分析】

道の駅の年間売上高を従属変数に、延床面積を独立変数として、単回帰分析を用いて分析および考察を行う。

パラメーター項目説明

1）従属変数「年間売上高」＝道の駅の年間売上高（単位：百万円）

2）独立変数「延床面積」＝道の駅の延床面積（単位：㎡）

2）検証の結果

道の駅16例に対する延床面積と年間売上高との単回帰分析の結果は、次のようになった。表4－2は、道の駅16例の延床面積、年間売上高の一覧を示す。図4－1には、道の駅16例の延床面積と年間売上高との単回帰分析の結果を散布図にプロットし、回帰直線を示したものである。

1）決定係数R2は.60であり、有意水準1%の正の値を示すことから有意である。よって、回帰モデルの当てはまりは良いと判断できる。

2）延床面積（.436**）は1%有意である。

3）回帰式は、y = 0.436x − 49.01である。

4）道の駅16例の延床面積と年間売上高との単回帰分析の結果を散布

表4−2　道の駅16例の延床面積、年間売上高の一覧

記号	延床面積（m²）	年間売上（百万円）	名称	所在地
[A]	466.00	195	道の駅 塩津海道あぢかまの里	滋賀県長浜市西浅井町
a	476.98	7	しまなみの駅御島	愛媛県今治市　※重点「道の駅」
[D]	520.13	201	道の駅 なぶら土佐佐賀	高知県黒潮町
[E]	541.49	263	道の駅 かつらぎ西下り	和歌山県かつらぎ町
F	573.00	200	道の駅 和田浦WA・O!	千葉県南房総市
[B]	674.68	397	道の駅 能勢くりの郷	大阪府豊能郡能勢町
G	810.00	400	道の駅 鳥海ふらっと	山形県遊佐町
b	981.93	200	よしうみいきいき館	愛媛県今治市　※重点「道の駅」
c	1,033.70	110	伯方S・Cパーク（マリンオアシスはかた）	愛媛県今治市　※重点「道の駅」
[C]	1,200.00	511	道の駅 妹子の郷	滋賀県大津市
H	1,276.10	600	道の駅遠野風の丘	岩手県遠野市　※全国モデル「道の駅」
d	1,322.40	370	道の駅八王子滝山	東京都八王子市
I	1,424.00	960	道の駅萩しーまーと	山口県萩市　※全国モデル「道の駅」
e	1,460.00	490	道の駅とみうら 枇杷倶楽部	千葉県南房総市　※全国モデル「道の駅」
J	1,460.30	610	道の駅 豊前おこしかけ	福岡県豊前市
f	1,935.00	740	道の駅 アグリパークゆめすぎと	埼玉県杉戸町

出所：茅ヶ崎市HP「第2回道の駅整備推進有識者会議　資料2「道の駅参考事例（追記と修正）参考事例まとめ表　第2回（H27.8.28）資料-2」平成27年8月28日」をもとに筆者作成。

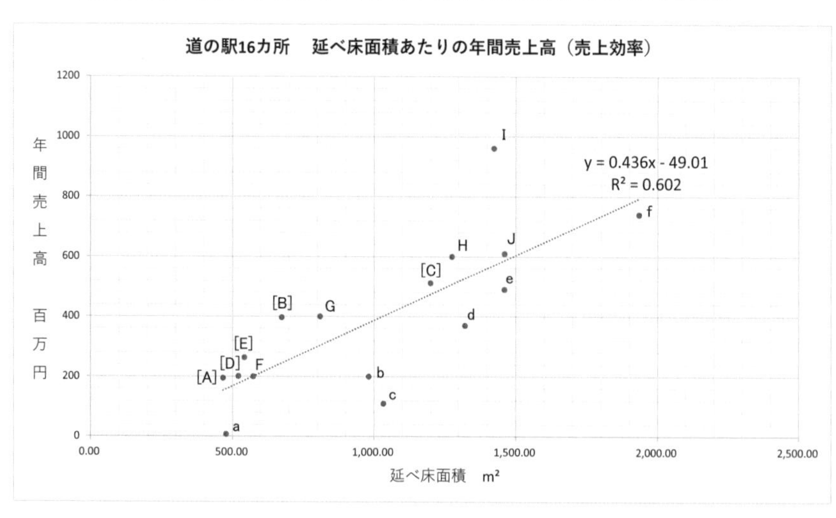

図4−1　道の駅16例の延床面積、年間売上高の散布図

出所：筆者作成

図にプロットし、回帰直線を示すと、それを上回る道の駅は10カ所
（東北2）「遠野風の丘」「鳥海ふらっと」
（関東1）「和田浦WA・O！」
（関西4）「塩津海道あぢかまの里」「妹子の郷」「かつらぎ西（下り）」
「能勢くりの郷」
（中四国2）「なぶら土佐佐賀」「萩しーまーと」
（九州1）「豊前おこしかけ」
である。

以上から、回帰直線を上回る道の駅は10カ所存在しており、これらの道の駅では、延床面積に対して平均よりも高い年間売上高を生み出していることが判断できた。

2. 優秀な道の駅とはなにか

全国の道の駅の採算性評価・パフォーマンスをデータの得られる道の駅16例から、単純回帰分析による売上高効率分析の検証を行った。その結果から、回帰直線を上回る10カ所の道の駅が明らかとなった。

そのなかから、優秀な道の駅を選別するための条件としては、

1）商業・小売業は、「強い規模の経済」がはたらく産業（品揃えが最大の魅力因子となり、それゆえ床面積が強い吸引変数となる）であることから、一般論としては規模が大きい施設が有利となる。
2）ところが、延床面積が小さい道の駅であっても高いパフォーマンスで成功しているところがある。これらは創意工夫をしている優れた道の駅とみられる。

以上から、延床面積が小さいにもかかわらず、回帰モデルによる平均的予想を上回る成績をあげる道の駅を優秀な道の駅と判断する。

3. 選定結果　優れた成績を示す道の駅

先程の結果から、回帰直線を上回る道の駅は10カ所存在していることが分かった。さらに、この10カ所の道の駅を対象に、優れた成績を示す道の駅の選定を行うこととする。具体的には、1）延床面積が小さいにもかかわらず、2）回帰モデルによる平均的予想を上回る成績を上げている道の駅を選定する。

1）延床面積が小さい道の駅（1200㎡以下）

全国の道の駅のうち、インターネットなどから採算性評価・パフォーマンスなどのデータを得られる道の駅16例の延床面積の平均値としては、1000㎡程度である。本研究では、この平均値を下回る道の駅ならびに、その付近の道の駅を含めた1200㎡以下を延床面積が小さい道の駅とみなす。

これらを満たす道の駅は、「塩津海道あぢかまの里」「なぶら土佐佐賀」「かつらぎ西（下り）」「能勢くりの郷」「妹子の郷」「和田浦WA・O！」「鳥海ふらっと」の7カ所である。

2）回帰モデルによる平均的予想を上回る道の駅

道の駅16例の平均値を示している回帰式をもとに、予想売上高を算出する。

以下の式より、延床面積に対する売上高の推定結果の算出を行うこととする。

予想売上高＝0.436×（延床面積）－49.01

この式に、「塩津海道あぢかまの里」の延床面積を代入すると売上高は1億5417万円という推定値が得られる。同じく、「能勢くりの郷」では売上高2億4515万円、「妹子の郷」では売上高4億7419万円、「なぶら土佐佐賀」では売上高1億7777万円、「かつらぎ西（下り）」では売上

表4−3　延床面積に対する売上高の推定結果】

記号	延床面積（m²）	年間売上（百万円）	名称	売上想定（百万円）
［A］	466.00	195	道の駅 塩津海道あぢかまの里	154.17
［B］	674.68	397	道の駅 能勢くりの郷	245.15
［C］	1200.00	511	道の駅 妹子の郷	474.19
［D］	520.13	201	道の駅 なぶら土佐佐賀	177.77
［E］	541.49	263	道の駅 かつらぎ西下り	187.08
F	573.00	200	道の駅 和田浦WA・O!	200.82
G	810.00	400	道の駅 鳥海ふらっと	304.15

出所：筆者作成

高1億8708万円、「和田浦WA・O！」では売上高2億82万円、「鳥海ふらっと」では売上高3億415万円、という推定値が得られる。

これらのうち、「和田浦WA・O！」を除く道の駅6カ所においては、推定値よりも実際の売上高は大きく上回っていることがわかる（表4−3)。

推定式は、道の駅16例のデータから得られた結果であり、推定値は道の駅16例の平均値を示していることになる。実際の売上高が、推定値よりもはるかに上回る結果を得られたことから、これら優良例として選出した道の駅は、たしかに業績が平均値をはるかに上回っていることがわかる。

以上から、延床面積が小さいにも関わらず（1200㎡以下)、回帰モデルによる平均的予想を上回る優れた成績を示す道の駅6カ所のうち、西日本エリアに限定すると5カ所（「塩津海道あぢかまの里」「なぶら土佐佐賀」「かつらぎ西（下り)」「能勢くりの郷」「妹子の郷」）が存在していることが明らかとなった。

よって、道の駅の成功事例である優秀な道の駅5カ所について、次章から事例分析を試みることとする。

【注】

（注 1）2020年7月時点による。国土交通省HP「道の駅案内　沿革」

第5章　事例1：「塩津海道あぢかまの里」、事例2：「能勢くりの郷」―バリューチェーン分析

1. 本事例分析の概要

本章では、中山間地域の道の駅に着目し、バリューチェーンの観点から、安くて新鮮な農産物の販売、レストランの併設や自社ブランド加工品の開発に焦点をあてて考察を試みる。これらを踏まえ、中山間地域の道の駅が目的地となり得る競争優位を明らかにすることを目的とする。

関・酒本（2016）は、道の駅の成功事例（10例）の事例分析から、3つの機能モデル「農産物直売所」「農産物加工」「農村レストラン」を提言し、特に物販や飲食施設では、地域性を活かした個性化を打ち出すことで他の施設との差別化を図っているが、関・酒本（2016）の道の駅に関する研究では、道の駅の差別化となる事業活動において、競争優位となる機能の詳細な分析までには、至っていない。

また、競争優位の源泉を事業活動から明らかにするバリューチェーン[(注1)]の研究においては、一般の企業間連携や業種毎のビジネスモデルなどの観点から競争優位を分析する研究は数多く行われているが、道の駅の事業活動の内部過程から、競争優位がどのような意図や背景のもとで生起しているかを明らかにした研究は、ほとんど見当たらない。

よって、本章においては、中山間地域の道の駅のバリューチェーンに着目し、安くて新鮮な農産物の販売、レストランの併設や自社ブランド加工品の開発に焦点をあてて考察を試みる。競争優位となる事業機能を明確化するとともに、収益データ等を活用した定量的なパフォーマンス分析を行うことで、道の駅の事業継続性（自立化）に欠かせない持続可能な競争優位となる機能を明らかにすることを試みる。

研究方法としては、バリューチェーンの分析フレームを活用する。道

の駅の野菜直売所やレストランでは消費者に商品やサービスを提供することから、小売業の分析フレーム「①商品企画機能」「②仕入機能」「③店舗運営機能「④集客機能」「⑤販売機能」「⑥アフターサービス機能」の観点にて分析を行う。

本章の対象は、中山間地域において安くて新鮮な農産物を販売する道の駅であることから、中山間地域に位置すること、農産物直売場や自社ブランド加工品の販売、レストランを併設することをより詳しい分析対象条件とする。これらの条件を満たす道の駅としては、滋賀県北部に位置する「塩津海道あぢかまの里」(以下、「あぢかまの里」とする)、大阪府の最北端に位置する「能勢くりの郷」(以下、「くりの郷」とする）の2カ所を調査対象とした。なお、中山間地域の道の駅のバリューチェーン分析をテーマにした研究は、ほとんど見当たらない。よって、道の駅の関係者のインタビュー調査などを中心に考察を試みた。

2. 先行研究と本章の位置づけ

ポーター（1985）は、「バリューチェーン（価値連鎖)」とは、価値連鎖内部の連結関係で繋がる相互に依存した活動のシステムであり、産業や機関の繋がりからの「補完性」に注目した概念であるとしている。そして、競争業者間の「バリューチェーン」の違いに「競争優位」があると指摘している。この「バリューチェーン」の違いとして、企業内部の活動に着目した加護野（1999）は、創出される風土や信用、学習などの先行優位の維持を主張する。一方、青島・加藤（2003）は、企業外部の活動に着目し、競争相手が簡単に真似することができない事業領域や顧客の価値との一貫性を主張している。

つまり、「バリューチェーン（価値連鎖)」は、個々の独立した活動の集合体ではなく、価値連鎖内部の連結関係で繋がる相互に依存した活動のシステムであり、差別化は企業の価値連鎖から育ってくるとする(ポーター、1985)。また、「バリューチェーン」を構成する新たな手法として、「クラスター」(注2)を指摘する。「クラスター」の範囲としては、産業や機関の繋がりに補完性があることが競争にて最も重要な意味を持つと主張する。独立を維持しつつ非公式に結びついた企業や組織によって構成される「クラスター」は、効率や効果、柔軟性の点で競争優位に繋がる、とする（ポーター、1999）。

「競争優位」については、先行研究で多くの議論がなされている。「競争優位の源泉」に関しては、ポーター（1985）によると、競争業者間のバリューチェーンの違いこそが「競争優位の源泉」となる。加護野（1999）は、仕事の現場で作り出される風土や信用という捉え難い資産や、本物というブランドを確立させる学習による先行優位の維持が重要であるとした。

「競争優位」をもたらす経営資源の条件としては、青島・加藤（2003）は、競争相手が簡単に真似することができないことや、事業領域や提供すべき顧客の価値との一貫性を主張する。また、「競争優位」を維持させる方策として、加護野（1999）は、厳しさを兼ね備えた共存共栄としての規律の維持や、顧客の声をよく聞きながらも迎合しない選択基準を持つことを指摘する。

さらに、「競争優位」を導き出す方法として、ポーター（1985）は、最適化と調整を指摘し、競争優位の達成のためには、会社の戦略を示す活動間の連結を最適化しなければならないことや、連結関係は活動を調整する必要があることの証明であると論じている。

「バリューチェーン分析」には、いくつかの代表的なモデルが考えられている。ひとつは、コンサルティング・ファームのマッキンゼーが提案したモデルがある。この比較的単純な構造モデルでは、付加価値の創出はほとんど常に次の6つの活動になされるという。1）技術開発（源泉・洗練化・特許・製品/プロセスの選択）、2）製品デザイン（機能・物理的特性・美的形状・品質）、3）製造（統合・原材料・生産能力・立地・調達・部品製造・組立）、4）マーケティング（価格・広告/宣伝・販売力・パッケージ・ブランド）、5）流通（流通チャネル・統合・在庫・完成品保管・輸送）、6）アフターサービス（保証・スピード・専属/独立・価格）である。また、ポーターによって提案された「バリューチェーンモデル」は、価値創出活動を大きく2つのカテゴリーに分類している。この「主要活動」と「支援活動」である。この「主要活動」には、1）インプットに関わるロジスティクス（購買、および部品や半完成品の在庫機能）、2）製造、3）アウトプットに関するロジスティクス（完成品補完や配送）、4）販売とマーケティング、5）サービス（ディラーサポートや顧客サービス）がある（バーニー、2003、pp.243-244）。

また、ポーター（1985）は、「主活動の5つのタイプは競争優位に貢献している」と述べる。

しかしながら、過去の研究では、これらの「バリューチェーン分析」によるフレームワークにおいては、ものづくりを起点とする製造業務が重視されており、それに関連する技術開発や原材料の調達、そして完成品の販売業務までの一連の価値連鎖の流れがフレームワークとして構成されている。

これに対し、本章の研究対象である道の駅は、地元で収穫した新鮮な農産物や地元の加工品を販売することで地域貢献することを主目的としており、業態でいえば一般的には小売業にあたり、製造業務よりも販売業務に注目することが競争優位の源泉を分析する上では、不可欠であると考える。道の駅では、地域活性化や地域コミュニティの担い手として、地元住民や観光客が快適に過ごせる売り場づくり、地域性を活かした店舗に呼び込むための集客イベントなども求められ、地元住民や観光客などの顧客視点からの機能を重視することから、分析の視点としては、小売業におけるフレームワークを活用することとする。

よって、本章では、小売業のフレームワークとして、1）商品企画機能、2）仕入機能、3）店舗運営機能、4）集客機能、5）販売機能、6）アフターサービス機能の6つの観点にて分析を行う。

3. 事例1－「塩津海道あぢかまの里」

(1) 地域と歴史

1) 地域の特性

長浜市西浅井町は滋賀県の北部、琵琶湖の最北端に位置（東西約9㎞、南北約18㎞、総面積67.05㎢）しており、そのうち約8割の山林が占める中山間地域にある。東部の塩津港に注ぐ大川、西部の大浦港に注ぐ大浦川は、いずれも琵琶湖の水源となっている。北部の野坂山系を挟んで若狭湾があり、気象は日本海型に近いことから、10月以降は曇天、時雨が多く、日照時間が少ない。

冬期は、日本海から吹き込む季節風の影響によって積雪が1mを超えることもあり、滋賀県下有数の豪雪地帯である。また、昔から琵琶湖を有する滋賀県から日本海の福井県敦賀に抜ける交通の要衝として、重要な位置を占める。

2) 道の駅設立の経緯

「形（建物）を作るより、まず自分たちが行動を起こすことが肝心！何かやろう！」という住民の動きから、1997年に商工会、観光協会の有志の方が集い、「町おこし商会」を立ち上げた。

まずは、国道8号線沿いの農協のライスセンターの広場にて土・日限定の青空市を始めたことで顧客も徐々に来店するようになり、継続的な活動に向けた組織化や直売所の建物を建てる気運が高まってきた。そして、1998年には農産物加工場の建設を行い、加工販売グループ「さざなみ工房」に管理委託を行った。

このような住民の動きを踏まえ、行政側の動きとしては、2001年から直売所の検討を始めると共に、「つづらお荘（観光協会）」「丸子船資料館」「JR駅舎」等と共に直売所も含めて一元管理する「有限会社西浅井総合サービス」を設立する。

「町おこし商会」は、直売所が完成した時点で発展的解消し、行政の各部門に加入となった。「有限会社西浅井総合サービス」は設立と同時に人材登録制度を立ち上げ、登録者の中から各施設へ配置した。

地元では道の駅の設立への気運が高まりつつあったが、道の駅を認定する国土交通省は、8号線バイパスを計画していたことから、道の駅の設立までには至らなかった。また、道の駅の整備方法としては、道路管理者（国土交通省）と市町村長等で整備する「一体型」、市町村で全て整備を行う「単独型」の2種類があるが、8号線バイパスの計画があることから、「一体型」による道の駅設立は困難であると判断し、先行して市町村長等にて直売所を整備し、後から国土交通省に追随してもらう形で進めることとなった。

このような経緯を経て、まず第1段階として、2005年に「山村振興補助金」を活用して農林水産物直売・食材供給施設「奥びわ湖 水の駅」の野菜直売所を設置した。

その後、2009年には、国土交通省にて「道の駅情報館」の設置（24時間営業）、また、高齢者の生きがい支援を目的に、「厚生労働省補助金（多世代型交流促進事業）」を活用して、「水の駅 交流館」「水の駅 栽培ハウス」を設置した。

その後、2010年3月にこれらの施設を含めた「あぢかまの里」としてグランドオープンに至った（表5－1）。

写真5－1　「あぢかまの里」の店舗外観

出所：道の駅公式HP「道の駅 あぢかまの里」

表5−1　道の駅設立の概要「あぢかまの里」

道の駅名称	塩津海道あぢかまの里
場所	滋賀県長浜市西浅井町
設置年月日	2010年3月
設置主体	長浜市
運営主体	有限会社西浅井総合サ－ビス
出資先	株主9名（180株） うち、長浜市（50株）、各種団体代表者8名（130株）
運営管理	指定管理　3年（非公募）
施設設備補助金	1）農林水産物直売・食材供給施設「奥びわ湖 水の駅」の野菜直売所（山村振興補助金2005年） 2）「道の駅情報館」（国土交通省2009年） 3）「水の駅交流館」「水の駅栽培ハウス」（厚生労働省多世代型交流促進事業2009年）

出所：筆者作成

3）道の駅の施設

「あぢかまの里」は、琵琶湖の最北に位置し、日本海と結ぶ塩津海道（国道8号）の沿線にあり、周囲には繁栄の歴史を伝える貴重な文化財が数多く残されている場所に位置する。

滋賀県北部の農産物や琵琶湖の水産物を新鮮な状態で直売する物産館、特産品をゆっくり味わうことができる食事処レストランを併設する。

具体的には、でっち羊羹など地産のお土産が揃う「特産品販売コーナー」、郷土料理の鮒寿しなど地元の食材を使った軽食メニューが並ぶ「軽食販売コーナー（塩津海道 鯖寿し魚助）」、地産の新鮮な農産物や近隣漁港から水揚げした鮮魚が並ぶ「生産品販売コーナー」、こだわりの厳選素材による食品を提供する「実演販売コーナー」などである（図5−1）。

また、道の駅施設の周辺には、希少な植物の宝庫で知られる「山門水源の森」、江戸時代の運河計画で有名な「深坂古道」、桜で有名な「奥琵琶湖パークウェイ・海津大崎」などがあり、ハイキングやドライブを楽しむ人達の集客拠点となっている。

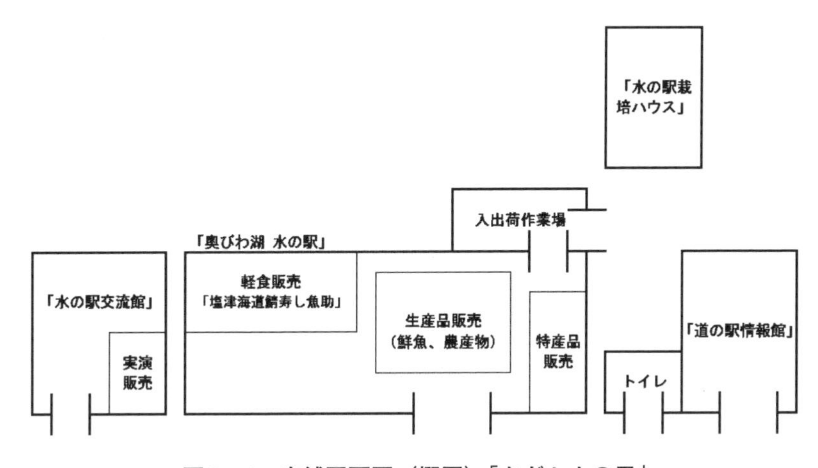

図5−1　店舗平面図（概要）「あぢかまの里」

出所：筆者作成

営業時間は、物産館、レストランとも9：00～17：00、土日祝日は18：00まで（3月～11月)、9：00～16：00、土日祝日は17：00まで（12月～2月）となっており、休館日は毎週火曜日（祝日の場合は営業)、年末年始である。駐車台数は、86台（大型車12台、普通車74台）である。

(2) 組織

道の駅の施設所有者は長浜市、管理運営者は「有限会社西浅井総合サービス」である。

管理運営者の「有限会社西浅井総合サービス」は、2001年に長浜市西浅井町周辺にある公共施設のうち、民営に任せていた「国民宿舎つづらお荘」「永原駅前施設コティ」「近江塩津駅前施設あぢかまの宿」「あぢかまの里」にある3施設「奥びわ湖水の駅」「水の駅交流館」「水の駅栽培ハウス」などの12施設を一元管理することを目的に、西浅井町より西浅井地域振興関連施設に関する管理運営の指定管理を受け、西浅井町の出資500万円にて会社を設立した。

JAや銀行は設立には賛同しなかったため、3セク設立には至らなかった。

役員は、代表取締役、取締役、総支配人の3名で構成されており、代表取締役の熊谷定義氏は、西浅井町の元町長である。発行株式数は180株、株主は9名となっており、うち長浜市は50株保有し、各種団体代表者8名（役員3名、当時の議長、観光協会、商工会などの方）が残り130株を保有し、途中で増資した経緯がある。当初は、12施設を指定管理者として管理運営していたが、3施設「国民宿舎つづらお荘」「体験宿泊施設レントラ」「体験交流施設ランタの館」については、現在、地元の方にて設立した「有限会社カンポ」が指定管理者として施設の管理運営を行っており、現在では9施設の指定管理者として管理運営を担っている。

「有限会社西浅井総合サービス」の主な事業としては、定款に定める目的として、1）公共施設の指定管理業、2）農林水産物、観光土産品等の販売、3）かき餅、惣菜、ジャム、パン、アイスクリーム等乳製品の開発および製造、4）飲食店業および旅館業、5）西日本旅客鉄道株式会社が行う出札、改札等の駅業務の受託、6）公の施設の清掃、維持、管理並びに運営の受託、7）人材登録制度、がある(注3)。

「有限会社西浅井総合サービス」の運営体制としては、取締役会（3名以内）、代表取締役社長の配下として、顧問、取締役総支配人、監査役（1名）で構成される。取締役総支配人の直轄部門としては、「総務部」「施設管理部」「業務部」がある。また、「あぢかまの里」にある野菜直売所「奥びわ湖 水の駅」の組織体制は、施設所有者が「長浜市」、管理運営者が「有限会社西浅井総合サービス」となっており、「施設長（駅長）」が施設全体の運営を統括する役割を担う。農産物の委託販売においては、「農林水産物出荷組合」の組合員しか農産物の委託販売ができない制約を設けている（図5-2）。道の駅施設の運営方法としては、「生産販売部門」「加工販売部門」は直営方式（委託販売）またはテナント方式、「実演販売部門」はテナント方式、「軽食販売部門」は経営業務委託方式となっている(注4)。従業員数は計6名（パート2名を含む）、主な業務はレジ打ちである。

■道の駅の運営管理者「有限会社西浅井総合サービス」の組織図

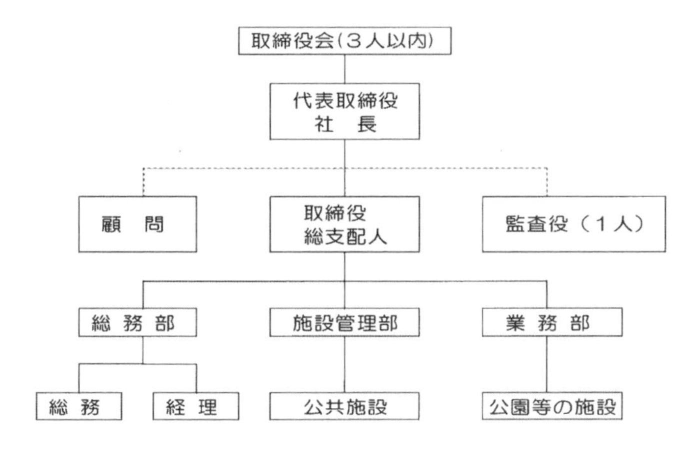

■「あぢかまの里」にある野菜直売所「奥びわ湖 水の駅」の組織図

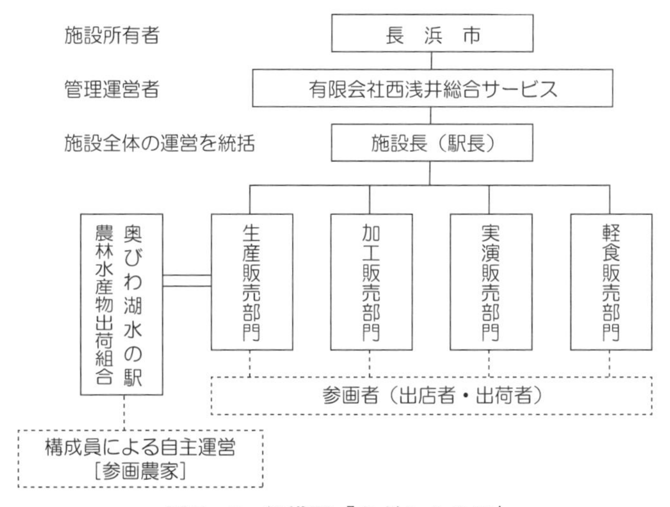

図5−2　組織図「あぢかまの里」

出所：有限会社西浅井総合サービス（2016）「指定管理者精度による西浅井地域振興関連施設の管理運営について」より抜粋

(3) 事業ーバリューチェーン分析「あぢかまの里」

1）商品企画機能

①6次化による自社ブランド加工品開発

「農林水産物出荷組合」（以下、出荷組合とする）の果樹部会では、栽培ハウスによるイチジク、柿、イチゴなどの作付の実証試験を行っている。地元の産品を使った加工品として、シソやジャムづくりに取り組んでいる。イチジクなどのジャム3種類を自社ブランド加工品としてアソート販売している。さらに、これらの素材をペースト状にして葛餅などに混ぜ込んで販売している。また、地元に多く自生するカエデの樹液を採取した地元産メープルシロップ「ながはま森のメープル」の商品開発にも積極的に取り組んでいる。

「あぢかまの里」にて加工品を販売するには、食材の農産物または加工場が地元でなければならない制約がある。なお、「あぢかまの里」の管理運営先が近隣にある展望台レストランを業務委託しており、その厨房にてジャムなどの自社ブランド加工品を製造している。

②テナント委託による特産品のメニュー開発

軽食販売コーナー「塩津海道 鯖寿し魚助」は、道の駅の加工所「さざなみ工房」の会員である松井俊和氏がテナント委託にて店舗運営を行っており、鮒や鴨などの地産の食材を使ったメニューにこだわりを持つ。鯖や稲荷寿司等が入ったビワマス弁当など、バスツアー客の要望にあったメニュー開発を積極的に行い、地元で有名な鮒寿司を茶漬けにした「鮒ずし茶漬け」が人気メニューとなっている。

また、実演販売店では、地産の食材を使い、ここでしか食べられない食品を提供している。具体的には、猪肉を使ったコロッケ「ししコロ」は、自然の中で育ったイノシシの肉を使ったコロッケであるが、鮮度が良いため、イノシシの肉特有の臭みやクセはほとんどないのが特徴である。滋賀羽二重もちなどが入った「丸子焼き」は、見た目はたこ焼きのようだが、中身には地産の滋賀羽二重もちや野菜が入っており、ふわふわの生地にもっちもちの食感が癖になると好評を得ている。

2）仕入機能

①「農林水産物出荷組合」の存在

「出荷組合」は、「あぢかまの里」の生産販売部門を担う組織である。「出荷組合」には、地元の兼業農家260名程度が組合員として加入しており、道の駅の農産物の出荷は、組合員しか出荷できない。組合員は2015年の216名をピークに減少傾向にあり、2018年は181人に留まる。組合員は原則、西浅井地域に在住する農家が対象となる。なお、加工品や和菓子については、組合員以外の出品は可能である。組合員の約9割は兼業農家が占め、専業農家は少ない。定年を過ぎた方が多く、生きがいを重視した旬の野菜作りを行っており、少量多品種の出品が多い傾向にある。また、朝に農産物を出荷する方が大半であり、午前と午後とも出荷する農家は、少ない。「出荷組合」では、先進地研修会としてバス旅行を年1回（毎年7月の第一火曜日）開催している。生産履歴記帳の取り組み、農作物栽培相談室などによる兼業農家への営農指導を行っている。また、定期的に農薬管理、野菜づくり、食品表示などの研修会を開催することにより、栽培技術の向上や品質の安定化を図っている。

朝の農産物の出荷の際には、出荷者同士にて会話をする機会も増え、コミュニケーションの創出が図られている。そして、兼業農家の収入増だけに留まらず、高齢者の生きがい対策にも貢献している。社長の熊谷氏によると、兼業農家が旬な野菜づくりを行い、地域住民がその野菜を購入することで、年間3000万～4000万円のお金が地域内で循環している、とのことである(注5)。

②委託販売

「あぢかまの里」での店舗販売については、原則は委託販売としており、出店者から販売手数料を徴収している。販売手数料については、農産物出荷5%、施設外での農産物販売5%、テナント販売6%、レストランのテナント委託料6%となっている。レストランの委託料には、設備の維持補修分も含まれているが、それ以外の施設は自分で修繕することが前提となっており、設備修繕に掛かる経費は委託料に含まれていない。最終的に農産物を出荷するには、バーコードシールは1枚1円、成分表示シールは1枚5円の発行手数料が掛かり、さらにパックや野菜を入れる袋代も含めると、実質の経費は20%程度となる(注6)。

③農産物の仕入品対応

「あぢかまの里」では、地産の旬な野菜の販売にこだわりを持っている。例えば、トマトは収穫した後、完熟させてから出荷しており、野菜本来の本当の味を味わうことができる。そのトマトには、完熟シールを貼り、消費者に違いを訴求している。この地域は、富山、福井などの北陸に近く、良質なお米が生産できることから、京阪神から購入しにくるリピーター客も多い。開設当初から冬場の積雪により、生産できる農産物が限られていたが、2019年から農産物の品揃えの確保のために、冬場の積雪など地場で生産できない時期に限り、一部の農産物の仕入を近隣の農業法人から始めることとなった。4月の春頃には大勢の観光客が道の駅に来店するが、品揃えが少ないことから、その時期は仕入品で対応せざるを得ない。4月頃に農作物を揃えるには、1～2月の冬場に種をまき、定植しなければならないが、積雪にてすることができない。仕入品を増やしすぎると農家の生産意欲を阻害させる恐れがある。地産の農産物と仕入品が同品種となれば、価格の安い仕入品が売れると農家が生産を辞めてしまう恐れがある。農家の意欲をなくさせない程度にしなければならない。一方、11月の秋頃は農産物が豊富に取り揃うことから、地場産で十分賄えるが、仕入品の売れ残りが発生するリスクを抱える。仕入品と地産とのバランスが課題となる。

3) 店舗運営機能

①入荷・販売情報の管理

スマートフォンを活用した売上管理システムの導入により、30分間隔で出荷者に商品の売れ行き状況を発信している。出荷者はその情報をもとに農産物の追加入荷を判断できるが、道の駅への配送距離の理由などから、朝と昼間に2回とも出荷する農家は少ない傾向にある。また、半月締めに農産物の販売数量の状況（精算書）を希望者に配布している。配布を希望する方が多く存在しており、出荷者の販売意欲は高い傾向にある。

②品質の出品時検査

「出荷組合」による出品時検査を継続するとともに、品質管理アドバイザーによる商品点検などを通じて、より安全で安心な商品を提供できる体制をさらに強化している。

③入荷陳列管理

朝、昼間の入荷タイミングに関係なく、店頭への商品陳列は出荷者が自由に行える。農産物の価格付けは、農家が自分の裁量で自由に決められる。

4）集客機能

毎年7月には、「出荷組合」を中心に「水の駅夏まつり」を行っており、約4000人の来訪者が訪れる。さらに、11月、3月には「西浅井地区地域づくり協議会」を始めとする地域の各種団体と協働で地域振興イベントを開催することにより、顧客の新たな掘り起こし、集客の増加とともに地域の繋がりにも貢献している(注7)。

「あぢかまの里」を運営する「有限会社西浅井総合サービス」は、長浜市よりコミュニティバス「おでかけワゴン」の運行委託を受けており、特に高齢者が多い地域においてのインフラ機能を担っている。**近江バスとコミュニティバスの乗り換え場所として「あぢかまの里」がキーステーションとなっており**、地域住民がコミュニティバスに乗車して、道の駅に来店し、コミュニティバスに乗車して帰宅することが想定され、地域住民を回遊させる機能があることから、小売業バリューチェーンの機能としては、「集客機能」と「アフターサービス機能」を兼ね備えていることが示唆される。よって、コミュニティバス「おでかけワゴン」は、「集客機能」と「アフターサービス機能」に位置づけることとする。

5）販売機能

「あぢかまの里」にある野菜直売所「奥びわ湖 水の駅」の売り場は、平屋建ての床面積466㎡（間口46m、奥行10m）、庇4.5m（3方テラス）となっており、屋根材を工夫し、光を多く取り込むことで売り場を明るく見せている。また、売り場に仕切を作らず、全体が見渡せるようにすることで、お客様が買い物しやすい環境づくりを配慮している(注8)。

浅井駅長によると、「農産物のバーコードシールに生産者の名前を明記することにより、消費者に対して安全安心を訴求している。販売品の品名、レシピ等の情報の共有化を店員間で進めている程度に留まっている」との話であったが、積極的な接客までには至っていないことが示唆され今後の課題である。

以上のバリューチェーン分析を整理した結果として、図5−3には、「あぢかまの里」のバリューチェーン、図5−4には、バリューチェーン機能の役割を示す。

商品企画機能	仕入機能	店舗運営機能	集客機能	販売機能	ｱﾌﾀｰｻｰﾋﾞｽ機能
1）6次化加工品開発（地産地消） 2）特産品メニュー開発（テナント委託）	1）出荷組合の活動（兼業農家） ・先進地研修会 ・農作物栽培相談室 ・営農指導 2）委託販売 3）農産物の仕入品対応	1）入荷・販売情報の管理 2）品質の出品時検査 3）入荷陳列管理	1）地域振興イベントの開催 2）自社HPによる情報発信 3）コミュニティバスの業務委託	1）生産者の顔が見える取り組み	1）コミュニティバスの業務委託

図5−3 「あぢかまの里」のバリューチェーン

出所：筆者作成

		商品企画機能	仕入機能	店舗運営機能	集客機能	販売機能	アフターサービス機能
地域外			○ 農産物				
地域内	出荷組合	◎ 6次化開発	◎ 農産物				
	あぢかまの里	○		○	○	○	○
	有限会社塩津海道魚助	◎ 飲食メニュー開発		○ （飲食店）	○ （飲食店）	○ （飲食店）	

※あぢかまの里＝運営会社の「有限会社西浅井総合サービス」

図5−4　バリューチェーン機能の役割「あぢかまの里」

出所：筆者作成

4．事例2−「能勢くりの郷」

(1) 地域と歴史「能勢くりの郷」

1) 地域の特性

能勢町は、大阪府の最北端に位置し、町面積の約85％を森林と農地が占め、四方を北摂山系に抱かれた里山の町である。昔から、米・寒天・凍み豆腐、栗・黒牛・炭の生産が行われ「三白三黒」として大切に受け継がれてきた（能勢町環境事業部産業建設課農林商工観光係、2008)。そして、春は桜、夏はホタル観賞、キャンプ、秋は栗ひろい、松茸狩、冬はぼたん鍋など、四季を通じて自然の恵みを実感できる地域となっている。

2) 道の駅設立の経過

この地域では、稲作を中心とする兼業農家が多く、自家用に栽培した農産物を観光客に販売するため、道路沿いに百円市や無人市が開設された。それにより観光客と住民との交流が促進され、農産物販売という経済効果だけに留まらず、高齢者の交流の場、生きがいとして、広く

写真5－2 「能勢くりの郷」の店舗外観

出所：道の駅公式HP「道の駅 能勢くりの郷」

表5－2 道の駅設立の概要「能勢くりの郷」

道の駅名称	能勢くりの郷
場所	大阪府豊能郡能勢町
設置年月日	2001年4月
設置主体	能勢町
運営主体	有限会社能勢物産センター
出資先	能勢町50%、大阪北部農業協同組合40%、 大阪府森林組合10%
運営管理	指定管理　5年（非公募）
施設設備 補助金	能勢町観光物販センター」（地域農業基盤確立農業構造改善事業2000年）補助率：国50%、大阪府15%、能勢町35%
イニシャルコスト	4億2200万円

出所：筆者作成

町内に根付いていった（能勢町環境事業部産業建設課農林商工観光係、2008）。そのような地域性がある。

「能勢町観光物産センター」は、2000年5月に「地域農業基盤確立農業構造改善事業」（整備費4億2200万円、補助率：国50％、大阪府15％、能勢町35％）にて設立された後、2001年4月に道の駅「能勢くりの郷」の登録を受けている。

そして「能勢町観光物産センター」の運営会社は、第3セクターの「有限会社能勢物産センター」が担っており、出資比率は能勢町50%、大阪北部農業協同組合40%、大阪府森林組合10%となっている(注9)(表5−2)。

3) 道の駅の施設

「能勢くりの郷」は、大阪府の最北端に位置し、山間に広がる美しい町にある。

自然豊かな地域で育った農産物や農産加工品・工芸品などを販売する直売所、地元の農家女性が調理するレストラン「ひだまり」、能勢の歴史や見所を紹介する観光案内所などを併設する。農産物直売所では、地元で収穫された新鮮な農産物（野菜、果実、花卉、加工品等）が約250品目販売され、レストラン「ひだまり」では地元の食材を使った料理が堪能できる（図5−5)。

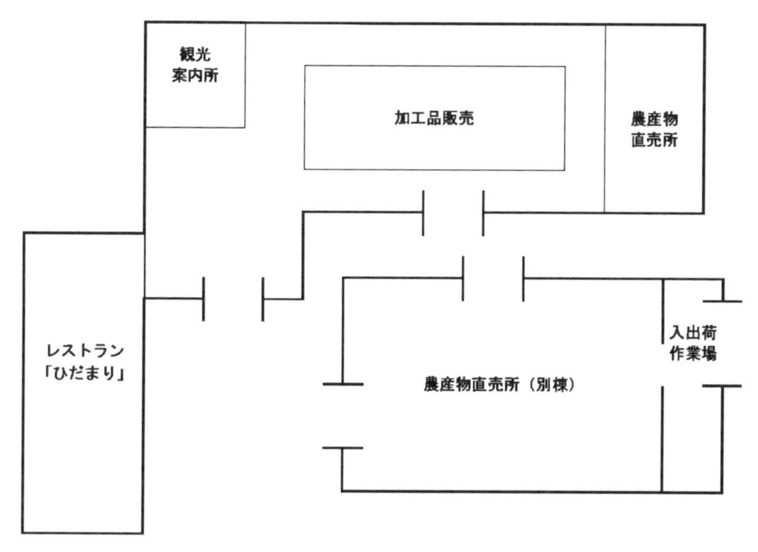

図5−5　店舗平面図（概要）「能勢くりの郷」

出所：筆者作成

「能勢くりの郷」の敷地面積は4554㎡となっており、物販販売140㎡程、レストラン「ひだまり」90㎡、観光案内コーナー90㎡を占める。農産物の出荷も増え、売場が手狭となったことから、2008年に能勢町の出資により別棟（250㎡）を増築した。営業時間は年間通じて9時～17時である。定休日は、毎週火曜日（11月～6月）であるが、夏野菜や特産品が沢山出荷される繁忙期（7月～10月）の期間は無休となる。駐車台数は、38台（大型車6台、普通車30台、身障者用2台）となっている(注10)。

(2) 組織

運営会社は第3セクター「有限会社能勢物産センター」である。

組織体制としては、株主総会、取締役会、監査役、代表取締役の配下となる支配人で構成されている。支配人の直轄部門としては、「総務部門」「物販部門」「飲食部門」「生産部門」があり、別途「直販協事務局営農相談」の部署がある(注11)(図5－6)。

雇用状況は、正社員は3名、準社員は2名、パート・アルバイトは約40名である。売場、レストランとも、1日あたりパート・アルバイト6～7名で運営している(注12)。

(3) バリューチェーン分析「能勢くりの郷」

1）商品企画機能

①特産品の自社ブランド開発

地域の特産品である栗や米を使った自社ブランド品を外部委託にて開発している。市場で販売できない小さい栗を近隣農家から購入し、特産品の自社ブランド品を開発することにより、農家支援に貢献している。2018年に栗キャラメルの廃棄ロスが200～300個発生した。今後は、廃棄ロスを防ぐ販売機会の創出や在庫調整が課題である。現在、特産品の栗や米を使った加工品（栗チョコレート、栗ようかん等）は、お菓子類を中心に12種類が存在する(注13)。

このことからも、自社ブランド品のアイテム数の増加は、ブランド拡

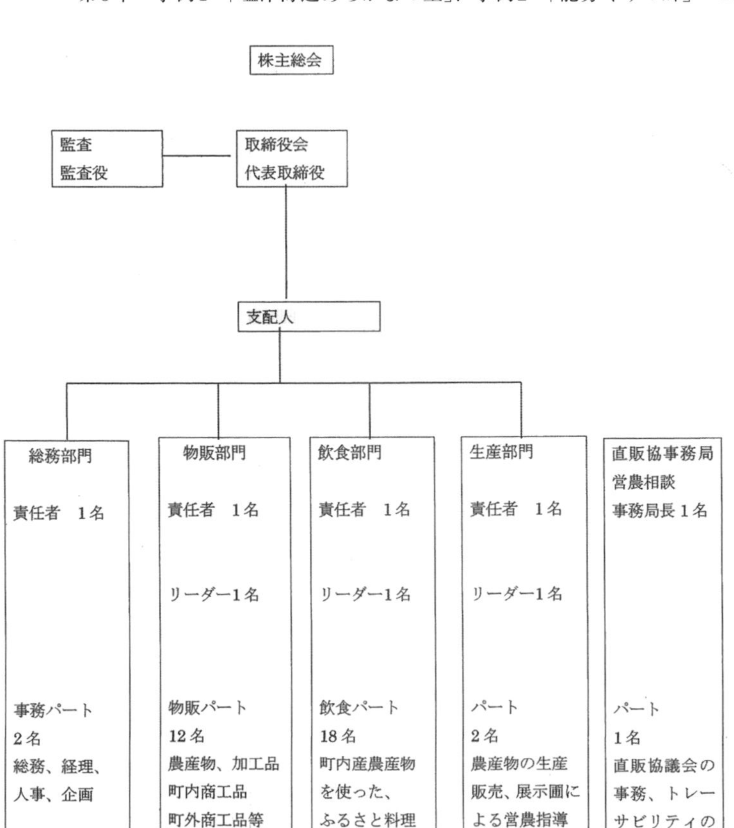

図5−6　組織図「能勢くりの郷」

出所：有限会社能勢物産センター「平成30年度能勢町観光センター人員配置図」より抜粋

張によるカニバリゼーションを発生させ、売上高が頭打ちの状態となりつつあり、アイテム数の増加により管理の手間が掛かる状況にあると考えられる。

今後は、自社ブランド品のアイテム数を維持しつつ、季節感あふれる売れ筋を中心に品揃えを入れ替えしていく方針とのことである。商品アイテムは、お菓子類から総菜（栗カレーなど）にブランド拡張させる取り組みを進めており、現在の製造委託先は数社存在している。米粉せんべい、うどん、栗チョコレートなどのアイテムにより、委託先は異なっており、製造ロットは、1回あたり200～300ロット、賞味期限は半年または3カ月、全て買取方式である(注14)。

また、人手不足などにより、自社ブランド品のイラストやキャッチコピーを考える専任担当は存在しておらず、手が空いている作業員が話し合いながら考えている状況から、自社ブランドのコンセプト統一が課題であることが示唆される。

②直営レストランの地産メニュー開発

レストラン「ひだまり」は、道の駅が直営で経営している。農家女性が地域食材を活用した料理を提供することをコンセプトに、地元産の旬な野菜を使った料理をメニューに取り入れて販売している。麺類や丼物などの定番メニューの他にも、たけのこご飯・栗ごはん・猪なべといった季節限定のメニューも多く存在している。天ぷらに能勢産の米粉を使った「ひだまり御前」など、地元能勢産の素材を使ったメニューが豊富にあることが特徴的である。

③農業法人設立による技術指導

運営会社の「有限会社能勢物産センター」は、2006年4月に農業生産法人格を取得し、出荷者への研修や品薄期の出荷対応のため、自らが農地を借りて農作物の栽培を行う。農家の高齢化なども相まって、出荷品目の減少が危惧されており、直売所の特徴を出すために、生産者の方に取り組んで頂きたい新しい品目やぶどうの研修園および野菜等のモデル圃場を設置して、技術指導に基づいた新規の作物導入に取り組んでいる(注15)。

当初は、農業法人が農産物を生産することにより、道の駅への安定供給を狙っていたが、出荷者と同じく能勢町内の地域にて生産しているため、結果的に収穫物が同一となり、出荷者の経営圧迫に繋がることが危惧されたとのことである。また、農業に掛かる設備費、人件費の負担は、農業部門だけでは採算が合わない状況にあり、今後の取り組みは課題となっている。

2）仕入機能

①「能勢町農産物直販協議会」の存在

道の駅に農産物を出荷する生産者は、能勢町内の農家で組織した「能勢町農産物直販協議会」（以下、直販協議会とする）への加入が前提となるが、能勢町内に住所がないと加入できない制約がある。会員数は、発足当初は40名、オープン当初は77名であったが、現在は290名となっている(注16)。農家の高齢化に伴い、車の運転に不安を感じて農産物を道の駅まで運べない生産者が増えつつある。また、ここ数年の異常気象や、猪や鹿などの鳥獣害被害などの増加は、高齢化が進んでいる兼業農家の生産意欲を低下させる恐れがある。現時点では組合員数は維持できているが、今後は組合員数の減少に伴う出荷数の減少が課題である。

冬場は農産物が少なくなるため、寒さに強い品種、技術的に寒さに耐えられる栽培方法、冬場栽培のための講習会、野菜の種子・種・苗などの栽培支援、販売チャンスがある品目等を農家に提案している。

また、今後、特産品や目玉となる新たな特産品として、2012年からブランド野菜3種類の取り組みを始めた。ブランド野菜については、栽培講習会の実施、栽培されている畑の生育状況の確認、品質チェックや重さを測るなどの検査を通じて、ブランド野菜の品質を担保している。公平性を担保する意味で、まずは全農家に声掛けを行っているが、途中で挫折する農家も存在する。

②委託販売

農産物の販売方法は、生産者の農産物を預かって販売する委託販売としている。販売手数料は15%とし、原則として売れ残り分は、生産者が引き取ることとなっている(注17)。出品される農産物は、野菜、果実、花き、加工品など約250品目あり、能勢町内産が前提である。取り扱う品目によっては、買取方式を検討しているが、その際には一定の品質規格の設定が求められる。農産物を買い取ると廃棄ロスの負担が生じ、道の駅のコスト負担が高まる恐れがある。実現するには、品質規格に照らし合せた農産物の買取価格を決める運用ルールが求められるが、現時点では、農産物の品質レベルは一定にならないことが多く、農産物の買い取りは難しいとの考えである。

③農産物の仕入品対応

能勢町内で生産された野菜の販売にこだわりたいとの思いを抱いている。町内で生産された旬な野菜の販売にこだわりつつも、品揃えを維持するために、旬な時期が異なる野菜のみ、他県より仕入を行っている。今後、兼業農家の高齢化が進むにつれ、農産物の品揃えを確保するには、将来的に町内産農産物の制約を見直さなければならないとの考えを持つ。また、地元商店の仕入品、一般の方の手作り製品などの商工品は、販売手数料20％にて委託販売を行う。果物については、華やかな売場が創出され、ついで買いも期待できることから、他の道の駅や他県の農家から仕入をしている。お米は、JAから仕入を行う。また、町内で生産可能な農産物のうち、旬な時期が異なる胡瓜やトマトは、長崎県から仕入れすることで農産物の安定供給を図っている。町外からの農産物の仕入については、出荷者が生産した野菜と競合することで売れなくなるリスクもあり、強い抵抗が想定される(注18)。

④集荷事業の実証実験

農家の高齢化にどう対応していくのかという点が課題である。オープン当初60歳代の農家は20年が経過した現在では80歳代となっている。体力的な衰えにより、農作物の出荷数も減少傾向にある。道の駅まで出荷できない農家が増えつつあることから、農家の農産物を集荷する仕組みとして、集荷事業の実証実験を行っている。具体的には、試験的に75歳以上の方を対象に1カゴ100円の手数料にて運営を行っている。現在、希望者4名が週3日（水・金・日）利用しており、農家の自宅にまで伺い集荷を行っている。今後の利用者増加に備えて、集会所等に出荷拠点を設けるなど、出荷拠点に農産物を持ち込んでもらうことで集荷効率を高めることが課題である。

3）店舗運営機能

①入荷・販売情報の管理

2007年2月に単品管理できる販売システムを導入した。従来は、中グループ管理（葉菜類や果菜類等）であったが、販売システムの導入により単品管理が可能となり、品目別、時期別、生産者別等で販売状況を把握可能となった。POSレジシステムにて単品の売上データを把握し、出荷者の携帯メール等に1日5回、販売状況が通知される仕組みである。出荷者は売場の販売状況をリアルタイムに把握することができ、農産物の売れ行きに応じて、素早く出荷できる対応が可能となった。朝に農産物を出荷した後、追加で出荷される農家も一部には存在するが、朝1回だけの農家が多い傾向である。道の駅に近い方は、農産物を何度か出荷することができるが、能勢町内でも離れた場所の方は、1日1回の出荷となることが多く、地理的な制約の影響は大きいと考えられる。販売システムの導入前は、売れ行きがいい時には、店舗の販売も忙しく、農家に追加の出荷を電話する余裕がなかったことが課題であった。しかしながら、今回のメールの自動配信の導入により、これらの作業負荷が激減したことで、店舗運営の効率化も図られている。

②直営の飲食店経営

農家女性が地域食材を活用した料理を提供することをコンセプトに、当初は、農家女性だけで直営レストランを運営していたが、農家女性の高齢化などにより、現在では農家女性の比率は2割程度となっている。レストランの座席数は56席あり、店内は、全面ガラス張りで明るく開放感がある店舗となっている。

③トレーサビリティの実施

農薬適正使用の徹底として、2007年4月から農産物出荷の1週間前までに栽培記録簿の提出を義務付けた。「出荷管理システム」では、栽培記録簿を管理するとともに、正しく農薬が使用されていることをチェックしている。農産物の出荷時に栽培記録簿が提出されていない農産物は出荷できない運用を行っている。具体的には、店舗内にて農家より出荷された農産物は毎日検品を行い、品質面や栽培記録簿のチェックを行っている。なお、農薬使用内容のチェックは、物産センターの営農相談員が実施している。

④ポイントカード発行による顧客情報の取得

ポイントカード発行による顧客情報の取得を行っている。登録会員数は2014年から延べ7500名程度となっている。入会金は無料としているが、観光客の多くは一見客であり、カードを作る手間を嫌うなどから、登録者の多くはリピーター客であると想定している。なお、2回目以降の利用者数は2000名程度となっている。還元金額としては、年間40万円程度となっており、商品券の発行は微増ではあるが、還元率は想定内に収まっている(注19)。

⑤入荷陳列作業

2008年の売場増築以前までは、営業時間内でも出荷者が陳列していたが、現在では、開店後のお客様の来店による店内の混雑を避けるために、従業員が陳列を行っている。当初は、営業時間内でも農家が直接、陳列を行っていたが、2008年の売場増築により通路が狭くなったことが大きな要因であり、消費者と出荷者が直接、話をする機会が失われていることが課題と考えている。また、消費者の方も出荷者との繋がりを求めており、野菜の育成方法や状態を農家に直接聞きたいと思っていると感じている。顧客の「野菜がおいしかった」との声を農家の方が直接聞けば、最高の励みになると考えている。

農産物の価格付けは、当初、標準価格という基準の参考価格（例えば、ほうれんそう200gで200円等）を設け、その標準価格に順守するルールとして始めたが、2年程前から野菜の値付けは自由につけられるようになった。ただし、顧客が農産物を比較できるように、同品種は、同量（200gなど）で販売するルールを順守するように指導している。

⑥販売員研修

接客研修については、定期的には実施していないが、何年かに1回程度、陳列の講習会等を定休日に開催する程度に留まっている。レジ打ち、陳列などの日々の店内業務が忙しく、顧客への接客に充てる時間の確保が難しいことが理由による。

⑦残品引取りサービス

農産物の残品の引取りは、当日または翌日の午前中まで回収するルールがあるが、特に夏場は、旬な野菜のきゅうり、なす等の農産物が多く出荷されることから、売れ残りも多くなる。農産物の残品を引き取る手間がかかることを嫌い、残品の農産物を回収されないケースもある。現在では、農産物1点につき50円の処分料を徴収しており、必ず農産物の残品を引き取るようになった。農家としては、農産物を引き取っても、自家消費だけでは処分しきれない限界がある。最終的には破棄するしかなく、農産物の残品の再利用が課題である。

4）集客機能

①地域イベントの開催

人の来訪が多くなる時期や閑散期に合わせて、さまざまな地域イベントを開催している。具体的には、5月には、「道の駅フェア」にて農家さんの焼たけのこ&猪汁・豚汁のふるまい、7月には能勢太陽の粒試食イベント、8月には、かぼちゃ重さ当てクイズ、米粉うどん&そうめん流し体験などである。

5月GW期間や冬場の時期など、来訪を促す仕掛けとして地域イベントを約1カ月間にわたり開催しているが、イベント内容のマンネリ化が課題となっている。

②情報発信

POP制作の専任担当は決まっておらず、その時に手の空いた担当者がPOPを作成している。一部の農家のなかには自作のPOPを持参されることもあり、センスが良い農家のPOPは、見た目も綺麗でお客様への訴求力は高いとのことである。

facebook「道の駅 能勢（くりの郷）／能勢町観光物産センター@mitinoekiNOSE」にて、「能勢黒えだまめ」「能勢太陽の粒（スイートコーン）」等のブランド野菜や旬な野菜の入荷情報を発信している。また、かぼちゃの重さ当てクイズなどの各種イベントの情報発信を行っている。

5）販売機能

農産物のバーコードシールに生産者の名前を明記することにより、生産者の顔が見える安心できる商品であることを消費者に訴求している。

入出荷業務やレジ打ち業務などの店内業務を限られた人数で行っていることから、お客様への積極的な接客までには至っていないことが示唆される。

売場内に自然農法による農産物の売場コーナーを設けており、1割程度のお客様が求めていると想定される。ただし、有機野菜の良さを積極的にはPRしていない。当初は、生産者の中で「有機JAS」の認証を受けた生産者グループが出荷していたが、認証を受ける費用負担が大きいことから出荷はしていない。現在、自然農法の売場コーナーを設け、有機栽培による農産物（JAS認証なし）を販売しているが、有機野菜の良さが消費者になかなか伝わらず、最終的に売れ残りが多い傾向にある。

6）アフターサービス機能

「能勢くりの郷」を情報拠点と位置付け、地域農業や特産品等に関する情報発信機能を持つ観光案内所を設置している。能勢町観光協会の観光ガイドの方が窓口に立ち、能勢町の観光や文化が堪能できる観光コースなどの案内を行っている。独自アンケートの収集は行っていないが、道の駅で実施するスタンプラリー（近畿道の駅等）に、アンケートの自由記入欄があり、そこから顧客の要望などを収集している。イベント時に来訪者数人から意見を聞く取り組みを行っている。圧倒的に多い要望が「品揃えを増やしてほしい」との意見である。朝の開店直後に比べ、お昼前には農産物が沢山売れて品薄状態となってしまうこともあり、時期によっては、午後に行くと農産物が何もないとお叱りを受けることもある。

以上のバリューチェーン分析を整理した結果として、図5−7には、「能勢くりの郷」のバリューチェーン、図5−8には、バリューチェーン機能の役割を示す。

商品企画機能	仕入機能	店舗運営機能	集客機能	販売機能	アフターサービス機能
1) 地産メニュー開発（直営レストラン） 2) 特産品の自社ブランド開発 3) 技術指導（農業法人）	1) 直販協議会の活動（兼業農家） ・冬場栽培講習会 ・営農指導 ・ブランド品開発 2) 委託販売 3) 農産物の仕入品対応 4) 集荷事業の実証実験	1) 入荷・販売情報の管理 2) 飲食店の直営経営 3) トレーサビリティの実施 4) ポイントカード発行（顧客情報取得） 5) 入荷陳列作業、販売	1) 各種イベントの開催 2) SNS等による情報発信（Facebook等） 3) 商品券贈呈（ポイントカード特典）	1) 生産者の顔が見える取り組み	1) 観光ガイドによる観光案内 2) 来訪者ヒヤリング（イベント時）

図5−7　「能勢くりの郷」のバリューチェーン

出所：筆者作成

		商品企画機能	仕入機能	店舗運営機能	集客機能	販売機能	アフターサービス機能
地域外		○ 商品開発（製造委託）	○ 農産物				
地域内	直販協議会	◎ 農産物ブランド開発	◎ 農産物				
	能勢くりの郷	◎ オリジナル商品開発	○ （モデルほ場）	○	○	○	○

※能勢くりの郷＝運営会社の「有限会社能勢物産センター」

図5−8　バリューチェーン機能の役割「能勢くりの郷」

出所：筆者作成

【注】

(注 1) バリューチェーン（価値連鎖）とは、企業の提供する製品やサービスが、事業活動のどの部分で付加価値が付けられているかを分析する。

(注 2) クラスターとは特定の分野において相互に関連ある企業や組織が地理的に集中している状態であり、関連する複数の産業や競争上大きな意味を持つ他の団体をも包摂するものである。

（注 3）有限会社西浅井総合サービス（2016）「指定管理者精度による西浅井地域振興関連施設の管理運営について」pp.6-7をもとに筆者加筆。

（注 4）有限会社西浅井総合サービス（2016）「指定管理者精度による西浅井地域振興関連施設の管理運営について」p.8をもとに筆者加筆。

（注 5）熊谷社長のヒアリング調査より。

（注 6）熊谷社長のヒアリング調査より。

（注 7）熊谷社長のヒアリング調査より。

（注 8）有限会社西浅井総合サービス（2016）「指定管理者精度による西浅井地域振興関連施設の管理運営について」p.16をもとに筆者加筆。

（注 9）「能勢町観光センターの概要」資料p.1をもとに筆者加筆。

（注10）「能勢町観光センターの概要」資料p.1をもとに筆者加筆。

（注11）「平成30年度 能勢町観光センター人員配置図」資料p.1をもとに筆者加筆。

（注12）西山支配人のヒアリング調査より。

（注13）西山支配人のヒアリング調査より。

（注14）西山支配人のヒアリング調査より。

（注15）「能勢町観光センターの概要」資料p.2をもとに筆者加筆。

（注16）西山支配人のヒアリング調査より。

（注17）西山支配人のヒアリング調査より。

（注18）西山支配人のヒアリング調査より。

（注19）西山支配人のヒアリング調査より。

第6章　モデル1：道の駅の地域資源活用によるチャネル管理モデル

1. パフォーマンス分析

現在、全国的に、道の駅そのものは過当競争に入っており、集客実数そのものは頭打ちとなっているが、ここで分析する事例では、経営効率では、新しい試みにより確実に改善していることを確認する。

(1) 来訪者「あぢかまの里」

基本的には地元の方をターゲットにしているが、近年では、観光客が主力となりつつある。花見や紅葉が見頃な4月と10月頃の観光シーズンには、中京から北陸に従来するバスに乗車した大勢の観光客で賑わうが、そのピークの時期を過ぎた12月以降の冬場になると、積雪にて道路の交通量が減少し、それに伴い来店者数も減少する。年間入込数は2016年の53万人をピークに減少傾向にあり、2018年は39万人程度に留まる。それに伴い、レジ通過客数は年間13万人程度となっている(注1)。ここ数年の異常気象による影響が課題である。

また、地域にこだわった旬な野菜を取り扱っているが、特に冬場の品揃えや土産品が少ないことから、来店者数の割には売上の低さが課題である。なお、積雪により野菜が品薄となるが、雪下野菜は凝縮された甘さが出ることから人気を博している。

(2) 売上・粗利の推移「あぢかまの里」

表6－1に物販部門・飲食部門の売上高の伸び率および粗利益率のデータを示す。なお、利益が確保（営業利益8.9%）できている2013年度を伸び率の基準とした。兼業農家の高齢化は、農産物の生産力の低下を

表6−1　売上高の伸び率、粗利益率「あぢかまの里」

■売上高の伸び率

項目	2014年度	2015年度	2016年度	2017年度
物販部門				
農産物	95.0%	100.5%	94.9%	88.0%
自社ブランド品	98.6%	101.5%	99.2%	89.6%
飲食部門	110.4%	124.2%	124.3%	118.9%
全体	98.9%	101.6%	98.6%	92.5%

※2013年度を基準（100%）とする

■粗利益率

項目	2013年度	2014年度	2015年度	2016年度	2017年度
物販部門	22.3%	22.4%	22.6%	23.3%	23.3%
飲食部門	6.0%	6.0%	6.0%	6.0%	6.0%
全体	16.8%	16.5%	16.5%	17.1%	17.2%

出所：筆者作成

促し、出荷量の減少は道の駅の品揃え確保を難しい状況にさせつつある。

売上全体の約3割を占める農産物の物販売上高は2013年度に比べ88.0%（−12.0ポイント）である。また、農産物の売上減少を補完するために、付加価値を高める地産地消の6次化による自社ブランドの加工品開発（地元の産品を使ったジャムづくり等）を進めていることが示唆される。

自社ブランド品の物販売上高は2015年度には101.5%（+1.5ポイント）となったが、戦力のある方（80歳代の方2〜3名）が高齢にて離脱する状況が続き、2017年度では89.6%（−10.4ポイント）となり、いまだ道半ばである。なお粗利益率では、2017年度は物販23.3%、全体では17.2%であり、2013年度を上回る結果となっている。

また、レストランの委託運営については、「鮒寿し茶漬け」など地元産を前面に出したオリジナルメニュー開発などが功を奏し、飲食販売の売上高は2013年度に比べ118.9%（+18.9ポイント）であるが、テナント委託により、粗利益率は6.0%と変わらない状況にある。

(3) 来訪者「能勢くりの郷」

年間入込数は2007年の94万人をピークに減少傾向にあり、2017年は71万人程度となっている。レジ通過客数は、年間24万人のうち、地元および近隣地域（自動車で15分～20分程度の距離）の来訪者は約5割を占めている(注2)。なお、レジ通過客数は、2017年度の購入者数を集計している。

顧客の属性情報としては、年代別では60歳代（34.1%）、70歳代（28.2%）と約6割を占めており、顧客層は高齢化しつつある。性別では、女性（77.9%）が大半を占める。顧客の在住地域では、川西市（25.2%）、豊能町（14.8%）、能勢町（13.9%）で約5割を占め、地元および近隣地域（自動車で15分～20分程度の距離）の利用者が多い傾向にある。顧客の来店頻度は、1カ月毎（66.6%）、2週間毎（29.9%）が約9割強を占め、月1～2回の来店頻度が多い傾向にあるが、3日前（0.7%）、1週間毎（6.2%）に利用されるファン顧客も存在している(注3)。

丹波笹山や日本海などの目的地の途中で立ち寄れる位置にあることから、土日や夏休み、GW、秋行楽等の行楽シーズンには、観光客の来店が多くなる。

(4) 売上・粗利の推移「能勢くりの郷」

表6−2に物販部門・飲食部門の売上高の伸び率および粗利益率のデータを示す。なお、利益が確保（営業利益0.9%）できている2013年度を伸び率の基準とした。ここ数年の異常気象の影響や農産物の出荷数の減少などにより、売上全体の約6割を占める農産物の物販売上高は2013年度に比べ92.2%（−7.8ポイント）である。

一方、農産物以外に売上や利益を確保するために特産品の栗を使った加工品など、農産物に比べ利益率が高い自社オリジナルのアイテムを少しずつ増やしたことで自社ブランド加工品の物販売上高は141.5%（41.5ポイント）となった。さらに、飲食についても日々のメニュー改定などにより、109.4%（9.4ポイント）となっており、これらの取り組みが道の駅全体の売上高の減少を微減に抑えていることが示唆される。

表6−2　売上高の伸び率、粗利益率「能勢くりの郷」

■売上高の伸び率

項目	2014年度	2015年度	2016年度	2017年度
物販部門				
農産物	98.1%	95.7%	93.0%	92.2%
自社ブランド品	75.4%	98.5%	118.6%	141.5%
飲食部門	103.1%	106.8%	106.8%	109.4%
全体	97.3%	98.0%	94.6%	93.9%

※2013年度を基準（100%）とする

■粗利益率

項目	2013年度	2014年度	2015年度	2016年度	2017年度
物販部門	19.4%	20.2%	20.5%	19.9%	20.4%
飲食部門	72.1%	71.8%	70.4%	73.6%	72.6%
全体	23.8%	24.8%	25.0%	24.9%	25.4%

出所：筆者作成

また、粗利益率では自社ブランド加工品やメニュー改定などの売上増加が功を奏して、2017年度は、物販20.4%、飲食72.6%、全体では25.4%となり、2013年度を上回る結果となっている。

2. バリューチェーンの競争優位の考察

(1) バリューチェーンの競争優位の分析視点

前章の事例をもとに、安くて新鮮な農産物の販売、レストランの併設や自社ブランド加工品の開発に焦点をあて、道の駅の価値を生み出す競争優位の考察を試みる。表6−3には、「あぢかまの里」「能勢くりの郷」のバリューチェーン分析を対比した内容を示す。

「あぢかまの里」「能勢くりの郷」の事例からは、主力商品である安くて新鮮な農産物の売上が減少傾向にあること、また、農産物の売上減少を補うために、付加価値がある自社ブランド加工品やメニューの開発を実施していること、さらに農産物の仕入品対応、地産の農産物出荷を持続させる取り組みが示唆された。

表6−3　バリューチェーン分析の対比「あぢかまの里」「能勢くりの郷」

	あぢかまの里	能勢くりの郷
商品企画機能	1）6次化加工品開発（地産地消） 2）特産品メニュー開発（テナント委託）	1）地産メニュー開発（直営レストラン） 2）特産品の自社ブランド開発 3）技術指導（農業法人）
仕入機能	1）出荷組合の存在（兼業農家による） ・先進地研修会 ・農作物栽培相談室 ・営農指導 2）委託販売 3）農産物の仕入品対応	1）直販協議会の存在（兼業農家による） ・冬場栽培講習会 ・営農指導 ・ブランド品開発 2）委託販売 3）農産物の仕入品対応 4）集荷事業の実証実験
店舗運営機能	1）入荷・販売情報の管理 2）品質の出品時検査 3）入荷陳列管理	1）入荷・販売情報の管理 2）飲食店の直営経営 3）トレーサビリティの実施 4）ポイントカード発行（顧客情報取得） 5）入荷陳列作業、販売員研修
集客機能	1）地域振興イベントの開催 2）自社HPによる情報発信 3）コミュニティバスの業務委託	1）各種イベントの開催 2）SNS等による情報発信（Facebook等） 3）商品券贈呈（ポイントカード特典）
販売機能	1）生産者の顔が見える取り組み	1）生産者の顔が見える取り組み
アフターサービス機能	1）コミュニティバスの業務委託	1）観光ガイドによる観光案内 2）来訪者ヒヤリング（イベント時）

出所：筆者作成

よって、競争優位の観点から、1）出荷者組織の出荷数減少による「仕入」機能の弱体化、2）自社ブランド品やメニューの開発による「商品企画」機能の強化、そして中長期的な取り組みとして、3）出荷者組織や仕入品等の「仕入」機能の見直し、の3点を考察する（図6−1）。

「仕入」機能の弱体化　（従来の競争優位の低下）

農産物の売上減少(売上の主力：粗利15%)
・兼業農家の高齢化（出荷者組織内）
・農産物出荷数の減少

「商品企画」機能の強化　（新たな競争優位の創出）

粗利が高い商品開発にて売上補填を図る
・自社ブランド加工品の開発
・レストランメニュー開発

「仕入」機能の見直し　（従来の競争優位の維持）

実現までに時間がかかる取り組み
・農産物の仕入対応
・出荷者組織加入条件の緩和（能勢くりの郷）
・集荷対応（能勢くりの郷）

図6−1　道の駅の競争優位の変遷

出所：筆者作成

(2) 出荷者組織の出荷数減少による「仕入」機能の弱体化（従来の競争優位の低下）

「出荷組合」「直販協議会」とも、以前は米づくりを専業とする地元の農家が旬な野菜づくりのノウハウ共有、販路確保などを目的に出荷者組織を立ち上げ、農産物の営農指導、技術研修などを主体的に行うことにより、地産の農産物の品質安定に寄与した。

また、兼業農家は高齢者が多くを占めており、収入よりも地域との交流や生きがいを目的に野菜作りをしている傾向が強い。さらに、副業等を持つ兼業農家の存在が低価格帯での販売を可能とした。よって、出荷者組織の存在は、道の駅にて安くて新鮮な野菜の提供という競争優位を生み出し、差別化の実現に寄与したと考察される。

一方、兼業農家の高齢化は、出荷者組織の弱体化を招きつつある。「出荷組合」「直販協議会」とも農産物の出荷数が減少傾向にあり、主力の売上収入（委託料15%程度）である農産物の品揃えの確保が難しい状況となりつつある。「あぢかまの里」では、売上全体の約3割を占める農産物の売上高は、2013年に比べ88.0%の減少傾向、また「能勢くりの郷」でも、売上全体の約6割を占める農産物の売上高は、92.2%の減少傾向にある。よって、兼業農家の高齢化は従来の競争優位を低下させ、道の駅の主力である農産物の売上減少を招き、道の駅の自立運営が難しい状況になりつつあることが考察される。

(3) 自社ブランド品やメニューの開発による「商品企画」機能の強化（新たな競争優位の創出）

「あぢかまの里」「能勢くりの郷」とも、道の駅の主力である野菜直売所の売上減少を補完するために、高い利益率が期待できる自社ブランド加工品やレストランメニューの開発を積極的に行い、新たな競争優位を創出することで、道の駅の自立運営を維持させようとする動きが考察される。

「能勢くりの郷」では、地場の特産品に特化した自社のオリジナルアイテムを委託生産にて拡張したことにより、売上高は2013年に比べ

141.5%の増加傾向にある。一方、地産地消の6次化による自社ブランドの加工品開発を進める「あぢかまの里」では、89.6%の減少傾向にあり、特産品の開発はいまだ道半ばである。2019年2月から3年間にわたり長浜市の応援を受けた「地域おこし協力隊」が特産品づくりを進めており、アイデアを参考にしつつ、地域と連携しながら特産品の開発を進めていることが示唆される。

飲食直営店メニューを逐次改定した「能勢くりの郷」では、売上高は109.4%、粗利率は72.6%と2013年度を上回る。また、「あぢかまの里」では、「鮒寿し茶漬け」など地産を活かしたオリジナルメニューの開発などが功を奏し、売上高は118.9%と2013年度を上回っている。なお、委託契約により粗利率は変わっていない。

(4) 出荷者組織や仕入品等の「仕入」機能の見直し（従来の競争優位の維持）

農家の高齢化に伴い、道の駅まで農産物を運べない方が増えつつある。また、地元農地で生産する農家しか出荷者組織に加入できない制約がある。地元の若手農家は、専業農家が多く独自販路を持ち、兼業農家が多くを占める出荷者組織の加入を避ける傾向がある。

現状のままであれば、仕入機能である出荷者組織の弱体化は避けられず、中長期的には、道の駅の直売所にて、安くて新鮮な野菜を継続的に提供できなくなる恐れが示唆される。そのような事態を想定して、農産物の仕入品対応、さらに「能勢くりの郷」では、「直販協議会」への加入条件緩和（地域在住でなくても農地が本地域内であれば加入可能）や集荷事業の実証実験など、仕入機能の見直しに向けた取り組みが行われつつある。

以上から、中長期的な視点として、道の駅の売上主力である農産物販売を維持していくには、仕入機能の見直しは避けられないことが考察される。

3. 中山間地域の農産物直売所の共通点

前節の事例をもとに、マーケティングの4P分析を行った結果、中山間地域の農産物直売所の共通点として、特徴的な取り組みが明らかになった。具体的には、商品では、新鮮さをアピールした旬な農産物の提供、価格では、近隣スーパーを意識した価格帯、流通チャネルでは、地元の兼業農家しか出荷できない制約、プロモーションでは、積極的な店舗内販促は行わず、気軽に立ち寄れる店舗づくりを心がけており、地元の住民や地元の兼業農家を囲い込む姿勢が示唆される（表6－4)。

表6－4　農産物直売所の共通点（4P分析）

1）商品：旬な農産物の提供【新鮮さをアピール】
・朝摘み野菜にこだわる。
・入荷前に農薬使用有無のチェックを行っている。
・店頭への陳列は、原則は農家が行う。
・翌日迄には、前日売れ残り分を農家が引取る。

2）価格：近隣スーパーを意識した価格帯
・値付けは農家が決める（ただし参考価格を提示）
・農家の自己判断に任せているが、結果的にはスーパー価格に近い値付け
（農産物づくりは、利益ではなくいきがいを重視する姿勢が強いことによる）

3）流通チャネル：地元の出荷者組織のみ出荷可能【地元の兼業農家を優先】
・出荷者組織を通じた契約（委託販売契約による）
・出荷者組織は、兼業農家が大半を占めている（専業農家は加入を嫌う傾向にある）
・直売所は地元農産物の販売場所の位置づけ。
・道の駅と出荷者組合は垂直的な関係にあり、出荷者組織への依存度は高くなる傾向にある。

4）プロモーション：気軽に立ち寄れる店舗づくり【積極的な販促はせず】
・SNS、HPによるイベント情報の発信（地域外の来店者集客を狙い）
・定期的な季節イベントの開催（地元住民参加の地元まつり等）
・積極的な店舗内販促を行わない姿勢（委託販売契約による）

出所：筆者作成

4. チャネル管理の関係性の特徴

事例をもとに、チャネル管理を焦点に分析を行った結果、中山間地域の道の駅のチャネル管理として、以下のような特徴的な取り組みが明らかになった。

(1) 川上の視点「あぢかまの里」

1) 生産者（農家）は、高齢化が進展（70～80歳）しており、農産物の生産力が弱体化している。また、多くの農家は兼業農家であり少量多品種の農産物の生産である。

2)「出荷組合」は、西浅井地区に住む地元の農家が加入する組合である。道の駅に農産物を出荷するには、「出荷組合」に加入する必要がある。自家消費から始まった農産物の生産の品質管理を行うために、地元の有志が集まり組合づくりを始めたことが起因となる。

3) 道の駅を運営する「有限会社西浅井総合サービス」では、地元にあるレストランを業務委託しており、その厨房施設を加工所として活用することで、6次化への取り組みを実現している。

4) 地元の商工業者からは、お土産品等の加工品を業務委託にて販売しており、JAからは米などの仕入品、近隣にある漁港からは鮮魚を仕入れている。

(2) 川下の視点「あぢかまの里」

1) 道の駅が対象としている地元住民については、地元利用者の重点地域として、国道8号線沿線約20kmの範囲内（湖北町、高月町、木之本町、余呉町、西浅井町、敦賀市の計3万7600戸）を対象としている。

2) 一方、近年では一元客の観光客が主力となりつつあり、中京から北陸に往来する観光客（観光シーズンは春4月、秋11月）が多く来店する。

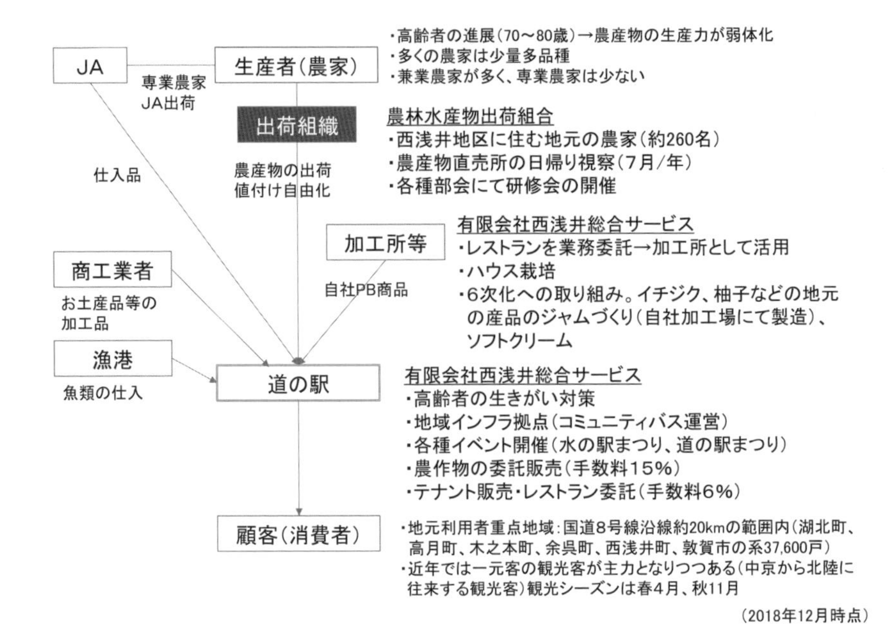

図6−2　チャネル管理の関係性「あぢかまの里」

出所：筆者作成

(3) 川上の視点「能勢くりの郷」

1) 生産者（農家）は、高齢化が進展（80歳代）しており、生産力の弱体化している。元々は米作り主体の農家が多いことから、兼業農家が大半を占める。また、大半が家族経営であり、大規模農家はいない。一部の農家にて、無農薬野菜づくりに取り組むが少量にとどまる。休耕田が多く、一部の都市部の方が就農されるケースも見受けられるが、地元の方で定年退職後に野菜作りをする人が減少しつつある。

2)「直販協議会」は、地元の農家、地元で農地を持つ方が加入する組合である。道の駅に農産物を出荷するには、「直販協議会」に加入する必要がある。能勢ブランドの野菜づくりや農産物の品質管理を指導する役割を担う。町内の住所の有無を問わず、町内に農地を持つ方も加入が可能となった（2018年6月より改正）。

3）農産物の品薄をカバーするため、「有限会社能勢物産センター」（2006年4月設立）での農産物の生産を始めたが、地元農家が生産する農産物と同品種を生産することから、経営は厳しい状況にある。

4）地元の商工業者からは、町内商工品（木工品等）を業務委託にて販売しているが、作り手が不足、品数も減少傾向にある。「シルバー人材センター」からは、清掃委託を受けており、「JA」からは地元産米を仕入れしている。

(4) 川下の視点「能勢くりの郷」

1）道の駅に来店する顧客の地域別では川西市が一番多い。地理的には近く新興住宅も多くあることから、週1～2回程度、来店される方が非常に多い。2番目は豊能町、3番目は能勢町、4番目は豊中市となっており、人口が多い町が上位にあがる傾向が強い。

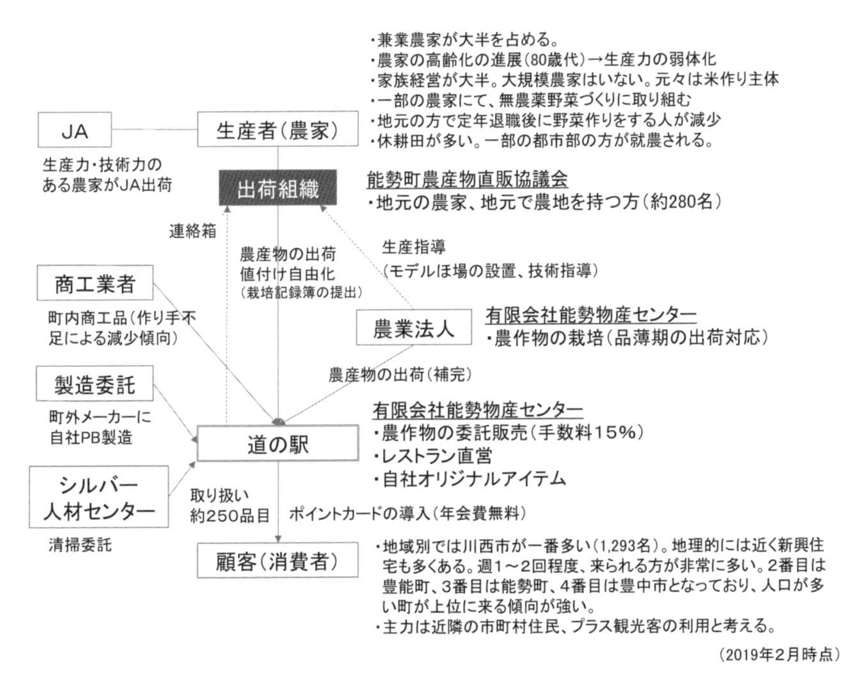

図6－3　チャネル管理の関係性「能勢くりの郷」

出所：筆者作成

2）道の駅の主力顧客は近隣の市町村住民、そして観光客の来店利用と考えている。
3）年会費無料のポイントカードを導入しており、リピーターの来店が多い傾向にある。

(5) 中山間地域のチャネル関係性の共通性

1）地元兼業農家が加入する出荷組合の存在（地元農家のみ道の駅に出荷できる制約条件）。
2）農家への農家指導の研修、視察等の定期的な開催（出荷組合の役割）
3）農家の高齢化が進展。担い手不足による野菜出荷量の減少。
4）農産物の売上が減少傾向。
5）まずは野菜直売所からスタート（農水省、自治体の補助金活用）。道の駅の認定は追随。
6）主力は近隣の地元顧客、観光客は増加傾向。
7）農産物の販売は委託販売方式。値付けは農家が行うがスーパー価格に近い。
8）お客様への販促の取り組みが弱い。

以上から、道の駅が位置する地域内において、農産物の生産から加工、販売まで一貫して行うことで、地域内にてお金を循環させる仕組みを構築していることが示唆される。

しかしながら、当初は地元住民の利用者が多くを占めていたが、近年では地域外の観光客が増加傾向となっており、農産物以外の飲食や土産品の購買が伸びつつある。また、兼業農家の高齢化が進展することで、出荷品目の減少を促し、その結果、農産物の売上も減少傾向にある。よって、地域内にてお金を循環させる仕組みが維持できなくなりつつあることが示唆される。

5. 損益分岐点分析による採算性の検証

(1) 損益シミュレーションによる検証「あぢかまの里」

「あぢかまの里」の経営者からのヒアリングより実数の把握を行った結果、損益計算書の勘定科目のうち、「売上原価」「広告宣伝費」「消耗品費」「修繕費」「委託料」は変動費扱いとしている。それ以外の経費科目については、全て固定費扱いとしてシミュレーション分析を行った（表6－5）。

事業の実施タイミングとしては、

1）開業当初（2001年）から「6次化対応」「委託レストランによるサービス拡大」に取り組む。

2）2014年から「ブランド開発」の取り組みをスタート。

競争優位モデルの取り組みとしては、

1）「6次化モデル」「サービス拡大モデル（委託レストラン）」による委託販売を実施している。両方とも粗利率は、固定（15%、7%）である。

2）「6次化モデル」から製造販売（ブランド開発）に移行しつつあるが、まだ売上の貢献度は低く、道半ばの状況にある。

表6－5　損益分岐点分析の検証「あぢかまの里」

	2013年	2014年	2015年	2016年	2017年	2018年
売上高（円）	2億3188万	2億3313万	2億4041万	2億2662万	2億1228万	1億9734万
損益分岐点比率	79.3%	82.6%	83.8%	84.1%	82.4%	90.3%

出所：筆者作成

損益分岐点分析の検証結果としては、

1）2015年度までは売上高は順調に増加。それに伴い損益分岐点比率も増加傾向にある。

2）一方、2015年度をピークに2016年度以降の売上高は減少傾向。

3）しかしながら、損益分岐点比率は、90%以内を推移しており良好である。

4) なお、2018年度は自然災害等の要因により、売上減（前年比▲7.0%）に伴い一時的に悪化。

(2) 損益シミュレーションによる検証「能勢くりの郷」

「能勢くりの郷」の支配人からのヒアリングより実数の把握を行った結果、損益計算書の勘定科目のうち、「売上原価」「交際費」「消耗品費」「販売促進費」「事務用品費」「宣伝広告費」「雑費」「生産部門費（農業法人の資材関係の経費）」は変動費扱いとしている。それ以外の経費科目については、全て固定費扱いとしてシミュレーション分析を行った（表6－6）。

事業の実施タイミングとしては、

1) 開業当初（2000年）から「6次化対応」「自営レストラン運営によるサービス拡大」に取り組む。

2) 2009年から「ブランド開発」の取り組みをスタート。

競争優位モデルの取り組みとしては、

1)「6次化モデル」による委託販売を実施しており、粗利率は固定（15%）である。

2)「サービス拡大モデル」による自営レストランを運営、さらに「6次化モデル」から製造販売（ブランド開発）に移行している。

3) ブランド開発の製造販売による利益率アップが、損益分岐点比率の改善に貢献していることが考察される。

表6－6　損益分岐点分析の検証「能勢くりの郷」

	2013年	2014年	2015年	2016年	2017年	2018年
売上高（円）	4億7638万	4億6359万	4億6707万	4億5083万	4億4750万	3億9783万
損益分岐点比率	95.8%	105.2%	104.7%	101.9%	100.9%	109.5%

出所：筆者作成

損益分岐点分析の検証結果としては、

1）2014年度からの売上減少に伴い、損益分岐点比率が悪化した。

2）2015年度の売上は若干持ち直したが、損益分岐点比率は改善せず。

3）2016年度以降も売上減少は続くが、損益分岐点比率に改善がみられる。

4）2018年度は、自然災害等の要因にて売上減（前年比▲11.1%）に伴い、一時的に悪化した。

6. 小括

(1) マーケティング・チャネル戦略における道の駅の競争優位の変化

第1の焦点である「安くて新鮮な農産物の販売」については、背景として出荷者組織の存在がその実現には欠かせないことが確認できた。一方、高齢化による出荷者組織の弱体化は、道の駅の価値を生み出す「仕入」機能を低下させ、それに伴う農産物の売上減少は、従来の競争優位の低下を招き、道の駅の自立運営を厳しい状況にしていることを明らかにすることができた。また、競争優位を維持する意味でも中長期的には「仕入」機能の見直しが避けられないことが示唆される。

第2の焦点である「レストランの併設や自社ブランド加工品の開発」については、農産物の売上減少を補うため、農産物よりも利益率の高いメニューや自社ブランド加工品の開発を行っていることが確認できた。また、従来の競争優位が低下しつつあり、売上確保に向けて新たに価値を生み出す「商品企画」機能の強化が不可欠であることが示唆された。さらに「商品企画」機能の競争優位として、レストランや特産品に特化した自社ブランド品のアイテム拡張が売上に大きく貢献していることを定量的に明らかにできたことは、本研究の重要な貢献であると考えている。

これらを踏まえ、中山間地域の道の駅においては、従来の競争優位であった「仕入」機能を中長期的には維持しつつも、新たに価値を生み出す「商品企画」機能へと競争優位が変化しつつあると解釈することができるものと十分考えられる。それにより、道の駅を取り巻くネットワークにおいては、地域資源の活用主体が「出荷者組合」から「道の駅」に変化しつつあることが考察される。

(2) 損益分岐点分析による商品企画・開発の優位性

「あぢかまの里」では、開業当初（2001年）から「6次化」「委託レストランによるサービス拡大」に取り組み、2014年からは、「ブランド開発」をスタートさせた。売上高の伸び率（対2013年）でみると、農産物、自社ブランド品とも減少傾向にあるが、飲食レストランにおいては、増加傾向にある。損益分岐点分析の結果としては、2015年度までは売上高は順調に増加しており、それに伴い損益分岐点比率も増加傾向にあった。しかしながら、2015年度をピークに2016年度以降の売上高は減少傾向にある。それにも関わらず、損益分岐点比率は90%以内を推移しており良好である。

「能勢くりの郷」では、開業当初（2000年）から「6次化」「自営レストランによるサービス拡大」に取り組み、2009年からは「ブランド開発」をスタートさせた。売上高の伸び率でみると農産物は年々減少傾向にあるが、自社ブランド品については、2016年以降は増加傾向にある。損益分岐点分析の結果としては、2013年度をピークに2014年度は売上高が減少しており、損益分岐点比率は100%を超えやや悪化している。一方、2015年度の売上高は若干持ち直したが、損益分岐点比率は依然100%を超えている。そして、2016年度以降も売上高の減少は歯止めがかからない状況にあるが、損益分岐点比率においては、改善（2016年）がみられている。

以上から、「あぢかまの里」「能勢くりの郷」とも、農産物の売上高だけからみると年々減少傾向にあることが明らかになった。一方、損益分岐点比率では「あぢかまの里」は90%以内と良好であり、「能勢くりの郷」は100%を超えつつも改善傾向にある。損益分岐点分析の結果を踏まえると、「あぢかまの里」の飲食レストランでは、特産品の鮒ずしを使った新たな飲食メニューの開発、「能勢くりの郷」では、特産品の栗を使った製造委託によるオリジナル商品の開発などが行われており、これらの商品企画・開発の取り組みが採算性を高めている要因の一つであることが考察される。

【注】

(注 1) 熊谷社長のヒアリング調査より。

(注 2)「開業からの実績（客数)」資料p.7をもとに筆者加筆。

(注 3)「顧客管理データ集計」資料p.1をもとに筆者加筆。

第7章　モデル2：「新しい味覚・高品質の味覚」の開発

前章では、「あぢかまの里」「能勢くりの郷」の採算性を高めている要因の一つとして、商品開発に関する考察を行った。具体的には、1)「あぢかまの里」では、飲食レストランによる特産品の鮒ずしを使った新たな飲食メニューの開発、2)「能勢くりの郷」では、特産品の栗を使った製造委託によるオリジナル商品の開発である。

また、「あぢかまの里」「能勢くりの郷」の農産物の売上高は、ともに減少傾向にあるが、「能勢くりの郷」は「あぢかまの里」に比べて、低い減少率を維持しており、「能勢くりの郷」のブランド野菜開発が貢献していることがわかった。

よって、本章においては、これらの商品開発の取り組みについて、事例分析を行う。

1. 特産品の鮒ずしを使った新たな飲食メニューの開発「あぢかまの里」

(1) 滋賀県琵琶湖の特産品 鮒ずし

「あぢかまの里」がある長浜市西浅井町は、滋賀県の北部、琵琶湖の最北端に位置しており、その琵琶湖の特産品としては、鮒（ふな）ずしが有名である。滋賀県HP[注1]によると、「湖魚（琵琶湖の魚）を使った鮒ずし[注2]と佃煮が有名であり、それぞれの店の独特の製法でつくられたこれらの水産加工品は、味わいもいろいろで、広く親しまれ、滋賀の食文化ともいえるものである」とのことである。

(2) 特産品の鮒ずしを使った新たな飲食メニューの開発

「あぢかまの里」の軽食販売コーナーにある「塩津海道 鮒寿し魚助」

は、道の駅の加工所「さざなみ工房」の会員である松井俊和氏がテナント委託にて店舗運営を行い、鮒や鴨などの地産の食材を使ったメニューにこだわりを持つ。鯖や稲荷ずしなどが入ったビワマス弁当など、バスツアー客の要望にあったメニュー開発を積極的に行い、地元で有名な鮒ずしを茶漬けにした「鮒寿し茶漬け」が人気メニューとなっている。

松井氏は、地元の西浅井町に本店がある「有限会社 塩津海道 魚助」の代表を務めている。有限会社塩津海道魚助のHP(注3)によると、「有限会社 塩津海道 魚助」の創立は1955年1月、2003年12月に会社設立しており、従業員は5名からなる。取扱商品としては、「鯖寿し・鮒寿し・小鮎の醤油煮・鯉のうま煮・焼き鯖寿し」などがあり、魚助本店と水の駅店の2店舗を運営する。さらに、そのHPには、「店主のご挨拶」(注4)が掲載されており、「鮒寿し」に対する強いこだわりをうかがうことができる。

鮒ずしは、独特な風味があり万人受けしないことから、当初は鮒ずしの活用について地元の方からの評判は良くなかった。一方、地域外からの観光客は、ここでしか食べられないものを求めており、鮒ずしが食べられる場所をわざわざ調べて来店する方も多く存在する。「鮒寿し茶漬け」は、ここでしか食べられないものなので、結構人気があり、茶漬けにすることによって味わいもマイルドになる。そして、初めて食べた方でも完食しており、「鮒寿し茶漬け」に手応えを感じている、とのことである(注5)。

これからも「鮒寿し茶漬け」は、こだわってやっていきたい。鮒ずしは、それをつくる店により味が変わってしまう。自分の店で作っている鮒ずししか使わない。鮒ずしが無くなれば売り切れにする、とのことである(注6)。このこだわりが「鮒寿し茶漬け」を生み

写真7−1　鮒寿し茶漬けセット

引用：あぢかまの里HP

出すことに貢献したと考える。

2. 特産品の栗を使った製造委託によるオリジナル商品の開発「能勢くりの郷」

(1) 能勢町の特産品「栗（銀寄)」

能勢町は、「能勢ぐり」の発症の地として有名であり、「なにわ特産品」(注7)にも認定されている。大阪府HPによると、「能勢地方は日本の栗の品種の中で3本の指に入る「銀寄（ぎんよせ)」(注8)発祥の地で、この地方の栗を能勢ぐりと呼んでいます」とのことである。

(2) 特産品の栗を使った製造委託によるオリジナル商品の開発

1）地元の特産品

「能勢くりの郷」では、2009年から地域の特産品である「栗」や「米」を使った自社ブランド品を外部委託にて開発を始めた。当初は、栗焼酎から始め、栗チョコレート、栗ようかんなどの菓子類の商品開発を進めてきた。特産品の「栗」と地元米を製粉した「米粉」を使った加工品の大きく2種類がある。

「米粉」については、地元米はJAから仕入しており、道の駅で商品化しているので、出荷者の方に恩恵があるかといえば、それほど感じていないと思われる。一方、「栗」については、小さい栗や、栗そのものを売ってもそんなに売上げにならない栗を道の駅が買い取り、加工品にすることで出荷者に喜んでいただいている。この意味合いは、大きいと感じている、とのことである(注9)。

このように特産品を使ったオリジナル商品の開発については、米はJA、栗は地元の農家に貢献していることがわかった。

2）地域外の製造業者に委託せざるを得ない状況

オリジナル商品の製造委託先については、地元の製造業者では対応できないなどの理由から、製造委託の実績がある地域外の製造業者をHPなどにて探している。

例えば、「栗焼酎」については、「栗」を使ったお酒を作ってほしいと町内の酒造会社に依頼しても、自社では難しいとの返事となった。また、「栗」を使ったお菓子を作ってほしいとと町内の菓子製造業者に依頼しても、そこまで手が回らない等の理由で断られた経緯がある。地元の製造業者が受託すれば、町内でお金が回り、本当に意味での地域の活性化に貢献できると思う、とのことである(注10)。

3）オリジナル商品の開発

「米粉」は、消費者へのインパクトがなく、「米粉」自身もあまり風味を感じられない。一般的には、パンのイメージが強く、米粉を使った加工品では特色が出しづらい。ここでは煎餅を発売している。一方、目新しさを狙い「米粉チョコレート」を製造発売したが、消費者に米粉の風味が感じられなかった。その結果、売れ残りが発生し、冬場の生産中止などの対応に追われた。「栗」に比べて、「米粉」のオリジナル商品の開発は、本当に難しい、とのことである(注11)。オリジナル商品を開発するには、消費者にインパクトのある商品開発が欠かせないとの考えを持つ。

製造委託先に確認しながら、こちらでパッケージのイラストを書いている。それをもとに提案してもらい、文言などを検討している。また、試作品のパッケージを巻いた商品を売り場で陳列することで、色の見栄えなどの確認をしており、実際に陳列すると商品の雰囲気が違うことが多々ある。一方、商品によって道の駅のキャラクターが入らないこともあり、オリジナル商品についてデザインの一貫性は弱いと思う、とのことである(注12)。オリジナル商品開発の専任がいないことから、正社員やパートと検討しながら進めている。

オリジナル商品の開発については、パッケージや試食などについて、道の駅が積極的に関与していることがうかがえるが、専任がいないことでオリジナル商品のブランディングの弱さが示唆される。ただし、その反面、正社員やパートリーダーなど顧客と接する方々の意見を取り入れながら、オリジナル商品を開発することができ、道の駅を利用される顧客のニーズを反映した商品作りが期待できる場合もある。

4）オリジナル商品開発による課題

農産物の委託販売では発生しなかった新たな課題として、製造業者にオリジナル商品を製造委託することで、製造ロット単位による商品買取の現金支払いや販売機会ロスなどによる売れ残りなどが発生している。

大量に製造発注すると、賞味期限の制約から、こちらで販売しきれず売れ残りロスが発生するリスクが高くなる。委託製造のロット数は、200から300程度が多く、賞味期限は半年もしくは3カ月以内であり、ロット単位の買取が前提である。そのため仕入の支払額も大きくなり、売上で回収する流れとなる。さらに、決算期をまたがると、決算にも影響することがある。例えば、「栗キャラメル」のロットは5000ほどあり、他の商品に比べて大きい。単価は比較的安いが、仕入時に50万円ほど支払わなければならない。もし、年末に追加注文してしまうと、年度にまたがってしまう。栗キャラメルの賞味期限は1年間と長く、売れ行きが鈍ってきた場合、消化しきれないリスクもある。賞味期限切れにより、200から300程度は売れ残りが発生する、とのことである(注13)。

オリジナルのアイテム数を増やすと、お客様が購入される商品も分散するリスクがある。商品によっては、売れ残りロスが発生することもあり、アイテム数を増やすと管理が大変になる、とのことである(注14)。

道の駅の来店客数は季節ごとに前後する。冬場はかなり減るので、売れ残りロスが発生しないように、商品アイテムごとに仕入製造をやめる判断が重要となる。回転率が低い商品を製造して、冬場まで置いておくと、賞味期限内に消化しきれないこともある。ただし、マンネリ化も怖いので、新たなオリジナル商品を少しずつでも追加していかなければならない。また、場合によっては、あまり売れ行きが良くない商品をカットすることも考えていかなければならない。在庫処分として商品を半額にするなど、オリジナル商品を取り扱うには、しっかり管理しなければならない、とのことである(注15)。

道の駅で扱う農産物や地元加工品の多くは、委託販売がメインとなっており、商品を販売した後に、生産者に販売手数料を差し引いた金額を支払う流れとなっている。一方、このオリジナル商品については、最初にメーカーに製造委託を行い、製造ロット単位による商品の買取による支払いが前提となっている。その点においては、製造ロット単位による商品買取による現金支払いや販売機会ロスなどによる売れ残りは、道の駅の資金繰りに、大きな影響を与えるリスクがあることが示唆される。委託販売では、さほど問題とならなかった資金繰りに関しても、オリジナルの商品開発のアイテム数を増やせば増やすほど、今後は課題となることが指摘される。そして、このような新たな課題に対応していかねばならない要因の一つとして、農産物の売上の減少傾向が大きい。加工品の利益率は40％程度と農産物に比べ高いことから、避けては通れないことが示唆される。

5）今後、新たなジャンルへの挑戦

現在、「栗」と「米粉」の商品アイテムを増やすことを計画している。施設内に製粉機があるので、地元米を粉にして「米粉」の販売を行っている、また、「米粉」から、煎餅やチョコレート、うどんなどを製造業者にて製造している、とのことである(注16)。今後は、特産品の「栗」と地元米を製粉した「米粉」を使った2種類のオリジナル商品についてのアイテムを拡大することを狙っている。

今後、12品については入れ替えをしていきたいという。アイテムを減らしていくと縮小傾向になるので、アイテムを減らしたら、増やすという流れで進めたい。「栗」のオリジナル商品は、一般的にはお菓子類（甘いもの系）が主流であり、全体としての売上拡大は難しい。一方、お客様の目先が変わることを期待して、今までとは違った総菜系の商品「びっ栗カレー」を開発した。今後は、「米粉」と「栗」の2種類を入れ替えながら、「栗」を使ったレトルトのパスタなど、お菓子ではなく新たな総菜系を開発していきたい。このように、オリジナル商品の開発という仕事を通じて、商品を世に生み出すというのは、一番面白いと思う、とのことである(注17)。オリジナル商品は12品あり、アイテム数は維

持しつつ、入れ替えをしていきたいとの考えを持つ。ただし、今までのお菓子類の延長ではなく、総菜系などの新たなジャンルに挑戦していきたいとの強い意欲が感じられる。

3. ブランド野菜3種の開発「能勢くりの郷」

(1) ブランド野菜3種の開発に至った背景

「能勢くりの郷」では、農産物を生産する兼業農家の高齢化が進展している。また、ここ数年の異常気象による被害の影響や、猪や鹿などの鳥獣害被害などの増加は、高齢化が進んでいる兼業農家の生産意欲を低下させる恐れがあることが危惧されていた。その対策として、特産品や目玉となるものを作っていかなければならないとの考えから、営農委員会を中心に2012年から、新たな特産品として「ブランド野菜3種類」(表7－1) の取り組みを始めた。

事前に試験栽培や試食会を行った後での栽培講習会の実施、栽培されている畑の生育状況の確認、品質チェックや重さを測るなどの検査を通じて、ブランド野菜の品質を担保している。ブランド野菜の生産に協力してくれる農家の数は、1品目毎に60～70名程度である、とのことである(注18)。

表7－1 ブランド野菜3種類

1) とうもろこし「のせ太陽の粒」
品種はサニーショコラ88であり、かなり粒が大きく甘みが強い。消費者の方からネーミング募集して「のせ太陽の粒」として販売する。

2) 黒枝豆「のせ黒枝豆」
枝豆の収穫タイミングには、早い時期、中間時期、遅い時期がある。丹波の黒枝豆よりも少し早い9月ぐらいの収穫時期 (中間時期) の黒枝豆 (なかてという種類) を扱う。品種は黒五葉であり、ネーミングは「のせ黒枝豆」として販売する。

3) サツマイモ「紅はるか」
開発当時はあまり知られていなかったが、現在では「紅はるか」は商標登録されており、広く一般の市場に出ているサツマイモである。

引用：筆者作成

(2) ブランド野菜3種の開発

1) 開発牽引者は外部からの人材

これらのブランド野菜3種の開発を牽引した人物が、営農委員長である岡田氏である。まずは、岡田氏の人物像から見ていきたい。

岡田氏の年齢は75歳(注19)。前職は環境調査の民間会社に勤めており、専門は海の環境調査を行っていた。仕事は大阪が中心だったが、57歳までは全国各地（東京・広島・九州など）に単身赴任をしていた。その時から、赴任先にある道の駅や畑を見て回りながら、農業をやってみたいと思っていた。特に、九州の道の駅では、先進事例も多く取り組みも早い。九州の人はサービス精神が旺盛でお客様を大事にしているという。当初は、趣味程度でマンションのベランダでトマトなどの野菜づくりを始めたが、次第に楽しくなり、市民農園を始めるまでになった。7～8年間の市民農園の経験より、営農に関する基本的なことは独学で勉強した。そして、田舎でのんびり一人暮らしたいと思い、会社を早期退職した。当初は、別荘のつもりで能勢に来たが、最終的には家内もこちらに移住してきた。農業の経験は25年になるが、道の駅の直売所で売り出したのは14年になる、とのことである(注20)。

2) 隙間を狙ったブランド野菜「黒枝豆」

道の駅が扱うブランド野菜には3種類（「のせ太陽の粒」「のせ黒枝豆」「紅はるか」）がある。その中で、「黒枝豆」をブランド野菜にした理由について確認してみたい。なお、ブランド野菜の黒枝豆のネーミング「のせ黒枝豆」は、岡田氏が名付け親である。

黒枝豆で有名な丹波の黒豆は、解禁日（10月5日）が決まっており、運動会（10月10日）の前後からしか、採り始めることができない。そこで、解禁日前の盆や月見の間を狙って、黒枝豆が収穫できる品種（黒五葉）を扱うことで、丹波の黒豆よりもいち早く（早い農家は8月25日から、遅い農家でも9月末まで）、「黒枝豆」を出荷できることを狙っている。味は、丹波の黒豆に負けず劣らずの味である。50件程度の農家が作っており、農家の売上に貢献している、とのことである(注21)。

岡田氏は黒枝豆の新たな品種を使って、さらに隙間を狙っていくことも思案している。

のせ黒枝豆と丹波黒枝豆のあいだに、兵庫農業試験場が開発した新しい品種「くろっこ姫」を新たな黒枝豆のブランド野菜として開発することで、さらなる隙間を狙っている。9月15日頃が過ぎると「のせ黒枝豆」の出荷が減りはじめ、それから丹波の黒豆が出荷し始める10月10日までの間、約半月にわたりブランクができるので、そこを狙っていきたい。顧客からすれば、枝豆はいつでも食べられるとのイメージがあるので、枝豆は継続的に売れる。ビールのあてに、枝豆は売れ残りがほとんどない、とのことである(注22)。

3) 誰もがやらないことをやる姿勢（農業へのこだわり）

先程のブランド野菜「のせ黒枝豆」は、出荷時期の隙間を狙った販売で成功を収めている。その実現には、地道ではあるが、新たな品種探しは欠かせない。それには、岡田氏の農業に対する考えやこだわりが要因となっていることが示唆される。以下に、ブランド野菜3種類を考え出した岡田氏の農業へのこだわりについて、確認してみる。

「カリフラワー」は意外と難しく、これを作る人がいない。それは、見た目が汚いものは誰でも作れるが、カリフラワーは花なので綺麗なものしか売れない、とのことである(注23)。

野菜は、新鮮さはあたりまえだが、見た目の美しさが重視される。カリフラワーは、誰もが一回は挑戦してみるが、取る時期を間違えると見た目も悪くなり、断念してしまう。今では、数名ぐらいしか作っていない。直売場で同じ品種を横に並べると見た目の違いが目立ち、嫌がって誰も作らなくなる、とのことである(注24)。

取れたての味を活かしつつも、手間をかけ、カリフラワーの見た目にこだわりながら作り込むことで、他の農家と差別化している姿勢がうかがえる。

4) 野菜の見た目にこだわる姿勢が農家の意識変化を促す

岡田氏は、農産物については、新鮮さを第一に挙げてはいるが、野菜の見た目を重要視していることがわかった。その点について、さらに深掘りする。

「キャベツ」は、テープ巻いてむき出しにして出荷するより、包装したほうが綺麗に見える。防曇袋（ボードン袋）という野菜専用の包装袋は、袋が光の反射で光るので、見た目でワンランク上がる。スーパーでもキャベツは包装していない。以前は、「ブロッコリー」は根元の所にテープを巻いてバーコードを貼り付けていたが、最初にブロッコリーを防曇袋に入れて販売してみた。そして今では、全員袋に入れて販売している、とのことである[注25]。岡田氏のこだわりである「野菜の見た目」を重視する動きが、今では道の駅の出荷者の意識を変えるまでに影響を与えていることが考察される。

そして、岡田氏のこだわる「野菜の見た目」は、道の駅の野菜の売れ残りを防ぐことに寄与することが仮説として考えられる。

野菜を袋詰めにすると野菜が傷まず、見た目も奇麗になり、他に比べ売れるようになる。袋詰めに手間はかかるが、包装代は5円なので、売れ残りを考えると問題はない。商品の美学を考えることは、とても大事だという。農産物直売所では、同じような商品との競争となるので、顧客は少しでも上品できれいな方を買うはずである。ただし、サランラップの包装は汚く見える。例えば、キャベツなどは、何も包んでいないと気温が高い日は艶がなくなり、葉がしなり、萎えてくるが、包装をすれば、夕方までは鮮度は保たれる。他の道の駅では、野菜はそのままで売っているが、ここでは袋に入れて売っている。包装している野菜は売れ残りが少ない。先進的に考えて行動し、結果としてそれが売れれば、みんな真似してくる、とのことである[注26]。

4. 考察

(1) 特産品の鮒ずしを使った新たな飲食メニューの開発

鮒ずしは、滋賀県の郷土料理として、古来よりの日本の食の伝統を伝えるもので知名度は高いが、独特の風味を持つことから、その場で食べるというよりかは、贈答品として購入する方が多いことが示唆される。松井氏は、一人でも多くの方に鮒ずしを食べてもらいたいとの想いから、伝統の味の継承にとどまらず、少しでも現代人の味覚にあった鮒寿しづくりを模索していた。それと同じくして、情報雑誌などに、道の駅の飲食に関する記事が特集で掲載されることも多くなり、「鮒寿し茶漬け」がこの道の駅でしか食べられないものとして掲載されたことが、観光客の人気を後押したと考察する。

一方、「鮒寿し茶漬け」の商品開発については、郷土料理ならではの地元の方の思い込みを払しょくすることが大変であったと示唆される。地元の方による試食会では、鮒ずしは、他では食べられないものであるが、独特な風味があり万人受けしないという理由が多く、「鮒寿し茶漬け」は地元の方の評判は良くなかった。そのような地元の方々の意見も踏まえながらも、独特な風味をもつ鮒ずしでも、多くの方が食べられる方法を模索し続けた。この新たな食べ方ができたのは、こだわりの姿勢を貫いた結果であり、そして、松井氏の鮒ずしへのこだわりが、「鮒寿し茶漬け」づくりへの原動力になったことが考察される。

(2) 特産品の栗を使った製造委託によるオリジナル商品の開発

オリジナル商品の開発においては、製造委託の経験が豊富な業者まかせにせず、西山支配人を筆頭に、従業員が一丸となって店舗にあった手作り感ある商品づくりに参画する風土が根付いていることが示唆される。西山支配人の商品づくりが楽しいと思う取り組み姿勢が道の駅のオリジナル商品の開発に貢献していることも垣間見られた。一般的には、オリジナル商品は、お菓子類などの土産品が定番となるが、惣菜系という新たなジャンルに挑戦するには、リーダーシップが不可欠となる。

中山間地域の道の駅の駅長は、出荷者との良好な関係を築くために、通常であれば、農産物を出荷する方々の立場が理解できる農業を営む人材が登用されるケースが想定される[注27]。西山支配人は、道の駅のオープン当初から参画し、2007年から道の駅の支配人に就任した。実家は農家であることから、出荷者の立場もよく理解できる人物であり、出荷者からの信頼も厚く、出荷者組合とも良好な関係を維持している。このような立場の人物が、新たなオリジナル商品開発の陣頭指揮をとる場合は、オリジナル商品開発のプロである製造委託先の提案に沿った商品アイテムになることが想定される。一般的には、観光客向けにこの地域の特産物を使った土産品（お菓子類）などの商品アイテムが定番となってしまう。西山支配人も当初は、特産品の米粉や栗を使ったお菓子類（栗サブレ、栗ようかん）などを手掛けてきた。しかしながら、その流れから一歩踏み出す形として、特産品を使った惣菜系という新たなジャンルに挑戦しようとしている。

ここで確認しておきたいことは、道の駅の顧客と日頃から接している従業員が道の駅のオリジナル商品の開発に参画していることの意義は大きいことだ。今回の惣菜系へのアイテム投入の判断においては、日頃から道の駅を利用される顧客と接する従業員の意見を踏まえたうえでの判断であったことが示唆される。実際に、栗カレーのネーミングは「びっ栗カレー」、パッケージには、能勢PRキャラクター（漫画の美少女キャラ「お浄&るりりん」）を利用しており、道の駅の主要な顧客とは、明らかに異なる若い客層を狙った商品であることが考察される。近年では、旅行専門誌、日経トレンディなどの雑誌に、道の駅の話題（飲食、オリジナル商品、体験など）も多く取り上げられている。「びっ栗カレー」も期間限定発売として、ネット上でも話題となっており、道の駅のPRも踏まえた、オリジナル商品の投入であることが示唆される。

このように新たな感覚を取り入れながら、オリジナル商品の開発に挑戦できる風土がこの道の駅には根付いており、その要因として、まず第1に挙げられるのは、西山支配人の「新たな商品を世に生み出すことが面白い」という思いがあることが示唆される。小規模の組織体においては、リーダーの考えや取り組む姿勢は、組織の動き方を大きく左右する影響を与えると考えられる。第2に、商品開発の工程に、従業員を参画させていること。手作り感あるオリジナル商品の開発は、従業員の新たな挑戦を許容させる風土にもつながる。

(3) ブランド野菜3種の開発

岡田氏は、地元の人物ではなく、もともとは環境調査の民間会社で働いており、定年前の早期退職にてこちらに移住した経緯を持つ。営農に関する知識も、赴任先にある道の駅や畑を見て回りながら農業に関する知識を吸収しつつ、市民農園にて独学で実践してきた努力家である。出荷者組合の営農委員会委員長に就任すると、高齢化が進んでいる兼業農家の生産意欲の低下を危惧し、特産品や目玉となるものを作っていくために、2012年から新たな特産品として「ブランド野菜3種類（のせ太陽の粒、のせ黒枝豆、紅はるか)」の取り組みを始めた。そして、ブランド野菜「のせ黒枝豆」は、出荷時期の隙間を狙った販売で成功を収めている。

「のせ黒枝豆」は、目新しい農産物を一から作っていくのではなく、既に市場で高い付加価値がある黒豆に目を付け、黒豆の有名ブランドである「丹波の黒豆」の出荷タイミングと異なる黒豆の品種を探し出し、出荷の隙間を狙って販売できる優位性を見出したことが大きい。一般的にブランド品として重要なことは、認知度とエレガントな見た目があげられる。ブランド品は、まずは、顧客に認知してもらうまでには、長い時間をかけなければならないが、今回はすでに市場で認知されている黒豆を使ったブランド野菜であることから、顧客の認知度は事前にある程度は構築されている。次に、見た目のエレガントさとしては、道の駅での農産物販売では、安価で朝取りなどの新鮮さが重視される傾向にあり、そのため見た目は二の次となるが、岡田氏は、「野菜は、新鮮さはもちろんそうだが、やっぱり、見た目の美しさですよね」と野菜へのこだわりを強く抱いている。

そして、岡田氏は、野菜の見た目を保つために袋詰めの野菜を販売している。野菜の見た目の良さが売れ残りを左右することが、他の農家も次第にわかり始めると、他の農家も袋詰めを真似し、今では、道の駅の農産物は、ほぼ袋詰めで販売されているとのことである。最終的には、岡田氏の野菜のこだわりである「野菜の見た目」を重視する動きが、今では道の駅の出荷者の意識を変えるまでに影響を与えていることが考察された。

以上から、これらの取り組みを踏まえると、

1）鮒ずしの新たな食べ方の提案（＝松井氏の鮒ずしへのこだわり）

2）総菜系などの新たなジャンルへの挑戦（＝従業員を巻き込む西山支配人の商品を世に生み出す面白さに対する姿勢）

3）丹波の黒豆の旬な時期の隙間を狙ったブランド野菜の販売（＝農家の意識変化を促した岡田氏の野菜の見た目へのこだわり）

等であり、新しい味覚の開発段階には、担当者のこだわりが大きく寄与していることが考察される。それは、大竹（2015）が指摘するイノベーション型の「知的資源」にあたり、「競争優位の源泉」となっていることが示唆される。

【注】

（注 1）滋賀県HP「琵琶湖の特産品」をもとに筆者加筆。

（注 2）「鮒（ふな）ずしは、塩漬けにした鮒をご飯に漬け込んで発酵させた「なれずし」です。材料には、琵琶湖の固有種のニゴロブナの子持ちが最も適しています。」滋賀県HP「ふなずし」より引用。

（注 3）有限会社塩津海道魚助HP「会社案内」をもとに筆者加筆。

（注 4）「私の鮒寿しつくりは、一人でも多くの方に食べていただきたいとの想いから、始まりました。加えて伝統の味の継承にとどまらず少しでも現代人の味覚にあった鮒寿しを作ることを考えています。」有限会社塩津海道魚助HP「会社案内（店主のご挨拶）」より引用。

（注 5）松井氏のヒアリング調査より。

（注 6）松井氏のヒアリング調査より。

（注 7）「大阪府内には伝統的に優れた栽培技術で生産され、全国にも誇れる農産物がたくさんあります。大阪府とJAグループでは、平成5年になにわの食文化

に根差したこれらの農産物の中から、府内でまとまった生産量があり、独自の栽培技術で生産されている14品目を「なにわ特産品」として選定しました。」大阪府HP「なにわ特産品」より引用

(注 8)「「銀寄」は、1個の平均の重さが20から25グラムと栗の中でも大変大きく、高級菓子のマロングラッセにも用いられる甘味が強い優良な品種です。」大阪府HP「なにわ特産品（能勢ぐり）」より引用

(注 9) 西山支配人のヒアリング調査より。

(注10) 西山支配人のヒアリング調査より。

(注11) 西山支配人のヒアリング調査より。

(注12) 西山支配人のヒアリング調査より。

(注13) 西山支配人のヒアリング調査より。

(注14) 西山支配人のヒアリング調査より。

(注15) 西山支配人のヒアリング調査より。

(注16) 西山支配人のヒアリング調査より。

(注17) 西山支配人のヒアリング調査より。

(注18) 岡田氏のヒアリング調査より。

(注19) 2022年3月時点による。

(注20) 岡田氏のヒアリング調査より。

(注21) 岡田氏のヒアリング調査より。

(注22) 岡田氏のヒアリング調査より。

(注23) 岡田氏のヒアリング調査より。

(注24) 岡田氏のヒアリング調査より。

(注25) 岡田氏のヒアリング調査より。

(注26) 岡田氏のヒアリング調査より。

(注27) 例えば、塩津海道あぢかまの里の駅長

第8章　事例3：大津市「妹子の郷」の比較分析、モデル3：多角化、モデル4：専門店戦略（飲食）

本章では、多角化や専門店化により差別化を図る2つの方法を比較する。

道の駅には、ドライブを楽しむ人の休憩施設、地域の文化・名所・特産物などの情報発信や物産販売場所が設けられ、目的地までドライブする通過点という位置づけが強い。しかし近年においては、道の駅を目的地にする人も増え、道の駅の位置づけが変わりつつある。

道の駅の利用者は、若者・カップル・ドライバー・家族連れ・ツアー客・地域住民など、車を利用する多種多様な来店者が見込まれる。道の駅のレストランは、来店者全員に対応可能な一般大衆向けメニュー（定食や麺類など）が主流であったが、近年では、ここでしか食べられない地域性ある個性的なメニューを提供することで、他の施設との差別化を図っている。一方、他の道の駅レストランも同様の対応をすることで同質化が進んでおり、さらなる差別化が求められる。

滋賀県大津市にある道の駅「妹子の郷」（以下、「妹子の郷」という）では、顧客層をシニア層やシルバー層（以下、シニア層らとする）に絞り込み、滋賀県の地域資源ブランドで有名な極上近江牛A5に特化した専門店レストランを運営することで顧客の差別化を図っている。

本章では、多種多様な来店者が見込まれる道の駅において、なぜ妹子の郷レストランは専門店化できたのかに着目し、レストランの専門店化と顧客のすみ分け戦略に焦点をあてて、考察する。本章の研究の目的は2点ある。

1点目は、レストランが狭い品揃えと接客を重視した専門店として運営できた点を確認する。専門店の定義については「基本的には何らかの商品カテゴリーに特化した品揃えを基盤に、小売機能・サービスの提供において高水準の専門性を発揮する店」をいう（岩本ほか、2007、p.166）。具体的には、顧客の性別・年代や特性に合わせた狭く深い品揃えや接客などの対面サービスが専門店では不可欠であると考える。

2点目は、道の駅の来店者属性から考察し、施設内の専門店レストランとコンビニが顧客をすみ分けさせていることを確認する。顧客のすみ分けとは、各店の主な顧客層がおおまかに区別されており、互いに営業が続けられていることとする。

道の駅の研究においては、農産物直売所の運営や地域ブランド支援、そこで働く地元女性の自立、運営主体の組織体制、地域活性化など、数多く行われてきているが、道の駅の専門店レストランをテーマにした研究はほとんど見当たらない。よって、妹子の郷の専門店レストランの店舗戦略や店舗運営に関する内容は、開業時から約5年間にわたり専門店レストランを経営した元経営者井上氏(注1)からのインタビュー内容をもとにしている。

1点目の研究目的であるレストランの専門店化については、「妹子の郷」のレストランと隣接する道の駅「びわ湖大橋米プラザ」（以下、「米プラザ」という）のレストランを事例対比するため、マーケティング戦略の4P分析(注2)を実施した。それにより、狭い品揃えと接客を重視した専門店として運営できた点を検証する。

2点目の研究目的である顧客のすみ分け戦略については、「妹子の郷」にて平日と休日に来店者調査を実施し、施設内にある専門店レストランとコンビニの来店者属性の把握を行った。それにより、各店舗の主な顧客層がおおまかに区別されていることを検証する。また、店舗の売上や利益率をインタビューなどから把握することにより、互いに営業が続けられていることを検証する。

以上から、「妹子の郷」と「米プラザ」の4P分析、来店者調査、元経営者のインタビュー内容などをもとにして、レストランの専門店化や顧客のすみ分け戦略の考察を行う。

1. 先行研究と本章の位置づけ

(1) 道の駅に関する研究

1) 道の駅併設農作物直売所の利用顧客特性

慶野・中村（2004）は、5カ所の大規模農産物直売所の来店者に対して実施されたアンケート調査から、直売所利用状況の検討を行った。その結果からは、道の駅の農産物直売所は、他の農産物直売所に比べて集客力が大きいため、リピーター客のほかに多数のフリー客も集めていることが示唆された。さらに、道の駅に設けられた農産物直売所は、集客は多いが、一過性の客も多く、リピーター客を増やすことは必ずしも容易ではないと述べる（慶野・中村、2004、pp.41-49）。

2) 道の駅利用者の施設に対する評価

飯田（2000）は、アンケートの調査結果を用いて、主要施設（特産品、トイレ、レストラン）に対する利用者の評価を道の駅とドライブインにて比較した。その結果としては、特産品とトイレは、ドライブインよりも道の駅を高く評価しているが、レストランについては、ドライブインの方が高い評価であった。この結果を踏まえ飯田は、既往の調査から利用者の地域性に対する要望は強いことがわかっており、レストランにおいてもこの点に配慮した工夫を行うことで、評価を向上させ集客性を高めることができるのではないか、と推察する（飯田、2000、p.424）。

3) 道の駅レストランの差別化への取り組み

関・酒本（2016）によると、道の駅レストランでは、地元の食材を使った伝統の味やその味に磨きをかけた地産地消のメニューを基本に、地元の食の魅力を積極的に提供しようとする地産地消レストランが増えつつあることを指摘する。具体的には、北海道深川市の道の駅「ライスランドふかがわ」では、地元のお米を使った釜炊き銀しゃり定食、福岡県宗像市の道の駅「むなかた」では、地元宗像市産の旬の食材を用いた漁師料理などの事例を紹介している。また高知県四万十川町の道の駅

「あぐり窪川」では、それまでのメニューを見直し、地元食材を使うことを徹底した四万十まるごと膳メニューの提供により、客単価が上がった事例を紹介している（関・酒本、2016）。

(2) 滋賀県の地域資源ブランドの認知度

田村（2011）は、日経リサーチによる地域ブランド戦略サーベイ（名産品編）より、消費者が商品の名前さえ知らない不認知段階（不認知率）に着目し、特産品が地域資源ブランドとして消費者に確立される段階を簡易的に3つの市場発展段階(注3)に整理した。それによると、近江米は「未発展段階」、近江牛は「発展段階」であった（田村、2011）。

滋賀県の地域資源ブランドの近江牛は、比較的高い認知度となっているが、近江米については消費者への認知度の低さが目立つ結果といえる。

(3) 消費者の食生活の変化

大浦ほか（2016）によると、近年の傾向としては、世帯規模の縮小、特に高齢世帯や単身世帯の増加が顕著であり、消費の基本単位である世帯の姿が変化しつつある。そして、同じ消費者でも、誰と食べるか、あるいは日常か非日常かなどTPOによってメニューや購入する店、商品を変えるといったことは、ごく一般的に行われており、食品の消費行動は極めて複雑になってきているとする。その上で、消費者の意識・行動や食生活を取り巻く環境が多様化・複雑化する中で、食生活全体としては「簡便化、多様化」をはじめとして「高級化、健康・安全志向」といった質的な変化が見られる、と指摘する（大浦ほか、2016、p.260）。

(4) まちづくりの観点による道の駅

小長谷ほか（2010）によると、道の駅は、地域にとってメリットが非常に大きいと述べる。特に、地域の商業との関係については、まちづくりの3法則から見るならば、差別化を図ればよく、これが今後重要になるであろうと指摘する。まちづくりに成功した事例から導きだした3法則とは、1）地元組織の健全さ、2）対ライバルでは差別化、3）対顧客のマーケティングであり、それらが成功の鍵となる。今後の道の駅は、個性化路線が期待されると示唆する（小長谷ほか、2010、pp.20-21）。

（5）先行研究との位置づけ

道の駅に関する先行研究からは、1）道の駅では、一過性の顧客も多く、リピーター客を増やすことは必ずしも容易ではないこと。2）消費者の「簡便化」「多様化」「高級化」「健康・安全志向」といった食生活の質的な変化を背景に、レストラン利用者の「地域性」に対する要望も強くなってきていること。3）それにより、実際に地元の食の魅力を積極的に提供する差別化された地産地消レストランが増えつつある、ことが指摘されており、地域資源ブランド等の「地域性」を活かした差別化は重要になるということが示唆される。

しかしながら、差別化としては「地域性」というキーワードで留まっており、店舗を運営していくためには欠かせない店舗業態の分析までには至っていない。今後ますます消費者の意識・行動や食生活を取り巻く環境が多様化・複雑化することが想定され、道の駅の来店者ニーズを捉えたマーケティング視点による店舗業態を明らかにする意義は大きいと考える。

よって、本章では、道の駅にある高齢者の利用が多い飲食店レストランを分析する。食生活全体の「高級化志向」といった質的な変化を踏まえた「専門店」という業態にフォーカスを当てて分析していることが、本分析の特色になる。

2. 事例研究「妹子の郷」と「米プラザ」の比較

（1）調査対象

滋賀県大津市の国道161号湖西道路沿いにある「妹子の郷」と琵琶湖大橋付近にある「米プラザ」のレストランを対象に4P分析にて事例研究を行う。

「妹子の郷」と「米プラザ」との施設間の距離は約6km、車の移動時間は約15分と比較的近い場所に立地する。

「米プラザ」では多種多様な来店者を対象に、一部地域性メニューを提供することで地域資源ブランド等の地域性を活かした差別化を行っている。一方、「妹子の郷」では、顧客層をシニア層らに絞り込んだ専門店レストランの運営を行っており、顧客の差別化を実施している。近隣に位置する道の駅レストランにおいて、「妹子の郷」と「米プラザ」は差別化を行っており、共通点や差異点などを明らかにするために、これらを調査対象としている。

(2)「妹子の郷」の事例

1）施設の概要「妹子の郷」

2015年8月に京都と滋賀県湖西地域を結ぶ湖西道路上の和邇（わに）ICに開業した道の駅である。国道161号湖西道路は、京阪神と北陸地方を結ぶ主要幹線道路で前後の西大津バイパス、志賀バイパスを含めると約30kmにわたり、休憩施設がなかったため、国土交通省と大津市が一体的に整備した経緯を持つ。道の駅が立地する大津市志賀地域は、琵琶湖や比良山の豊かな自然環境に恵まれ、夏場のウォーターレジャーからスキー・スノーボードなどのウィンタースポーツ、トレッキングなど、年間を通じて自然体験ができる地域にある。

道の駅には、地域の特産品や農産物等の販売、それらを活かした食事メニューなどを用意しており、地域の魅力ある観光情報や特産品情報を発信するアンテナショップとしての機能も備える。また、観光コンシェルジュを設置し利用者の多様なニーズに対応できる質の高いサービスを提供する。施設内には、観光情報施設・道路情報施設・24時間コンビニ・特産品販売所・レストラン・トイレ・屋外イベントスペースがある。具体的には、特産品販売所では、地元農家で生産された季節ごとの旬な野菜や地域業者による加工品、さらにお餅・みたらし・あられなどの和菓子やクッキーなどの洋菓子、パン・お味噌などの食料品からお土産品、手作りの雑貨品なども取り扱っている。

施設内には、休憩や食事ができる休憩スペースがあり、長旅の休憩時間の利用が可能である。玄関前のイベントスペースでは、年間を通じて地域を盛り上げる野外出店市などのイベントが開催されている。第2駐車場には、電気自動車充電器も設置しており、誰でも利用が可能である。車の駐車台数は115台（普通車87台、大型車28台）、営業時間は、9：00～18：00（季節により終了時間が延長）、コンビニ・トイレ・駐車場は、24時間の利用が可能である。

なお、「大津志賀地域振興観光株式会社（以下、振興観光という）」が道の駅の地域振興施設の指定管理者として、大津市より業務委託を受けており、観光情報施設・コンビニ・特産品販売所・レストランを運営する。

写真8－1　「妹子の郷」の店舗外観

引用：道の駅公式HP「道の駅 妹子の郷」

2）利用者の特性「妹子の郷」

道の駅に隣接する湖西道路の通行台数[注4]は、1日あたり1万7462台、2010年度対比105.61%（1万6532台）であり、通行台数は増加傾向にある。「妹子の郷」の観光入込客数[注5]は79万5400人（滋賀県観光地ベスト6位）となっている。道の駅周辺は、琵琶湖や比良山の豊かな自然環境に囲まれ、年間を通じて自然体験ができる地域であることから、休日はバイク等のツーリング客を始め、レジャーなどを好む若者、家族連れ、さらには団体バスツアー客の利用も想定される。

平日は、国道161号線を利用する通勤ドライバー、トラック等の運転手の利用が中心となる。また施設内には、24時間コンビニや野菜直売所があり、高齢者を中心とした地域住民も多く見込まれる。

3）レストランの概要「妹子の郷」

近江牛の一頭買いによる極上近江牛A5メニューのこだわりとおもてなしの接客を行う専門店レストランである。近江牛の陶板焼きは、自分好みの焼き加減を楽しむことができる。また、地元食材を活かしたメニューも充実しており、特にお米は棚田米（主に比良山系の山水で育てたうるち米）を使用する。具体的には、近江牛本日おまかせ膳・近江牛すき焼き膳・一人前近江牛ステーキ膳・近江牛重・近江牛おろしハンバーグなど、極上近江牛A5を使った高付加価値なメニュー（約2000～4000円）が全体約6割を占め、一部、本日の近江牛ステーキ（7000円）、それ以外では、おこさまカレープレート・近江赤ハヤシなど（約1300円）も提供する。

店内は、高級感ある重厚な雰囲気を醸し出しており、顧客のことを気

写真8－2　「妹子の郷」のレストラン店舗

引用：妹子の郷HP

にかけながら、顧客との会話を楽しむ接客を常に心掛けている。ホールは常時5名を配置しており、顧客が店内に入ると座席までホールが案内した後、注文や配膳は、テーブルでの対面接客を重視したフルサービスを行う。席数は64席あり、営業時間は10時～18時・19時と季節ごとに終了時間が異なる。

また、広報活動としては、自社HPによる告知やじゃらん・食べログなどへの掲載、youtubeによる施設案内の動画、SNS（Facebook等）によるイベント情報発信を行う。

（2022年5月時点）

写真8－3 「妹子の郷」のレストランメニュー

引用：妹子の郷HP

(3) 米プラザの事例

1）施設の概要「米プラザ」

琵琶湖大橋有料道路や周辺道路を通行する方々のオアシスをイメージした休憩所・情報発信・地域連携機能等がある休憩施設として、1996年10月に開設された。琵琶湖の湖畔に面した琵琶湖大橋西詰めの場所に位置しており、びわ湖からのさわやかな風、背景の美しい山々などの素敵なロケーションが楽しめるくつろぎの場となっている。

施設内には、地域連携機能として、滋賀県特産品直売所「おいしやうれしや」、滋賀・京都の特産品が揃う土産品売店コーナー、琵琶湖大橋を眺めながら食事ができるレストランなどがある。さらに2階には、滋賀の米をはじめ県産農産物の啓発施設「米プラザ」、地域住民にも利用可能なコミュニティールームや研修室が整備されている。

駐車台数は、普通車136台・大型車18台、営業時間は9：00～19：00（季節により変動）である。京阪グループの傘下に入っている「琵琶湖汽船株式会社」が、滋賀県より業務委託を受けた指定管理者として、レストランや滋賀県特産品直売所を運営する。

写真8−4 「米プラザ」の店舗外観

引用：道の駅公式HP「道の駅 びわ湖大橋米プラザ」

2）利用者の特性「米プラザ」

道の駅に隣接する琵琶湖大橋有料道路の通行台数(注6)は、1日あたり3万5066台、前年度対比101.42％であり、通行台数は増加傾向にある。「米プラザ」の観光入込客数(注7)は50万1100人（滋賀県観光地ベスト16位）となっている。平日は、琵琶湖大橋を利用する通勤ドライバーやタクシー、トラック等の運転手の利用が中心となる。特に、施設内に滋賀県特産品直売所もあることから、地域住民の利用が多く見込まれる。

また、琵琶湖大橋の湖畔に面することから、休日には多くの家族連れ、カップル、バスツアー団体、ボーイスカウト等の体験学習団体の利用が目立つ。

3）レストランの概要「米プラザ」

多種多様な来店者に対応した各種定食、麺類、ファーストフードなど種類が豊富なメニューを取り揃えつつ、直売所の新鮮な野菜を取り入れた地産池消メニューも一部提供する。具体的には、うなぎごはん定食・エビフライ定食などの近江米を使った定食類が多くを占め、その他、カレー・うどん・丼物・お子様ランチ・ソフトクリームなど、全般的な価格帯は約600～1000円である。また、滋賀県の地域ブランド近江牛を使った「近江牛弁当」「近江牛ごはん定食」などを一部提供しているが価格帯は約1500～2000円とやや高めの設定である。

席数は100席あり、店内での食事はカフェテリア形成のセルフサービスとなっている。入口自販機にて食券を購入後、カウンター越しに料理を受け取り、水や食器の片付けはすべて顧客が行う。団体様向けお弁当も事前予約でき、営業時間は、9時～17時・18時・19時と季節ごとに終了時間が異なる。

また広報活動としては、自社HPによる告知やじゃらん・食べログなどへの掲載を行う。

写真8−5　「米プラザ」のレストラン店舗

引用：びわ湖大橋米プラザHP

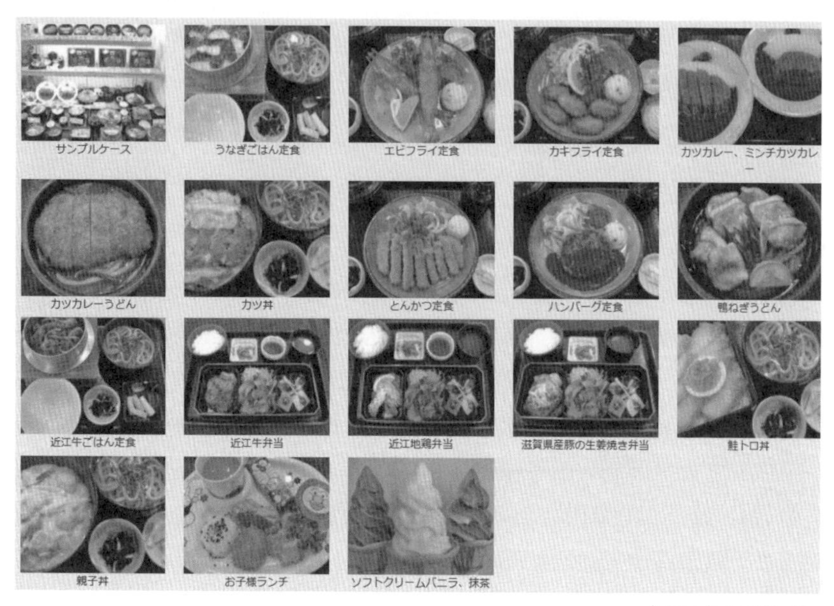

（2022年5月時点）

写真8−6 「米プラザ」のレストランメニュー

引用：びわ湖大橋米プラザHP

3. 「妹子の郷」の来店者調査

(1) 来店者調査の概要

「妹子の郷」にある専門店レストランとコンビニ（休憩室利用者）の顧客属性別の来店数を把握するため、平日・休日（2日間）において来店者調査を行った。平日は2019年1月7日（月）、天気：曇り時々晴れ(8℃／2℃)、休日は1月13日（日）、天気：晴れ（9℃／3℃）であり、両日とも実施時間は、10時から18時までである。

表8−1に専門店レストランと休憩室の来店者データを示す。年齢は、9歳迄（0～9歳）、10代（10～19歳）、20代（20～29歳）、30代（30～39歳）、40代（40～49歳）、50代（50～59歳）、60歳以上の7区分とし、属性として男性、女性に分類した。なお、コンビニ来店者の把握としては、総菜等をコンビニで購入した方が休憩室にて食事することを

想定し、休憩室を利用するコンビニ購入者を対象に来店者のカウント調査を行った。

表8−1　妹子の郷の来店者調査「専門店レストラン」「休憩室（コンビニ購入者）」

専門店レストラン【平日】

時間帯	性別	9歳迄	10代	20代	30代	40代	50代	60歳以上	合計
10時台	男								0
	女								0
11時台	男		1				2	2	5
	女					1	2	1	4
12時台	男						3		3
	女			2	3		6	1	12
13時台	男						1		1
	女					2	1		3
14時台	男						1	2	3
	女						2		2
15時台	男				1			4	5
	女								0
16時台	男								0
	女								0
17時台	男								0
	女								0
計	男		1		1		7	8	17
	女			2	3	3	11	2	21
	合計		1	2	4	3	18	10	38
	比率	0.0%	2.6%	5.3%	10.5%	7.9%	47.4%	26.3%	-
				7.9%		18.4%		73.7%	

専門店レストラン【休日】

時間帯	性別	9歳迄	10代	20代	30代	40代	50代	60歳以上	合計
10時台	男						1	1	2
	女						1	1	2
11時台	男	1			1	1	1	2	6
	女	1					1	2	4
12時台	男	1		2	3	4	9	9	28
	女	1		2	3	5	9	10	30
13時台	男	1	1		2	7	5	3	19
	女	3			2	9	7	3	24
14時台	男					2	4	3	9
	女						4	3	7
15時台	男	1			1	1	3	1	7
	女	1			1	1	3	2	8
16時台	男						1		1
	女					2	2		4
17時台	男	1				2	2	2	7
	女					2	2	1	5
計	男	5	1	2	7	17	26	21	79
	女	6		2	6	19	29	22	84
	合計	11	1	4	13	36	55	43	163
	比率	6.7%	0.6%	2.5%	8.0%	22.1%	33.7%	26.4%	-
				9.8%		30.1%		60.1%	

休憩室【平日】

時間帯	性別	9歳迄	10代	20代	30代	40代	50代	60歳以上	合計
10時台	男	1	3	2	2		4	2	14
	女		1				2		3
11時台	男	2			2	2	2	2	10
	女	4			2			2	8
12時台	男			1	6	3	4		14
	女				2		3		5
13時台	男		2	1			1		4
	女		2	2			1		5
14時台	男	2	1		3	2	2	3	13
	女			1	1		2	2	6
15時台	男		1	2			1	3	7
	女	3			4				7
16時台	男	1		3	2	1			7
	女	2	1	1	1				5
17時台	男				1			1	2
	女				1				1
計	男	6	7	9	16	8	14	11	71
	女	9	4	4	11		8	4	40
	合計	15	11	13	27	8	22	15	111
	比率	13.5%	9.9%	11.7%	24.3%	7.2%	19.8%	13.5%	-
				35.1%		31.5%		33.3%	

休憩室【休日】

時間帯	性別	9歳迄	10代	20代	30代	40代	50代	60歳以上	合計
10時台	男		4	2	2	2	2		12
	女	2	1	2	3	1	1		10
11時台	男	2	1	1	3	2	2	5	16
	女	1		1	3	3	2	1	11
12時台	男			3	5	5	2	1	16
	女	3		1	5	3	2	4	18
13時台	男	1	2	2	5	4	1		15
	女	1		2	5	3	2		13
14時台	男	1	1		1	2	1		6
	女			2	3	3	3	4	15
15時台	男	2	4	4	1	5	1	3	20
	女	3		3	3	3	3	1	16
16時台	男	2	2	3	3	2	2	1	15
	女	1	1	4	3	4	3		16
17時台	男		1	3	1	1	2		8
	女				2	1			3
計	男	8	15	18	21	23	13	10	108
	女	11	2	15	27	21	16	10	102
	合計	19	17	33	48	44	29	20	210
	比率	9.0%	8.1%	15.7%	22.9%	21.0%	13.8%	9.5%	-
				32.9%		43.8%		23.3%	

出所：筆者作成

(2) 専門店レストラン利用者の分析

平日の来店者数は38名となっており、男女比率では男性は44.7%、女性は55.3%と女性が多い傾向にある。年齢別にみると、50代（47.7%）が一番多く、次いで60歳以降（26.3%）、30代（10.5%）、40代（7.9%）となっている。特に、50代、60歳以降のシニア層らが全体の73.7%を占める。また、休日の来店者数は163名となっており、男女比率では男性は48.5%、女性は51.5%と女性が多い傾向にある。

年齢別にみると、50代（33.7%）が一番多く、次いで60歳以降（26.4%）、40代（22.1%）、30代（8.0%）となっている。平日と同様に50代、60歳以降のシニア層らが多く、全体の60.1%を占める。

(3) 休憩室利用者の分析（コンビニ購入者）

平日の来店者数は111名となっており、男女比率では男性は64.0%、女性は36.0%と男性が高い傾向にある。年齢別にみると、30代（24.0%）が一番多く、次いで50代（19.8%）、9歳以内（13.5%）、60歳以降（13.5%）となっている。また、休日の来店者数は210名となっており、男女比率では男性は51.4%、女性は48.6%と男性が高い傾向にある。

年齢別にみると、30代（22.9%）が一番多く、次いで40代（21.0%）、20代（15.7%）、50代（13.8%）、60歳以降（9.5%）となっている。

(4) 来店者調査の結果

専門店レストランの来店者は、平日、休日とも、50代、60歳以降のシニア層らがもっとも利用が多いグループである（平日では約7割、休日では約6割）。特に女性の割合が高い傾向にある。また、休日では、家族連れやカップルが増えたことで、シニア層らの比率は低下している。

休憩室（コンビニ購入者）の利用者は、平日では30代、50代の利用者が多く占めており、社用車ドライバーやシニア層の方の利用が目立つ。さらに朝と夕方では、子供連れの主婦の利用が多く見受けられており、幼児が増加している。また休日では、家族連れやカップル、ツーリング客の利用が増えており、20～40代の利用が多い。平日、休日とも、男性の割合が高い傾向にある。

以上から、平日、休日では年齢層の割合は若干の違いはあるものの、主な来店者としては、50代、60歳以降のシニア層らは専門店レストランを利用しており、それ以外の方はコンビニを利用していることが示唆される結果となった。

4. 考察

(1) レストランの専門店化

4P分析に基づいて、「米プラザ」と「妹子の郷」のレストランを対比した結果を表8－2に示す。

表8－2　4P分析による比較

	米プラザ	妹子の郷
商品 (Product)	浅く広い品揃え ・一般大衆向け（定食、麺類等） ・地域ブランド（近江牛）※3品程度	深く狭い品揃え ・極上ブランド（極上近江牛A5）
価格 (Price)	・一般大衆向けメニュー 心理的価格設定（1,000円前後） ※端数価格によるお得感を重視 ・地域ブランドメニュー 価格重視型価格設定（2,000円前後）	・極上ブランドメニュー 価値重視型価格設定 （2,000～4,000円、7,000円） ※知覚に訴えることで納得感を重視
場所 チャネル (Place)	・琵琶湖湖畔のロケーション ・大衆食堂の雰囲気 ・カフェテリア形式セルフサービス （食券購入、食事の受取～片付け）	・比良山などの豊かな自然に囲まれる ・極上近江牛A5の調達力 ・高級感ある重厚な雰囲気 ・お客様を第一に優先、対面接客重視
広報 (Promotion)	・自社HPによる告知 ・じゃらん、食べログなどへの掲載	・自社HPによる告知 ・じゃらん、食べログなどへの掲載 ・youtubeによる施設案内の動画配信 ・SNS（facebook等）によるイベント発信

出所：筆者作成

1）専門店の形態

①狭く深い品揃えの対応

「米プラザ」では、定食・麺類・カレーなどの「一般大衆向けメニュー」を中心に、一部、滋賀ブランドの近江米や近江牛などの素材を使った「地域ブランドメニュー」を扱うことにより、多種多様な来店者に対応できる浅く広い品揃えを行うことで、端数価格を中心に一部に価格重視型の価格を設定している。一方、「妹子の郷」は、極上近江牛A5の「極上ブランドメニュー」に絞り込み、シニア層らを狙った深く狭い品揃えによる価値重視型価格を設定しており、専門店で不可欠となる狭い品揃えを重視していることが考察される。また、シニア層らに特化した理由としては、「2013年国民健康・栄養調査結果（独立行政法人農畜産業振興機構）」によると、60～69歳の肉類摂取は、2003年との比較で34%増の77g、70歳以上では同39%増の63gと総計の伸び率が16%増となっており、高齢者の食肉消費が増加している。

さらに、「米プラザ」では、近江米や近江牛によって地域性を打ち出し差別化を図ろうとしているが、定食や麺類などが中心となっており、食にこだわりを持つシニア層らへの訴求が弱いことなどが考えられる。

②接客の対応

「米プラザ」は食券購入から商品受取、食器片付けまで、全て顧客が行うセルフサービスにより、オペレーションの効率性を重視する。従業員は全て厨房内での作業に専任しており、接客は一切行っていない。

一方、「妹子の郷」は入り口から座席までの誘導、オーダー注文、配膳など、全てホールが担当することで、顧客がゆったりくつろげるような対面接客を重視する。井上氏によると「道の駅は地元の人を雇用するため、調理の特殊な技術力は期待できない。ならば、顧客に楽しんでもらえる雰囲気作りならば、地元の方でも十分対応できると思った。リッツ・カールトンのように、顧客を第一に優先した丁寧な接客ことが差別化を促すと考え、従業員には、会話を楽しみたい顧客とは、ずっとしゃべっていてもいいと常に伝えていた」との話を伺うことができ、専門店で不可欠となる接客を重視していることが考察される。

2）深く狭い品揃えの実現

「妹子の郷」が極上近江牛A5に特化した深く狭い品揃えが実現できた要因について、小長谷ほか（2010）の成功事例による3法則の一つ「地元組織の強固化」での持続可能の視点から考察を試みる。小長谷ほか（2012）は、地元組織のネットワークがサスティナブル（持続可能）であるためにも「互酬性」すなわちWin-Win関係を築けることが大切であると指摘する（小長谷ほか、2012、pp.7-8）。

全国的に有名な極上近江牛A5の購入には、多くの課題があり、誰もが購入できるものではない。具体的には、A5単体のみの仕入れはほぼ難しく、他の部位との抱き合わせから、総じて牛単価の仕入値は高くなる。一方、顧客に安く提供するには、一般的に一頭買いなどの方法が取られているが、それには不要な部位を販売できるルートを持っていないと採算がとれない。つまりは、一頭買いをするには、地元業者との信頼関係の構築は、欠かせないと考えられる。

このような課題に対して一頭買いができた理由としては、井上氏が振興観光の専務取締役を担い、地域の牽引役として地元から厚い信頼を受けていた人物であること、また道の駅が地元の雇用創出を生み出し、地域の活性化に貢献することが期待されていたこと、などがあげられる。また「この道の駅に関わる以前から、日頃より交流を深めていた顔馴染みの仕入業者との信頼関係があったから、希少価値の近江牛を売ってくれた。また不要な部位の販売についても、惜しみなく協力してくれた」との話を井上氏から伺い、日頃から地元の仕入業者との信頼関係を築いていた地元の人が主体的に実施した事業であったからこそ、実現できたと考察する。

3）接客力のさらなる向上

「当初、強気の高価格帯の値付けにスタッフは困惑していたようだが、今では、それに見合った、お客様が喜んでもらえる丁寧な接客を心掛けていきたいという自信に満ちた発言も聞かれ、あきらかにスタッフの意識も変わってきている」との話を井上氏より伺った。

開業当初に比べ、接客に対する意識が変わりつつある。顧客に対する丁寧な接客を心掛ける方向でスタッフの意識変化が起こっており、対面接客サービスの向上によるさらなる専門店化の促進が考察される。

(2) 顧客のすみ分け戦略

1) コンビニの利用者客層

南方（2010）は、コンビニ利用者客層の拡大を示唆している。具体的には、コンビニエンスストアは、米飯などのファーストフードの販売、食品小売市場において、そのシェアを確実に増加させてきた。これは店舗数の増加によってもたらされた部分が大きいといえるが、同時に利用者層が単身の若者主体から、多様な世帯層や年齢層まで拡大してきているという要因が大きいといえる（南方、2010、p.24）。

2) レストランとコンビニの主な顧客分類

前節で説明したように、平日、休日とも専門店レストランの主な顧客は、50代、60歳以降のシニア層ら（平日では約7割、休日では約6割）が多数を占めており、それ以外の年齢層は、主にコンビニを利用している傾向が強いことがわかった。コンビニは、想定顧客を広く捉え、広くて浅い品揃えによる利便性を強みとする業態である。このことからコンビニでのおにぎり・弁当・総菜等の品揃えは、道の駅の多種多様な来店者を全て対象にすることができ、さらにコンビニで購入したものは、道の駅の休憩施設にて食べることができる。特に若者や小さな子どもを持つ家族連れ、仕事中に利用するドライバーなどは、コンビニで購入する可能性は高く、多種多様な来店者を対象とした道の駅レストランでは、コンビニとの競合が想定される。

井上氏によると「店舗の建物や個室を見て、席数が少ない店で客単価を上げるためには、高級感ある雰囲気を活かせられる滋賀県特産の極上近江牛A5にこだわり、対面接客を重視したレストランをイメージした」との話であった。開業当初からコンビニとの競合を避けて、シニア層らが好む極上近江牛A5に特化し、狭くて深いメニューを重厚な雰囲気や丁寧な対面接客にて提供する専門店レストランを実現させたことは、レストランとコンビニを利用する主な顧客層をおおまかに区分させたことに寄与したと考察される。

3）経営状況

①専門店レストランの経営状況

井上氏からのヒアリングをもとに損益シミュレーションをした結果、2016年度の売上は7600万円、売上高営業利益率は4.4％となっている。小企業の経営指標調査2017年度「業種別経営指標」（日本政策金融公庫）によると、食堂・レストラン（黒字かつ自己資本プラス企業平均）の売上高営業利益率は、3.3％となっており、平均よりも高い売上高営業利益率を確保していることから、経営状況は良好であると判断できる。なお、2017年度は台風被害により建屋が損壊したため約5カ月間休業、2018年度は期中のため、今回2016年度の数字を取り上げた。

また、季節により変動はあるが、平均的には平日売上は約20万円、休日売上は約40万円、客単価は2000円程度となっている。さらに、前節で説明したように、利用者も50代、60歳以上が多数を占めており、シニア層らが注文する高価格帯商品の割合が高いことが考察される。

②コンビニの経営状況

道の駅に隣接する湖西道路の通行台数は、2010年度対比105.61％であり、増加傾向にある。2016年の「妹子の郷」の観光入込客数は79万5400人（滋賀県観光地ベスト6位）となっており、それに伴いコンビニ利用による売上増加も見込まれる。

また、道の駅の開業とともに営業を開始し、既に3年以上が経過しており、24時間営業も継続している。さらに、レストランとコンビニを運営する会社が同一であり、コンビニの状況を知る井上氏によると「和邇ICの場所にあることから、深夜の営業時間帯はパートではなく社員を雇う必要があり、その分人件費は多くかかるが、社員の通年採用も行っており、コンビニの利益は十分確保できている」とのことであった。

これらを踏まえ、コンビニの経営状況は持続可能な状況にあったと解釈することができる。よって、両方の経営状況からは、互いに営業が続けられていることが考察された。

5. 多角化による「道の駅」の深化のモデル

国土交通省によると、道の駅に対する地方創生の拠点としての更なる期待の高まりを踏まえ，1993年からを第1ステージ「通過する道路利用者へのサービス提供の場」、2013年からを第2ステージ「道の駅自体が目的地となる」として取り組みを進めてきており、新たなステージとなる第3ステージの基本的な考え方は、次の通りとなっている。第3ステージでは、各道の駅の設置者や運営者の自由な発想による多様な取り組みを基本としつつ、地域の活性化や安全・安心等の実現のため、全国に展開している強みを活かし、「個から面（ネットワーク）」としての取り組みをさらに強化するものである。また、地方創生を加速するため、民間の地域活性化等の新たな技術・アイデアの活用や、日本風景街道や道守など道路関係団体との連携による道路サービスの魅力の向上等，多様な主体との「新たな連携」を促進する、と述べる。さらに、新たなステージ（第3ステージ）では、2025年に目指す3つの姿を実現するため，"「地方創生・観光を加速する拠点」へ＋「ネットワーク化で活力ある地域デザインにも貢献」"を新たなコンセプトに掲げ，各道の駅における自由な発想と地元の熱意の下で、観光や防災など更なる地方創生に向けた取り組みを、官民の力を合わせて加速するとともに、道の駅同士や民間企業、道路関係団体等との繋がりを面的に広げることによって、元気に稼ぐ地域経営の拠点として力を高め、新たな魅力を持つ地域づくりに貢献していくことを目指している。具体的には、一つ目の姿として、道の駅が新たなインバウンド観光拠点となることを目指す。二つ目の姿として、道の駅が防災拠点化することを目指す。三つ目の姿として、道の駅があらゆる世代が活躍する地域センターとなることを目指す、と指摘する（国土交通省道路局企画課評価室、2020）。

本章では、道の駅のステージ論として、道の駅が提供する「機能」に着目し、国土交通省より包括的に「フェーズⅠ」「フェーズⅡ」「フェーズⅢ」の3つに分類した（図8−1）。

1）フェーズⅠ（休憩の機能）

モータリゼーションの進展などを背景に、長距離ドライブ、女性や高齢者のドライバーの増加により、ドライバーが休憩できる場所を求める声に対応するため、国土交通省が主体となり、道の駅を一般道路に設置することが進められた。道の駅には、3つの機能（「休憩機能」「情報発信機能」「地域連携機能」）が存在しているが、当初は、ドライバーの休憩場所として、24時間無料で利用できる駐車場・トイレを設置した「休憩機能」の整備からスタートした。

道の駅の休憩場所の整備に伴い、一般道路を利用して目的地に向かう途中にドライバーが安心して自由に立ち寄れる場所「休憩機能」として、道の駅は認知されつつあった。それに伴い、道の駅には、ドライバーを中心に多くの人が集まるようになっていった。

2）フェーズⅡ（地域振興、産業振興の機能）

当時、中山間地域では自家消費として野菜づくりを行っていた農家の軒先にて、地元野菜を販売するところが多く見受けられた。過疎化が進む中山間地域にとっては、ドライバーを中心に多くの人が集まる道の駅は、魅力的であったことが示唆される。

自治体も地域活性化の対策として、道の駅の「地域連携機能」に目を付け、自治体主体で、地元野菜を販売する施設として、道の駅の農産物直売所に集約させる動きを進めたことにより、道の駅はドライバーの立ち寄り場所から、地元住民の集客施設という位置づけに拡大していった。それにより、中山間地域などでは、道の駅を誘致する流れが加速していった。

道の駅の農産物直売所は、地元で作った農産物の販売や加工などを通じて、地域内においてお金が循環する仕組みを構築したことで、現在では、地域振興、産業振興の強化に貢献する役割を担っている。具体的には、地元農家が旬な野菜の生産を行い、道の駅の野菜直売所にて地域住民や観光客などが購入を行う。さらには、農家による6次化への取り組み、飲食レストランの食材として再利用を行うことなどにより、地域内循環の商業活動を実現させていることが示唆される。

また、道の駅の農産物直売所において、地元住民同士が会話する機会も増えるとともに、出荷時の農家同士のコミュニケーションの充実も図られてきた。これらの活動は、地元農家の収入増だけに留まらず、地元住民の高齢化における生きがい対策にも貢献している。

これらを踏まえ、道の駅の位置づけが、当初の目的地への通過点から目的地化しつつあることが示唆され、道の駅の利用者もドライバーから地域住民や観光客などに拡大していった。

3）フェーズⅢ（多様化する顧客ニーズに対応した機能）

近年では、地元住民だけに留まらず、観光客などの地域外からの来店客をさらに取り込むために、新たな付加価値を与える取り組みが増えつつある。道の駅は増加傾向にあり、今までの地産地消の食材や飲食メニューだけでは、近隣にある他の道の駅との同質化による競合が避けられない状況となりつつある。よって、①ここでしか食べられない新たな味覚を創出させるようなメニュー開発やオリジナルの商品開発、②他の道の駅との差別化を意識した地域資源に特化したマーケティングプロ

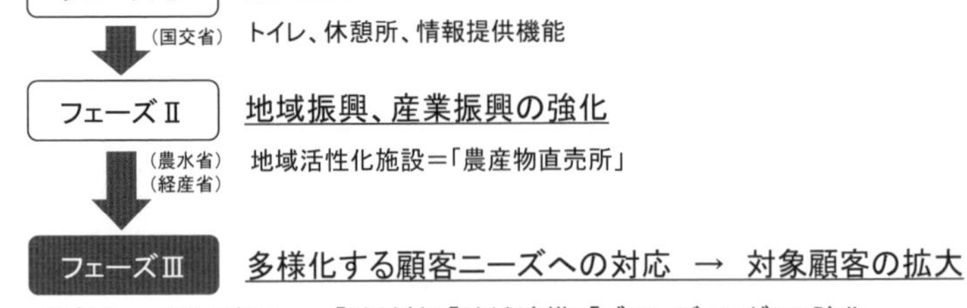

図8－1　道の駅の変遷（概要図）

出所：筆者作成

モーションやブランディングなどの取り組みが示唆される。

6. 小括

(1) 本章の1点目の研究目的である「レストランの専門店化」としては、1) 道の駅の「米プラザ」と「妹子の郷」を4P分析にて対比させた結果、シニア層らを想定顧客に、専門店に求められる狭い品揃えと接客を実現させていることが確認できた。2) 専門店には欠かせない深く狭い品揃えは、地元の方が主体的に地元の仕入業者との信頼関係を長年築いていたことが極上近江牛A5の仕入れを実現させたことを確認した。3) 接客では、顧客に対する丁寧な接客を心掛けるスタッフの意識変化が起こり、対面接客サービスの向上によるさらなる専門店化の促進も確認できた。よって、専門店を実現させたレストランの専門店化の取り組みを明らかにすることができた。

(2) 2点目の研究目的である「顧客のすみわけ戦略」としては、1) 来店者調査から、平日、休日とも専門店レストランの主な顧客は、50代、60歳以降のシニア層らが多数を占め、それ以外の年齢層は、主にコンビニを利用している傾向が強いことを確認した。2) 開業当初から、コンビニとの競合を避けて、専門店レストランを開業したことで、専門店レストランとコンビニを利用する主な顧客層をおおまかに区分させていることを考察した。よって、専門店レストランとコンビニは、顧客のすみ分けが実現していると解釈することができるものと十分考えられる。

(3) 今後道の駅では、地域資源ブランド等の地域性を活かした差別化は重要になると思われる。「妹子の郷」では、専門店レストランの運営により、施設内にあるコンビニとの顧客のすみ分けを行うことで差別化をしていることを確認した。今後、国交省の要請なども踏まえ、道の駅のコンビニ設置が求められ、道の駅とコンビニの差別化は避けられない(注8)。

よって、本章の分析の結果として、地域性を活かした個性的なメニュー以外に、専門店という飲食店の位置づけを示すことができたことは、本章の重要な貢献であると考えている。

(4) 最後に、多角化による道の駅の深化モデルを構築した。
1) フェーズⅠ (休憩の機能)
2) フェーズⅡ (地域振興、産業振興の機能)
3) フェーズⅢ (多様化する顧客ニーズに対応した機能)

フェーズⅢは、①ここでしか食べられない新たな味覚を創出させるようなメニュー開発やオリジナルの商品開発、②他の道の駅との差別化を意識した地域資源に特化したマーケティングプロモーションやブランディングなどの取り組み、などである。

【注】

(注 1) 道の駅レストランの元経営者井上良夫氏へのインタビュー調査より (2018年10月～2019年1月)。井上氏は、創業45周年となるBSCウォータースポーツセンターの校長を務めつつ、振興観光の専務取締役として、妹子の郷の立ち上げから約5年間、経営者として運営に携わった。

(注 2) 4P分析とは、ターゲットとするセグメントに対してはたらきかける具体的なマーケティング施策の総称であり、4P (Product、Price、Place、Promotion) の最良の組み合わせを考えていく。

(注 3) 全国的に名を知られ流通している商品は「発展段階 (不認知率15%未満)」、地元ではよく知られているが全国的な知名度も流通度も低い商品は「未発展段階 (50%以上)」、この中間は「発展途上段階 (15～50%未満)」に分類される。

(注 4) 国土交通省道路局 (2015)

(注 5) 滋賀県商工観光労働部観光交流局 (2016)

(注 6) 滋賀県道路公社HP「道の駅びわ湖大橋米プラザ」平成29年度各有料道路等利用状況による。

(注 7) 滋賀県商工観光労働部観光交流局 (2016)

(注 8) 実際に、滋賀県高島市161号線に位置する道の駅「藤樹の里あどがわ」には24hコンビニがあり、2016年4月から専門店レストラン「農家レストラン大吉Grill牧場」の営業を始めている。

第9章　事例4：「かつらぎ西（下り）」—道の駅直売所の過当競争を避ける差別化・地域ブランド戦略

道の駅には、ドライブを楽しむ人の休憩施設や地域の文化・名所・特産物など情報発信や物販販売場所が設けられており、目的地までドライブする通過点という位置づけが強い。しかし近年においては、単なる通過点から道の駅に行くという目的地化への傾向が高まっており、道の駅の位置づけが変わりつつある

これまでの先行研究では、農産物直売所においては、地元農家が生産した農産物の販売拠点という位置づけから、道の駅の川上に位置する地元農家との連携による品揃え形成に関する議論などはなされているが、道の駅の川下にあたる消費者への販売促進などのアプローチについての研究は希薄である。

和歌山県伊都郡かつらぎ町に位置する道の駅「かつらぎ西（下り）」（以下、「かつらぎ西」とする）では、来店者に地域ブランド「フルーツ王国」のイメージを連想させる店舗運営を実践している。顧客への接客や販促を重視したアプローチを行っており、出荷者農家の契約数、売上高は増加傾向にある。

本章では、まずは「農産物直売所」「ブランド」に関する先行研究のレビューを整理したうえで、「かつらぎ西」の関係者からのインタビュー調査[注1]との比較から、積極的な販売販促を行うメカニズムを検討する。

1. 先行研究と本章の位置づけ

(1) 農産物直売所に関する研究

直売所の取引形態としては、新開（2003）によると、直売所では、商

品の販売後に、実際に販売された商品のみを精算の対象として、販売手数料および経費を差し引いた代金を出荷者に払い戻すという委託販売方式が一般的と述べる（新開、2003、p.47）。また、三島・行方（2004）によると、農林水産省の地方出先機関等およびJAグループによるアンケート調査結果から、直売所で販売する農産物は、その大部分が生産者からの委託販売で、直売所の運営者は出荷者から10～15%程度の手数料を徴収している。また、委託販売品の価格は、近隣スーパーや卸売市場の価格を参考に、出荷者自身が決めているのが大部分で、残品については原則的に自身で引き取っていると述べる（三島・行方、2004、pp.152-153）。

松野・興梠（2006）は、約8割が中山間地域に立地している道の駅に着目しアンケート調査を実施した。その分析結果によると、道の駅が中山間地域における地場産品の新たな市場性獲得、農林家経済への寄与という役割を一定程度果たしていると指摘する。しかしながら、道の駅と地元生産者との関係は、委託販売のみであるとする駅が68%と大半を占め、どの道の駅でも消費者との顔の見える関係の構築を地元農林家が実感できているか、やや疑問も残ると考察する（松野・興梠、2006、p.28）。

また、辻（2020）は、中山間地域に位置する道の駅2ヶ所を対象にバリューチェーン分析を行った。その分析結果によると、対象事例の共通点として、地域振興イベントによる集客機能、販売機能としては、委託販売等を理由に店舗内でのお客様への接客や販促は消極的であることが示唆された。また地元農家が加入する出荷者組織の連携を通じて、農産物の安定的な品揃えを確保してきたが、近年の兼業農家の高齢化等により、農産物の品揃えが課題であることを考察する（辻、2020、pp.35-40）。

(2) ブランドに関する研究

アーカー（2014）によると、まず強いブランドが将来に向けた競争優位と長期的収益性の基盤になるという前提がある。そのブランド構築の第一の目標は、ブランド認知、ブランド連想、ブランド・ロイヤルティより構成されるブランド・エクイティを築き、それを高め、活用することであると指摘する（アーカー、2014、p.15）。また、恩蔵（1995）によると、ブランド連想とは、ブランド名とある事柄（製品カテゴリーや顧客への便益など）との結びつきであり、戦略としてのブランド連想においては、自社ブランドと製品ブランドとの間に連想が生まれていたり、他のプラスの事柄との間に連想が生まれていれば、それだけで競争優位の源泉にはたらくことに違いないと考察する（恩蔵、1995、pp.79-100）。

また、片山（2018）によると、中小企業基盤整備機構による「地域ブランド」の定義としては、地域の魅力と地域の商品とが互いに好影響をもたらしながら、よいイメージ、評判を形成している場合を地域ブランドとよぶことができるとする（片山、2018、pp.34-35）。

これらの先行研究を整理すると、以下の2点に集約できる。

1）農産物直売所においては、委託販売が多くを占め、価格は近隣スーパーや卸売市場の価格を参考に、出荷者自身が決めている傾向が高い。さらに道の駅と地元生産者との関係は、農家が消費者の顔が見える関係までには至らず、店舗内でのお客様への接客や販促は消極的である。

2）戦略としてのブランド連想は競争優位の源泉としてはたらくと考察され、地域ブランドは、地域の魅力と商品の魅力に好影響を与える。

これらを踏まえ、地域や商品の魅力に好影響を与える地域ブランドを活用したブランド連想戦略に着目し、「かつらぎ西」の積極的な販売販促を行うメカニズムについて明らかにする。

調査方法としては、「かつらぎ西」の関係者のインタビュー調査を踏まえ、マーケティング戦略の4P分析にて先行研究のレビュー整理と比較しながら、考察を行う。

2. 「かつらぎ西」の事例

(1) 概要

1) かつらぎ町の地域性

かつらぎ町は和歌山県北東部に位置し、北は和泉山脈、南は紀伊山地の高野山麓にあり、町の中央には清流紀の川がゆったりと流れる自然豊かな町である。大部分の地域で果樹栽培が行われ、気候は四季を通し温暖である。フルーツはパイナップル、バナナ以外はなんでも栽培され、特産品は桃・ぶどう・柿などがあり、お正月の縁起物「串柿」の生産も有名である[注2]。かつらぎ町や商工会においては、1年中フルーツ狩りが楽しめる地域であることを強みに、積極的な告知活動を行っており「フルーツ王国」は、地域ブランドとして認知されつつある[注3]。一方、近年ではバラやスプレー菊など花卉栽培への取り組みも行う。川上酒づくりや繊維関連が主力であったが、現在では自然を活かした食品関連（こめ油、缶詰、柿酢、ゴマ豆腐など）も盛んである。

2) 道の駅の立地、運営主体

本事例は、和歌山県伊都郡かつらぎ町にある京奈和自動車道（紀北東道路）のかつらぎ西インターチェンジの下り線に位置する。中小企業庁の小規模事業者支援パッケージ事業を活用して、2016年3月に設立された道の駅である。和歌山県の共同販売拠点であることから、和歌山県内の農家しか出店できない制限がある。運営主体は、「かつらぎ町商工会」である。

一方、反対側の上り線には、道の駅「かつらぎ西（上り）」があり、かつらぎ町商工会の会員有志による出資法人が運営しており、本事例とは別の運営主体である。こちらの方は、地元産の農産物直売所の目的から、他の道の駅と同様に原則、出荷者は地元農家の制約があり、かつらぎ町内の農家が約8割を占める[注4]（表9−1）。

写真9－1　「かつらぎ西」の店舗外観

出所：かつらぎ町観光協会HP「道の駅「かつらぎ西」下り」

表9－1　道の駅の立地、運営主体等の対比

	【本事例】かつらぎ西（下り）	かつらぎ西（上り）
設立目的	県下の共同販売拠点	地元産の野菜販売拠点
設立経緯	小規模事業者支援パッケージ事業の採択による	かつらぎ町商工会会員の有志による
運営主体	かつらぎ町商工会	かつらぎ町商工会会員による出資法人
出 荷 者	和歌山県内の農家	地元農家のみ（かつらぎ町）
設立年月	2016年3月	2015年5月

出所：筆者作成

3）道の駅の特徴

かつらぎ西下り線パーキングエリア内に位置しており、周辺には世界遺産に登録されている「高野山」「丹生都比売（にうつひめ）神社」などがある。道の駅の施設内には、柿の葉寿司、金山寺みそなどの地産のお土産が揃う特産品販売、和歌山ラーメンがある食堂コーナー、果物や野菜、花など、「フルーツ王国」として名高い新鮮な農産物が並ぶ直売コーナーがある。

4）道の駅周辺の競合先

道の駅の近隣には、「直売市場よってって」、「JA紀北かわかみやっちょん広場」など、民間企業が運営するファーマーズマーケットが多く存在する。また、「くしがきの里」「紀の川万葉の里」「柿の郷くどやま」など、かつらぎ町内には4つの道の駅が設置されている。地域内の人口は減少傾向にある中、地域には多くの競合先が存在しており、競争環境はますます厳しい状況にある。

5）利用者の特性

紀北東道路の開通により、多方面から高野山へのアクセス性が向上し、高野山エリアの観光入込客数が増加している。それに伴い周辺地域に道の駅の設立も増加傾向にある。具体的には、観光客の入込数客は、2012年の部分開通時は年間227万人、2014年の全線開通では283万人、さらに2016年にはNHK大河ドラマの影響により462万人の増加となった。また、2012年の部分開通時は道の駅は1駅であったが、2019年では6駅に増加している(注5)。また、近隣住民は車での移動が主力である。

6）道の駅の運営組織

本事例の「かつらぎ西」は、和歌山県のアンテナショップの位置づけとして、「かつらぎ町商工会」が直轄にて運営を行う。具体的には、県内の小規模事業者の販路開拓や地域特産物の販売拠点、またフルーツの町の特性を活かし「フルーツの町から、フルーツ加工の町づくりへの転換」プロジェクトによる新商品開発を行う。

既に道の駅「かつらぎ西（上り）」が開業しており、農産物直売所の運営オペレーション等のノウハウは保有済みとのことである。また、和歌山県下の商工会を通じて従業員募集を行い、職員3名、パート3名の6名で運営を行っている。

駅長は、果物や野菜づくりの経験は一切なく、役員の紹介で「かつらぎ町商工会」に雇用された経緯を持つ。野菜や果物の生産については素人であったため、農家の方に一から教えてもらうことで、農家との信頼関係を構築することができたという。

(2) 4P分析

1）商品（Product）

農産物の品質は厳しく対応している。傷み、劣化、腐敗、安全性の懸念（残留農薬、有害物質汚染等）があれば、出荷者の了解なしに陳列棚から撤去する。また農産物の陳列後に、農産物が傷んでいないか、しおれてないか等の検品を従業員が目視にて行う。旬で新鮮な農産物の提供はもちろんのこと、地域ブランドを裏切らない品質維持のため、見た目の綺麗さを特に重要視している。店長は、農家が苦労して作った農産物を1円でも高く販売したいという気持ちから、顧客の期待を裏切らないためにも、品質に関しては妥協をしない方針を持つ。

他のファーマーズマーケットでは、当日の朝出荷・夜引き取りが前提となっているが、農家の集配の手間を考えて、品目によっては朝出荷・夜引き取りをやめ、良品であれば翌日販売も認める柔軟な運用を行っている点が特徴的である。

2）価格（Price）

農家が一生懸命作った農産物の価値を下げる行為が起こらないように調整を行っている。農産物の値段は農家が自由に値付けできることを原則としつつ、他の類似品よりも安い値段があれば、他の類似品の値段に合わせる調整を行う。もしくは出荷者に確認のうえ、道の駅にて価格調整を行っている。商品の価値の低下に繋がる値下げを防ぐことで、価格競争に陥らないようにコントロールしている。

事業者出品募集要項「販売価格について」にて、価格競争に陥らないようにルール決めを行い、厳しく行為を制限している。

3）流通チャネル（Place/Chanel）

他の道の駅で見られる兼業農家が加入する出荷者組織との契約は行っておらず、専業農家との直接契約が約8～9割を占めている（注6）。和歌山県下の農産物や特産品を販売する目的から、出荷者は和歌山県内であれば出品が可能となっている。ただし、委託販売手数料は商工会の会員と非会員との差を設けている。具体的には、農産物では商工会会員20%、非会員25%となっており、特産品では商工会会員20%、非会員25%である(注7)。道の駅と農家が一緒になって、顧客が欲しいタイミングに農産物を出荷できる協力体制を構築している。具体的には、不知火(しらぬひ)(注8)を農家の方に貯蔵してもらうことで、農産物が少なくなる5～6月の品揃え確保に協力してもらっている。また、農家に協力を仰ぐことで、冬柿を真空パックにし、2～3℃の冷蔵保存をしてもらうことにより、年間通じた出荷が可能となっている。

隣接する紀の川市には、果樹園は多いが、野菜を作る専業農家も多い。また、「やっちょん」「めっけもん市場」など、JAが運営する大規模なファーマーズマーケットは委託販売契約となっており、そこに出荷する専業農家も多く存在する。

このような地域性だからこそ、専業農家でも委託販売契約の抵抗感は少なかったと示唆する。

4) プロモーション(Promotion)

かつらぎ町の地域ブランド「フルーツ王国」が持つ、良質のフルーツが購入できるイメージを連想させる店舗づくりを意識している。ここにくれば、季節ごとに旬で新鮮な高級感あるフルーツや農産物が品揃えされているという安心感を訴求している。具体的には、消費者の安全安心を常に意識した農産物の目視検品、価格を掲示しないPOPによる訴求、TV和歌山CMや販売員キャラクターを前面に出した店舗告知、また販売員は野菜ソムリエ風の制服を身に着け、顧客への声掛けを行う等、接客対応ができる雰囲気を醸成している(写真9-2、写真9-3)。

店長、販売員は農産物へのこだわりを伝える農家の代弁者という意識を持ち、毎朝、積極的に農家と会話を交わすことを欠かさない。それにより、自信をもって顧客に農産物を勧めることができている。「出品者が丹精込めて育てた農産物の良さを顧客に丁寧に伝えたい」という店舗コンセプトが周知徹底されており、「出品者が道の駅に商品を置いてもらわなければ、売るものがなくなってしまう」という思いが強い。まずは「農家に喜んで頂く」、その次に「お客様に喜んで頂く」ことが、道の駅の役割であると店長は考えている。

おだやかな気候で育まれる季節の味わい

柿やブドウ、桃、梨など、1年中おいしい果物が栽培されるフルーツの王国かつらぎ。

平核無柿（ひらたねなしがき）や串柿は日本一の生産高を誇り、豊富な種類のフルーツは「かつらぎブランド」として高く評価されています。昭和40～50年代後半までは柑橘類を基幹作物としていましたが、全国的な過剰生産による価格低迷を受け、柿をはじめ多品種の果樹栽培へと転換しました。紀の川を眺める丘陵地に広がる果樹園は、先人の知恵と挑戦で育まれた財産といえます。

1年中フルーツ狩りを楽しめます

春はイチゴ、夏は桃やブドウ、秋は柿、冬はミカンなどの観光農園が開園。豊富な種類はもちろん、その味わいも高い評価を得ており、新鮮でおいしい旬のフルーツを味わう人で1年中にぎわっています。

柿の魅力

400年の歴史がある串柿や柿栽培など、柿の産地として全国に名を馳せるかつらぎ町。日本一を誇る柿の魅力を紹介します。

いちご娘	ももひめ	かきおうじ	なしじい	ぶどう兵団
素直でがんばりやさんの女の子。 おっちょこちょいでいつも失敗しては顔を真っ赤にしている。	フルーツ王国のお姫様。 王子を影から見守るけなげな女の子。趣味はアジサイのお手入れ。	フルーツ王国の王子。 正義感が強く、王国のみんなに慕われる優しい王子様。	王国のためにいつも忙しく動き回っている。21世紀になってもまだまだ現役！ 王国一の働き者。	王子を守るために結成された護衛兵。 危険を察知するとみんなで集まって房になる。
特徴 恥ずかしがりやでいつも真っ赤	**特徴** おしとやかで清らかみずみずしい	**特徴** シブくない	**特徴** ひげ	**特徴** 無口 房になる 強い

写真9−2　フルーツ王国のキャラクター（かつらぎ町）

出所：和歌山県かつらぎ町HP「フルーツ王国かつらぎ」

いらっしゃいませ
かつらぎ町商工会
アンテナショップ

かつらぎ町商工会アンテナショップは、地域の美味しい、こだわった、安心・安全な産品と情報を発掘、発信します。商品の良さと地域の本当の良さをアピールし、地域にこだわる人たちのためのお店を確立し、笑顔でお客様に喜びを提供します。

写真9－3　従業員の漫画キャラクター

出所：かつらぎ町商工会HP「かつらぎ町商工会アンテナショップ」

表9－2　4P分析による事例対比

	かつらぎ西下り	中山間地域にある道の駅 （あぢかまの里、能勢くりの郷）
商品	旬な農産物の提供【綺麗さをアピール】 ・店頭への陳列は店員が行う ・陳列後に農産物の検品チェック ・商品に傷などがあればバックヤードへ移動 ・翌日でも商品に傷みがなければ、そのまま販売可	旬な農産物の提供【新鮮さをアピール】 ・朝摘み野菜にこだわる ・入荷前に農薬使用チェックの実施 ・店頭への陳列（原則は農家） ・翌日迄には、前日売れ残り分を農家が引取る
価格	高価格帯をキープする取り組み ・値付けは農家が決める ・価格競争の回避策。同じ商品類であれば強制的に高値に合わせる（農家承諾の上）	近隣スーパーを意識した価格帯 ・値付けは農家が決める（参考価格を提示） ・農家の自己判断に任せているが、結果的にスーパー価格に近い値付け（いきがい重視）
チャネル	県下の農家は出店可【県下の専業農家】 ・農家との直接取引（委託契約）。委託販売契約への抵抗感が少ない ・専業農家との契約が約8～9割を占める ・農産物を出荷する協力体制、信頼関係の構築。 ・水平的な関係。平柿冷凍保存など商品開発の協力体制がある	地元の出荷者組織のみ出荷可【地元の兼業農家】 ・出荷者組織を通じた契約（委託契約） ・出荷者組織には、兼業農家が大半を占める ・直売所は地元農産物の販売場所の位置づけ ・垂直的な関係。出荷者組織への依存度は高くなる傾向にある
プロモーション	高価格帯商品を扱う店舗イメージを創出 ・農産物のこだわりを伝える農家の代弁者としての役割（販売員と農家との密なコミュニケーション） ・野菜ソムリエ風の制服（接客できる雰囲気醸成） ・フルーツ王国ブランドと高価格帯で良質アピール ・価格を掲示しないPOP（商品勝負）による訴求 ・TV和歌山CMなど販売員を前面に出したコンテンツ	気軽に立ち寄れる店舗イメージを創出 ・SNS、HPによるイベント情報の発信 ・季節ごとのイベント開催

出所：筆者作成

(3) 売上高等の計数データ

売上高、粗利率、出荷者数、来店者数（レジ通過数）の計数データを表9－3に示す。対象期間は2017年度から2018年度とする。売上高の伸び率は、前年対比＋7.8%となっており、増加傾向にある。なお売上構成比は農産物4割、加工品2割、土産品4割程度である。

また、出荷者数は、389人（2017）から446人（2018)、伸び率は＋14.7ポイントであり、2018年度の内訳は、かつらぎ町内257人（58%)、県下180人（40%)、その他9人（2%）である。来店客数（レジ通過数）は、26万836人（2017）から26万7137人（2018)、伸び率は+2.4ポイントである。一方、粗利率は、31.0%（2017）から30.2%（2018)、－0.8ポイントである。

最終的には、売上高、出荷者数、来店者数（レジ通過数）とも、2017年度を上回る結果となっている。

表9－3　計数データ　売上高 粗利率 出荷者数 来店者数

項目（指標）	2017年度	2018年度	対前年比
売上高	-	-	7.8%
粗利率	31.0%	30.2%	-0.8%
出荷者数	389人	446人	14.7%
来店者数（レジ通過数）	26万826人	26万7137人	2.4%

出所：筆者作成

3. 考察

1）4P分析から考察する。商品では、一般的に道の駅では旬で新鮮な農産物の提供は当たり前となっているが、それだけに留まらず、ここでは地域ブランドを裏切らない見た目の綺麗さも重要視している。価格では、価格競争に陥らないようにコントロールしながら、高価格帯を維持させる価格調整を行っている。流通チャネルでは、品揃え形成においては兼業農家が加入する出荷者組織との契約が一般的だが、専業農家との契約が約8～9割を占め、顧客が欲しいタイミングに農産物を出荷できる協力体制を構築している。プロモーションでは、顧客への対話や接客を積極的に行うことで良質のこだわりを販売員が直接顧客に伝える雰囲気の浸透が示唆された。

2）さらに、計数データからは、売上高、出荷者数、来店者数（レジ通過数）とも、2017年度を上回る結果となっている。出荷者数は、前年に比べ57人増加（伸び率＋14.7ポイント）となっており、近隣に競合施設が多々あるにもかかわらず、道の駅の出店へのポテンシャルの高さがうかがえる。近年では高齢化に伴う出荷者数の減少が課題となっているが、出荷者にはかつらぎ町内の制約はなく、和歌山県内の出荷者であれば出品でき、今後も増加が見込まれる。

3）また、他の道の駅と同様に委託販売でありながら、店長は商工会の意向を受け「出品者が丹精込めて育てた農産物の良さを顧客に丁寧に伝えたい」との考えをもち、従業員には常日頃からその思いを伝えている姿勢が、道の駅の積極的な販売促進に貢献している。

4）実際に、道の駅に農産物を出荷する農家からは、「農産物の価値をさげない姿勢や農産物のこだわりを伝える店舗運営に共感して出荷している。他の店舗だと価格競争に陥りやすく高値がつけにくい」との話を伺い、接客や販促を重視する取り組みは、専業農家との契約増に貢献している。

4. 小括

「かつらぎ西」では、豊富な果実の種類とコンテンツの利用で、「フルーツ王国」という地域ブランドの構築に見事に成功している。

具体的には以下の通りである。

（1）先行研究を整理すると、以下の2点に集約できる。

1）農産物直売所においては、委託販売が多くを占め、価格は近隣スーパーや卸売市場の価格を参考に、出荷者自身が決めている傾向が高い。さらに道の駅と地元生産者との関係は、農家が消費者の顔が見える関係までには至らず、店舗内での顧客への接客や販促は消極的である。

2）戦略としてのブランド連想は競争優位の源泉としてはたらくと考察され、地域ブランドは、地域の魅力と商品の魅力に好影響を与えている。

⑵ 積極的な販売販促を行うメカニズムとして、地域ブランド「フルーツ王国」のイメージを醸成させる、「高級感」「高価格」「コンテンツ」「対話や接客」を重視する姿勢などをマーケティング戦略の4Pの観点から明らかにすることができた。1）商品では、綺麗さをアピールした旬な農産物の提供、2）価格では、高価格帯をキープする取り組み、3）流通チャネルでは、県下の専業農家との直接契約が約8～9割を占める、4）プロモーションでは、販売員キャラクターなどのコンテンツ、接客対応ができる雰囲気の醸成、などである。

⑶ 売上高、出荷者数、来店者数（レジ通過数）とも、2017年度を上回る結果となっており、接客や販促を重視する取り組みは、専業農家との契約増に貢献している。

【注】

（注 1）道の駅関係者のヒアリング内容については、「かつらぎ西」の宮本店長、「かつらぎ町商工会」の坂上氏、道の駅に農産物を出荷されている橋本社長からのインタビュー内容をもとにしている（2019年1月、7月実施）。

（注 2）国土交通省近畿地方整備局HP「近畿道の駅　かつらぎ西」

（注 3）和歌山県かつらぎ町HP「フルーツ王国かつらぎ」

（注 4）道の駅関係者からのヒアリング調査より。

（注 5）国土交通省近畿地方整備局（2019）をもとに筆者加筆。

（注 6）道の駅関係者からのヒアリング調査より。

（注 7）道の駅関係者からのヒアリング調査より。

（注 8）温州みかんとオレンジの本来の品種名は生産を始めた地域にちなんで「不知火（しらぬひ」）」とよばれ、「デコポン」は登録商標となっている。旬の食材百科HP「デコポン（不知火）の旬の時期と主な産地」より引用。

第10章　事例5：「なぶら土佐佐賀」―より深化したマーケティング戦略の4P分析

道の駅には、ドライブを楽しむ人の休憩施設や地域の文化・名所・特産物など情報発信や物販販売場所が設けられている。これまでの道の駅の先行研究では、地元農家が生産した農産物の販売する場という位置づけが強く、道の駅の川上に位置する地元農家との連携による品揃え形成に関する議論などは多く存在するが、道の駅の川下にあたる消費者へのブランディングについての研究は、希薄となっている。

本章の研究対象である高知県黒潮町に位置する道の駅「なぶら土佐佐賀」（以下、「なぶら土佐佐賀」とする）では、全国的に有名なひろめ市場ブランドを踏襲させる「藁焼き実演」による「元祖・藁焼き塩たたき」を提供している。また、地元有名クリエーター(デハラユキノリ氏)制作の漁師キャラ「なぶら元吉」は、地元特産の鰹をイメージさせるブランド浸透に寄与している。これらの取り組みにより、「なぶら土佐佐賀」の売上高は増加傾向にあり、経常利益率も良好である。本章では、「なぶら土佐佐賀」が創出する差別化効果の要因の分析を行う。

ケラー（2010）は、ブランド・エクイティを構築する知識構築プロセスの3つの要因(注1)が「ブランド知識」を形成し、それが強化されることで差別化効果を生み出すと主張する(注2)(以下、「ケラー3要因」という)。よって、この「ケラー3要因」をもとに、事例分析を行うことで、差別化効果の要因の考察を試みる。研究方法としては、「なぶら土佐佐賀」の関係者(注3)からのインタビュー内容などをもとに、「ケラー3要因」に焦点をあて、差別化効果の要因の考察を行う。

1.「なぶら土佐佐賀」の事例

(1) 地域の概要

1）高知県黒潮町の地域性

黒潮町は2006年3月に旧大方町と旧佐賀町が合併して発足した町である。高知県西部の太平洋沿岸に位置し海岸沿いには砂浜が多くあり、中でも約4kmにも及ぶ入野海岸と入野松原は県内でも有名で、県内外から多くの観光客やサーファーが訪れている。また、気候は南国特有の温暖多雨で年間平均気温16～17度と農業環境には比較的恵まれている。旧大方町エリアでは、早くから施設園芸や花卉、黒砂糖やラッキョウなどの特産品の栽培が行われ、観光面ではホエールウォッチングの町としても知られてきた。また、旧佐賀町エリアでは、鰹の一本釣りとシメジやエリンギなどの菌茸栽培、天日塩造りが行われ、特に日本一の漁獲高を誇る「鰹一本釣り船団」を有しており、高知県内漁獲高の53.8%の鰹が水揚げされる。地域ブランド「土佐佐賀日戻り鰹」をはじめとする漁業が盛んであり、農林業の割合が高く、第1次産業が町の主要産業となっている。さらに、「藁焼きたたき」が特産品として全国的にも有名になり、鰹のたたき造り体験は、関東・関西の修学旅行生の入り込み客を中心に、年間3000人を突破し、今後もさらに増えることが予想される。また、全国的にも珍しいすべての工程を風と太陽熱だけで塩を作る地域ブランド「土佐黒潮天日塩」の産地としても有名である[注4]。

2）黒潮町の人口動態の現状

黒潮町の人口は1980年の1万6116人を境に、大都市圏への大幅な人口流出の影響により減少を始め、2010年に1万2365人でピーク時の4分の3になり、2018年10月には1万1260人と減少の一途を辿っている。年齢別では高齢者の割合は全国平均の約25%と比べても高い水準であり、少子高齢化により後継者不足が起こるほか、地元産業に多大な影響を与える[注5]。

3）地域産業の課題

黒潮町は、鰹の一本釣りで日本一にも輝いた鰹釣漁船を保有する会社を筆頭に漁業が盛んであるほか、農林業の割合が高く、第1次産業が町の主要産業となっている。しかしながら、第1次産業において高齢化による中山間地域の農林地の衰退や、漁業を含めた労働者全体の平均年齢上昇により、後継者問題や新たな人材確保の問題が起こっている。主要産業の衰退により町の財政が圧迫され、更なる人口流出を招く危険性がある(注6)。

(2)「なぶら土佐佐賀」の概要

1）道の駅設立の経緯

旧佐賀町時代の2003年度に地元の「黒潮町商工会」「JA」「JF」「幡東森林組合」の4団体を中心とした検討会を立ち上げ、そこに町の「まちづくり推進委員会」も加わり検討を重ねてきた。当時の計画では、海沿いに位置する公園の周辺に道の駅を建設する計画であったが、実現には至らず、その後、2006年度に旧佐賀町と旧大方町が合併し黒潮町となってからは、「さが道の駅設立準備委員会」（以下、準備委員会という）と名称を変えて、本格的な道の駅の建設活動を進めてきた。また、「準備委員会」では、地元黒潮町の特産品である鰹を前面にアピールした道の駅の設立を狙って、ひろめ市場で成功している「明神丸」を経営する「明神水産株式会社」に道の駅の運営を打診したとのことである。なお、設立までの1年間は、「準備委員会」のメンバーとともに、他の道の駅の視察を行うことで道の駅の運営に関する知識を深めていった。

その結果、単独企業ではなく、金融機関や町内経済団体、民間会社も出資による会社で運営することが望ましいとの結論から、「株式会社なぶら土佐佐賀」の設立に至っている（表10－1)。

この黒潮町は全国的に鰹が有名であり、自治体もPR活動を積極的に行っている。さらに、テレビやマスコミなどで紹介される全国的に名の知れた「明神水産株式会社」が地場企業として存在する。また、「明神水産株式会社」が経営する「明神丸」（飲食店）は、高知市内のひろ

表10－1　道の駅設立の経緯

1）道の駅の設置主体は黒潮町。ひろめ市場の店舗実績がある「明神水産株式会社」への打診がきっかけ
2）「明神水産株式会社」「黒潮町商工会」「JA」「JF」「幡東森林組合」などの出資により、道の駅の運営母体となる「株式会社なぶら土佐佐賀」を設立（2013年）
3）「平成25年度高知県産業振興推進総合支援事業費補助金」を活用し、道の駅「なぶら土佐佐賀」施設を整備し、オープンに至る（2014年）
4）「有限会社土佐佐賀産直出荷組合」「株式会社黒潮町缶詰製作所」等による地域連携を構築

出所：筆者作成

写真10－1　「なぶら土佐佐賀」の店舗外観

出所：道の駅公式HP「道の駅 なぶら土佐佐賀」

め市場に出店しており、「ひろめ市場（明神丸）」が提供する「藁焼き実演」「元祖・藁焼き鰹のたたき」は、高知県の観光情報誌や観光マップに掲載されるなど、地元住民をはじめ観光客から絶大な人気を得ている。このように、地域の特産品や地域性を活かした地産地消メニュー、観光体験などの取り組みを行う道の駅が多く見られる。

表10－2　道の駅の施設概要

道の駅名称	なぶら土佐佐賀
場所	高知県黒潮町
設置年月日	2013（平成25）年12月20日
設置主体	黒潮町
管理主体 運営主体	株式会社なぶら土佐佐賀
出資先	資本金700万円　地元企業5社 80%　金融機関3社 20%
運営管理	指定管理　5年（公募）
施設設備 補助金	■さが道の駅施設新築工事（機械設備） （高知県産業振興総合支援事業　2003年） ■さが道の駅施設新築工事（建築主体・電気他） （高知県産業振興総合支援事業　2003年）
イニシャルコスト	1億5763万円
運営補助金	町より管理費用として202万円を支払う
売上高	2億3000万円/年(平成30年度)

なお、イニシャルコストは「施設設備補助金」の合算。用地購入費や付帯工事は含んでいない。

出所：高知県黒潮町作成

2）指定管理制度による道の駅運営

道の駅の運営管理者については、黒潮町役場海洋森林課において指定管理者募集「黒潮町さが交流拠点施設なぶら土佐佐賀（期間5年間）」が行われている。

現在、「株式会社なぶら土佐佐賀」が道の駅の運営を担っており、指定管理者に係る経費（家賃支払）としては、以下の通りである(注7)。

①指定管理者が町に支払う使用料

年額平均（参考）　237万8000円（税抜）。

②指定管理者が施設管理業務に必要と認められ、町から支払われる経費等

年額平均（参考）　201万6000円（税抜）。

③実質的な経費負担（家賃負担）

年間36万2000円（＝237万8000円－201万6000円）であることから、家賃負担は月3万円程度と想定する。

また、黒潮町役場の担当者からは、2014年度の開設より毎年度黒字経営を続けており、経営体としての不安は特にないとの認識を持つ。整備した農林水産物の直売施設等は、地元客においては生活必需品の調達の場として、町外客においては町内産品を購入する場となっており、雇用面では、地元雇用率は80%と人口定住のための雇用の場としても寄与している。高知県の幡多の東の玄関口として、「都市と農山漁村の交流」、「農林水産業の振興」、「地産地消の推進の場」、「情報発信の窓口」などの役割を担っていることから、もてなしの心を持ち、黒潮町のシンボルとしての運営に期待している、とのことである[注8]。

3）道の駅の主な仕入先（集客する小さなビジネスの事業体等）

生産者（農家）は、兼業農家が大半を占めるが、一部、きゅうり、しめじを生産する専業農家が存在する。また、農家とは直接契約による委託販売を行う。他の中山間地域の直売所でみられるような出荷者組合は存在しない。出荷する農家は町内85名、町外69名となっている[注9]。

「なぶら土佐佐賀」では、地元黒潮町以外の農家との関係性を持っていることが特徴的である。

表10−3　有限会社土佐佐賀産直出荷組合（愛称さんちょく）の概要

名　称	有限会社土佐佐賀産直出荷組合（愛称さんちょく）
住　所	高知県幡多郡黒潮町佐賀72-1
特　徴	女性目線でつくる地元の加工品。社員のほとんどは、主婦や母親でもある女性たち。商品は、そんな女性たちが「家族に安心して食べさせられるもの」を基本に、忙しい毎日の中で「手間と時間をかけずにおいしい一品になるもの」、「ひとつあれば料理の幅が広がるもの」など、食卓をあずかる立場からアイデアを練り、生まれている。
事業内容	・水産加工・販売 ・「農林水産業みらい基金」を活用し、設備や社内環境の整備 ・高知県食品総合衛生管理認証制度「高知県版HACCP　第3ステージ」を取得（2016年） ・取引業者数が年々増加（2011年40社→2016年86社） ・県産業振興推進総合支援補助金の活用。新加工施設の整備 ・オリジナル商品きびなごフィレはグルメ＆ダイニングスタイルショー秋2008大賞受賞！

出所：高知県産業振興推進部計画推進課（2020）p.447および有限会社土佐佐賀産直出荷組合HP「ホームさんちょく！有限会社土佐佐賀産直出荷組合」「さんちょくの思い」をもとに筆者加筆。

また、飲食の仕入先のうち、鰹（去年の戻りがつお）、藁などは、地元の民間企業である「明神水産株式会社」から調達している。また、加工品の仕入先としては、「有限会社土佐佐賀産直出荷組合」（表10－3）より水産物の加工品等、「株式会社黒潮町缶詰製作所」（表10－4）よりアレルゲンを含まない水産物缶詰、「幡東森林組合」より木工細工、その他の商品としてJA、漁港からも仕入れを行っている。

特にこの地域では、集客する小さなビジネスの事業体が多いことが示唆される。

表10－4　株式会社黒潮町缶詰製作所の概要

名　　称	株式会社黒潮町缶詰製作所
住　　所	高知県幡多郡黒潮町入野4370番地2
特　　徴	私たちは「もしもに備える食」と「毎日美味しい」をテーマに自然あふれるこの町に小さな工場を構え、地元の新鮮で安全・安心な素材をひとつひとつ人の手によって丁寧に缶詰にしている。
事業内容	・防災関連食料品の製造及び販売、特産品の加工及び販売 ・グルメ缶（カツオ、マグロなど）、スイーツ缶詰、うなぎ缶詰、防災備蓄缶など ・缶詰は、7大アレルゲン不使用（えび・かに・小麦・そば・卵・乳・落花生） ・らっきょう漬けや黒糖商品（スタンドパック）等を開発、百貨店等に販売 ・黒潮町が出資主体（黒潮町特産品開発推進協議会の事業を継承）黒潮町出資比率75%

出所：高知県産業振興推進部計画推進課（2020）p.449および株式会社黒潮町缶詰製作所HP「会社概要」をもとに筆者加筆。

4）来店者の動向

黒潮町では、ホエールウォッチング、海岸沿いのサーフィン、たたき体験による修学旅行生、スポーツツーリズムによる県外チームの誘致など、豊富な観光資源を活用することで高知県外からの観光客の入込数増加に取り組んでいる。それに伴い、道の駅においても高知県外からの観光客の来店を促す販売促進を重視している。

2019年度のレジ通過の年間来客数は17万9820人となっている。また、道の駅の商品分類別年間ランキングを見ると、フードコートでは塩タタキ定食7切、農産物ではみかん類が1位となっている(注10)。このランキングから地域特産の鰹のたたきが食べられるフードコートの人気の高さが伺える。

リピーターも徐々に増えてきているとは思うが、まだ設立して6年目であることから、初めて来店するお客様のほうが多いと感じている、とのことである(注11)。

2. マーケティングの4P分析

「なぶら土佐佐賀」が実践するマーケティング活動を分析するため、マーケティングの4P分析（商品、価格、流通チャネル、プロモーション）の視点から事例分析を行う。

(1) 商品の視点

道の駅にて商品選定は行っているが、誰でも出店可能としており、地元農家等の出荷者の制約は行っていない。また、道の駅と農家は直接契約である(注12)。道の駅への出品会員数は、町内85名、町外69名である(注13)。

地元農家の農産物としては、みかん類の品揃えが豊富であり、産直生産者商品の年間売上ランキング1位は、みかん類（文旦3位、小夏7位）である。さらに、きゅうり、しめじの生産者は専業農家が多く、それ以外の品種は、兼業農家が多い傾向にある。土産品については、委託販売が圧倒的に多い。委託販売と仕入の割合では、9：1もしくは8：2の割合となっている(注14)。

農産物では、1品あたりの単価が低い。一方、土産品、飲食の利益率は高いことから、農産物よりも飲食、土産品の販売に注力している。そして、飲食にて提供する鰹は、去年の戻り鰹を使用するこだわりがある。また、仕入品については、土産品は1～2品程度、惣菜も1～2品程度（地元で有名なおにぎりや玉子焼き等）である。仕入品のうちの惣菜については、週に1回土曜日のみの限定販売として、ある程度売れる商品を見極めて仕入することにより、毎週ほぼ完売している、とのことである(注15)。

この話を踏まえると、明神駅長は、1個あたりの利益が高い土産品、加工品の品揃えを充実させていく方針で道の駅を運営していることが示唆される。

また、農産物販売は、飲食等に比べ手数料収入が低く、また、野菜を趣味程度に作っている人も多いことから、道の駅にて積極的に販売を行っても利益に直結しづらい状況にある。農産物の取り扱いを減らしていくわけではなく、農家の自助努力にお任せするという方針を持ち、道の駅にて積極的に農産物の品揃えを増やす取り組みまでは考えていない、とのことである(注16)。

この話から明神駅長は、この地域では農産物販売だけを主な収益源にすると経営は厳しいとの認識がうかがわれる。

(2) 価格の視点

仕入品、生産者、業務委託の3種類で3割程度の手数料となる。手数料は3種類ごとに異なり、町内、町外によっても異なる。町内の方は15～20%(土産品は30%)、町外（生産者は20%）や土産業者については、それぞれの出荷物に応じて別途手数料を設定している。農産物に比べ、土産品、加工品、フードコート（飲食）の利益率は高い傾向にある。この道の駅においては、フードコート（飲食）は高い収益力を持つという強みがある。直売所に頼らなくても、フードコート（飲食）の運営を強化することで、道の駅の利益を確保できる可能性が高い。仮に、フードコート（飲食）で生み出す利益を、同じように直売所販売にて確保するには、今の約3倍程度の商品数を販売しなければ確保は難しく、取り扱う商品による利益率の差が大きく表れている、とのことである(注17)。

(3) 流通チャネルの視点

道の駅の店内では、一部の販売スペースを「明神水産株式会社」に貸しており、テナント賃金の収入を得ており、その場所では「明神水産」の水産加工品を直接販売している、とのことである。また、地元企業である「有限会社土佐佐賀産直出荷組合」「株式会社黒潮町缶詰製作所」にて製造した商品を道の駅にて委託販売している。なお、「株式会社黒潮町缶詰製作所」は黒潮町が設立した組織であり、「有限会社土佐佐賀産直出荷組合」は地元漁師が参加する団体である。「株式会社黒潮町缶詰製作所」では、防災関連食品づくりを重視しており、その観点から、アレルゲンが入っていない缶詰を製造している。この缶詰は、非常食として備蓄できること以外に、アレルギーを持った人でも問題なく食べられる、とのことである。また、「有限会社土佐佐賀産直出荷組合」では、地元で獲れた水産物の加工品を製造している(注18)。

さらに、地元の人の雇用が多く、現在社員10名、パート6～7名で運営しているが、社員比率が高い傾向にあり、高知市内に比べこの地域では学生などのアルバイト、パートの採用は難しい状況にある。柔軟な働き方が可能な大学生も少なく、高校生を募集するにしても18時に閉店することから、学生の採用がなかなか難しい。一方、この地域は、消費地から離れていることから、家賃が非常に安いことは魅力的である、とのことである(注19)。

(4) プロモーションの視点

黒潮町は鰹で有名であることから、道の駅に横に黒潮町特産の鰹の看板を自治体が設置している。そして、道の駅の建物は、とれたての鰹を食べる雰囲気を創出するために、漁師小屋をイメージさせる木を基調とした外壁や店内としている。また、鰹たたきメインのメニュー構成、自由に食べられるフードコート形式、目の前にて藁で鰹を焼くパフォーマンスは、「ひろめ市場（明神丸）」と同じ、とのことである(注20)。よって、道の駅では、「ひろめ市場（明神丸）」の店舗コンセプトを踏襲している。

また、目の前で焼くパフォーマンスについては、その風景を写真で撮影する姿を多く見かけることから、SNSなどへの発信も期待でき、顧客からの反応に手応えを感じている。それにより、この道の駅のフードコートの名前は、「ひろめ市場」と同じ「明神丸」としている、とのことである(注21)。そして、「ひろめ市場（明神丸）」のときから始めている六次化のストーリーがマスコミや広報誌などに掲載されることで、土佐の一本釣りにこだわる「明神水産」が採った鰹が藁で焼かれ、それを食べられること期待して、顧客のほうが希少的なイメージや物語を抱いて来店する。

さらに、地元で有名なデザイナー（デハラユキノリ氏）による鰹をイメージした漁師キャラ（なぶら元吉）のように、顧客の目に焼き付くような強いインパクトを与えるキャラデザインは、マンネリを防ぐためにもデザインのリニューアルも兼ねながら継続していきたい。また、明神駅長が以前、居酒屋チェーン（明神水産グループ）の店長をしていた際には、居酒屋チェーンのデザインを担当する会社とともに、一緒に考えてきた道の駅の店内POPやメニュー表（文字、写真の配置等）を「ひろめ市場（明神丸）」と同様にすることで統一感を創出させている。藁の確保のために自社にて農業を営んでおり、ご飯のおかわりサービスで自社米をアピールしている、とのことである(注22)。これらの取り組みは、「明神水産」が持つネットワークを活用することで、効率的な店舗運営に繋げている。

3.「ケラー3要因」による差別化効果の要因分析

「ケラー3要因」（「ブランド要素の選択」「4P戦略によるマーケティングプログラムの設計」「2次的連想の活用」）に着目し、事例分析を行うことで差別化効果の要因分析を行う。

(1) ブランド要素の選択

ケラーによるとブランド要素は、ブランド・ネーム、ロゴとキャラクター、スローガンとジングル、パッケージングなどが指摘されている。それらの項目からブランド要素の分析を行う。

1) ブランド・ネーム

・道の駅名称「なぶら」＝魚群

・店舗名「明神丸」＝ひろめ市場

「なぶら土佐佐賀」の名称に使われている「なぶら」とは、土佐弁などで鰹の群れを意味する言葉である。道の駅が位置する黒潮町佐賀地区が古くから鰹の一本釣りなどの漁業が盛んな町であることから、ブランド・ネームとして道の駅の名称に「なぶら」をつけることで、鰹をイメージさせる効果が期待できる。

店舗名の「明神丸」は、高知市内の観光名所として有名な「ひろめ市場」にある店舗名と同様としている。道の駅の運営会社が経営する店舗であり、藁焼きの塩たたきは地元住民や観光客からの人気のスポットとなっている。全国的にマスコミや広報誌などに掲載されており、高い認知度があることから、同様の店舗名称とすることで、全国的に有名な「ひろめ市場」の雰囲気を来店者に訴求させる効果が期待できる。

2）ロゴとキャラクター

・店舗名ロゴには鰹

・漁師キャラクター（なぶら元吉ほか）＝漁師の家族

道の駅の店舗ロゴには、あえて鰹のマークを入れることで、鰹を全面に出した道の駅として来店客に認知してもらうことを狙っている。また、地元で有名なデザイナー（デハラユキノリ氏）が製作したキャラクターの容姿は、漁師をイメージさせる男性キャラクター「なぶら元吉」であり、この地域の漁師＝鰹（土佐の一本釣り）のイメージを抱かせやすい。また、デハラユキノリ氏のユニークなイラストで表現されたキャラクター・デザインは、高知県内で働いている第1次産業の地元民をモチーフにしており、「働く人は美しい」をコンセプトに高知で働く人をPRし、元気にするような商品展開（フィギュアイラストレーター）を行っていることが、特徴的であり若者を中心にディープな支持層が多い傾向にある。

さらに、このキャラクター「なぶら元吉」を中心に母親的なキャラクターなどを揃えることにより、漁師の家族という構図を抱かせている。

3）スローガンとジングル

・鰹を藁焼きにし、天日塩で食べる本場土佐流の食べ方にこだわり
・「元祖・藁焼き塩たたき」（一本釣りで漁獲した戻り鰹、高知県黒潮町産の天日塩、国内産の藁等）

道の駅の運営を担う明神丸の会社案内には、「元祖藁焼き鰹塩たたきは、第一号店ひろめ市場店から始まった：元祖・藁焼き塩たたき 旨さの秘伝」、「鰹一本釣り漁獲高全国日本一 明神丸：きれいに釣り上げる。狩り過ぎない。一本釣りを貫く漁師のこだわり」、「土佐の食材へのこだわり：土佐は美しい海、数多くの清流、雄大な山々に囲まれた食材の宝庫」などのスローガンが掲げられており、一本釣りで漁獲した戻り鰹、高知県黒潮町産の天日塩、国内産の藁等の全てにおいて本物志向を伝えようとする姿勢がある。

なお、道の駅には、ジングル（音楽）は、存在していない。

4）パッケージング

・鰹のマークが入った店舗ロゴ＝地域資源である海の幸（鰹）をイメージ

一般的にパッケージングとは、製品を保護するとともに、消費者を引きつけ、購買意思決定に大きな影響を及ぼす製品の外装・包装であり、パッケージのデザインは、競合製品との差別化要素となると意味付けされている。

多くの小売業とは異なり、道の駅におけるパッケージングを見ると、外装に店舗名や店舗ロゴを印刷している所はそれほど多くはない。一方、この道の駅のパッケージングは、鰹のマークが入った店舗ロゴが印刷されており、それは単なる製品の外装だけに留まらず、他社との差別化の意味合いが強い。

写真10−2　店名ロゴ

出所：道の駅なぶら土佐佐賀 HP

写真10−3　漁師の家族キャラクター

出所：道の駅なぶら土佐佐賀 HP

(2) 4P戦略によるマーケティングプログラムの設計

マーケティングの4P分析（「商品（Product）」「価格（Price）」「流通チャネル（Place/Chanel）」「プロモーション（Promotion）」）の視点から整理を行った結果、全体的に「ひろめ市場（明神丸）」ブランドのイメージを裏切らない一貫性がある取り組みが示唆された（表10−5）。

写真10−4　「なぶら土佐佐賀」のチラシ

出所：道の駅なぶら土佐佐賀 HP

表10－5　ブランドマーケティング活動（4P分析）

4Pの視点	内　容
商品	■飲食素材へのこだわり【元祖・藁焼き塩たたき】 ・「元祖・藁焼き塩たたき」の素材へのこだわり（一本釣りで漁獲した戻り鰹、高知県黒潮町産の天日塩、国内産の藁等） ■土産品、加工品の品揃えを重視（利益率を重視） ・土産品、加工品の品揃えの充実 ・農産物はみかん類の品揃えが豊富（農家の自助努力）
価格	■ブランドイメージを崩さない価格帯【ひろめ市場・明神丸】 ・飲食の価格帯は、ひろめ市場・明神丸とほぼ同一 ■出店者の自己判断 ・農産物の値付けは、農家が自由に決められる。
チャネル	■地元企業とのサプライチェーンの構築 ・地産地消の素材、地元企業のオリジナル商品の調達（明神水産株式会社、株式会社明神丸、明神ファーム、有限会社土佐佐賀産直出荷組合、株式会社黒潮町缶詰製作所等） ■地元農家との直接契約 ・兼業農家が大半を占めるが、農家と直接取引（委託契約）
プロモーション	■ブランドイメージの情勢【ひろめ市場・明神丸】 ・注文後に藁で焼き始める「焼き切り」による調理パフォーマンス→臨場感の創出 ・鰹を藁焼きにし天日塩で食べる本場土佐流の食べ方→本物志向 ・木を基調に漁師小屋をイメージした建物、飲食スペースはひろめ市場・明神丸の雰囲気と同じ ・地元有名デザイナーのデハラユキノリ作のキャラクター（なぶら元吉）によるブランド浸透 ・メニュー、POPなどのプロモーション・販促ツールは、全てプロに委託（デザイン会社、デザイナー等） ・道の駅名称「なぶら」＝魚群、デザインロゴには魚、漁師のキャラクター（なぶら元吉）の一貫性、「元祖・藁焼き塩たたき」など、ここにしかないインパクトがあるHP、SNSの発信 ・パブリシティ、TV取材などによる消費者への訴求（ひろめ市場・明神丸）

出所：筆者作成

(3) 2次的連想

1）「ひろめ市場（明神丸）」から始めている6次化のストーリーがお客様に広く浸透

2)「明神水産」が運営する「ひろめ市場（明神丸)」の雰囲気を道の駅で踏襲→イメージ連想
3) 口コミサイト「じゃらん」による「ひろめ市場（明神丸)」の評価は4.4と高評価を得ている。コメント(注23)からも、「ひろめ市場（明神丸)」から始めている6次化のストーリーが顧客に広く浸透している。

以上から、「ケラー3要因」(「ブランド要素の選択」「4P戦略によるマーケティングプログラムの設計」「2次的連想の活用」) に着目し、「なぶら土佐佐賀」の事例分析を行った結果、「ケラー3要因」の存在が明らかとなった。

4. 計数データ分析

売上高、来店者数、売上高構成比、売上高利益率（損益計算書）の計数データを表10－6に示す。対象期間は2014年度から2019年度とする。売上高の伸び率は、2014年を基点とすると2019年では＋69ポイントの大幅な増加傾向にある。一方、来店者数は、2015年を基点とすると2016年では＋6.4ポイントの増加がみられたが、2019年では－2.3ポイントの微減となっている。

客単価としては、フードコートは1004円、テイクアウトは439円、農産物・土産品などを販売する直売所は946円となっており、売上高構成比からもフードコードや土産品の販売が売上高を押し上げていることが示唆される。

また、2019年度の損益計算書によると、売上高経常利益率は7.6%となっており、小企業の経営指標調査2019年度「業種別経営指標」（日本政策金融公庫）によると、飲食料品小売業（黒字かつ自己資本プラス企業平均）の売上高経常利益率は2.0%であり、「なぶら土佐佐賀」では、平均よりも高い売上高経常利益率を確保していることから、経営状況は良好であると判断できる。

表10－6　売上高、来店者数、売上高構成比、売上高利益率（損益計算書）

	2014年度	2019年度
売上高	1億1869万円	2億54万円
（増減率）	100%	169.0%

※2014年度を基準とした場合

	2015年度	2016年度	2017年度	2019年度
来店者数	36万8088	39万1684	36万8194	35万9640
（増減率）	100%	106.4%	100%	97.7%

※2015年度を基準とした場合
※来店者数[注24]

■売上高構成比

項目	構成比
フードコード	32.9%
テイクアウト	5.2%
直売所	13.7%
手数料	0.5%
テナント賃貸	1.4%
自動販売機	0.8%
その他	45.5%
合計	100%

■売上高利益率（損益計算書）

項目	構成比
売上総利益率	46.6%
販管費比率	39.5%
（うち人件費率）	23.4%
売上高営業利益率	7.1%
売上高経常利益率	7.6%
売上高当期純利益率	5.4%

※対象期間：2019年度
（2019年4月1日～2020年3月31日）

出所：筆者作成

5. 考察

(1)「ケラー3要因」による差別化効果の要因

「ケラー3要因」（「ブランド要素の選択」「4P戦略によるマーケティングプログラムの設計」「2次的連想の活用」）から、差別化効果を創出する要因について考察を行う。

1) ブランド要素の選択

まずは、ブランド要素の選択としては、ブランド・ネーム、ロゴとキャラクター、スローガンとジングル、パッケージングなどから構成されており、それらを考察すると、ブランド・ネームでは、道の駅名称に「なぶら」、ひろめ市場と同じ店舗名「明神丸」を付けていることが特徴的である。

ロゴとキャラクターでは、店舗名ロゴには地域特産の鰹を使いつつ、地元のクリエーター製作による漁師のキャラクター「なぶら元吉」や漁師の家族達という構図を生みだしている。スローガンでは、鰹を藁焼きにし、天日塩で食べる本場土佐流の食べ方にこだわった「元祖・藁焼き塩たたき」の素材である、一本釣りで漁獲した戻り鰹、高知県黒潮町産の天日塩、国内産の藁などを訴求することで、本物志向を強くアピールしている。そしてパッケージングでは、特徴的な鰹マークの店舗ロゴが印刷された外装は、単なる外装だけに留まらず、他との差別化要素としての意味合いを持つことがわかった。

これらのブランド要素からは、一本釣りで漁獲した戻り鰹、高知県黒潮町産の天日塩、国内産の藁など、本物志向の素材を使った「元祖・藁焼き塩たたき」を、マスコミや広報誌などで全国的に有名な「ひろめ市場（明神丸)」の雰囲気にて道の駅で味わえることを、来店者に訴求させる効果が期待できる。さらに、地元のクリエーター製作による漁師のキャラクター「なぶら元吉」や特徴がある店舗名ロゴによるブランディングは、他の道の駅とは異なるアプローチをしていることから、差別化が期待できる。

2）4P戦略によるマーケティングプログラムの設計

次に、4P戦略によるマーケティングプログラムの設計から考察すると、商品では、「元祖・藁焼き塩たたき」の素材へのこだわり、利益率を重視した飲食や土産品の品揃えを重視している。価格では、「ひろめ市場（明神丸)」のブランドイメージを崩さない価格帯としている。流通チャネルでは、水産物加工品や缶詰など地元企業によるオリジナル商品の調達体制、また、中山間地域にある道の駅では、農産物の品揃え形成においては兼業農家が加入する出荷者組織との契約が一般的だが、この地域では出荷者組合は存在しないことから、農家の自助努力を期待しつつ委託契約による直接取引を行っている。プロモーションでは、「ひろめ市場（明神丸）」の雰囲気を醸成させる取り組みとして、木を基調とした漁師小屋造りの中で、注文後に藁で焼き始める「焼き切り」による調理パフォーマンスによる臨場感の創出を行っている。さらに、道の駅独自の地元有名デザイナー（デハラユキノリ氏）のキャラクター「なぶら元吉」などによるHP告知を行っている。

これらの4P戦略からは、高知市内の観光名所として有名な「ひろめ市場（明神丸）」の雰囲気をこの道の駅で体験できることは、来店者の目的地化に寄与する可能性があると考察される。具体的には、中山間地域に位置する道の駅にて、高知市内にある「ひろめ市場（明神丸）」と同じような雰囲気で藁焼きパフォーマンスが体験でき、元祖・藁焼き鰹塩たたきを値ごろ感ある価格で食べられることは来店者にとっては魅力的である。さらに、道の駅独自の地元有名デザイナー（デハラユキノリ氏）の漁師キャラ「なぶら元吉」の容姿は、インパクト大であることから、他の方への紹介に繋がる可能性がある。

3）2次的連想の活用

最後に、2次的連想の活用から考察すると、マスコミや広報誌などで全国的に有名な「ひろめ市場（明神丸）」について、「じゃらん」HPの口コミ一覧の評価では4.4と高評価を得ていることから、「ひろめ市場（明神丸）」の高い評価は浸透している。

(2) まとめ

1)「なぶら土佐佐賀」の差別化効果の要因としては、「ケラー3要因」の存在を明らかにすることができた。

2) 計数データを見ると、来店者数の微減にも関わらず、飲食や土産品の販売が牽引したことで売上高は向上しており、経常利益率も良好である。よって、来店者の行動に影響を与えつつ、道の駅への来店を促す差別化効果として、「ケラー3要因」の影響が示唆された。

6. 小括

本章では、より高度な川下モデルとして、積極的なマーケティング活動を展開する「なぶら土佐佐賀」の事例の詳細について、マーケティング戦略の4P分析を行い、ケラーの3要素から分析を行った。

本章の研究目的である「「ケラー3要因」による差別化効果の要因」については、事例分析を通じて、「ケラー3要因」(ブランド要素の選択、4P戦略によるマーケティングプログラムの設計、2次的連想の活用)の存在を明らかにすることができた。一本釣りで漁獲した戻り鰹、高知県黒潮町産の天日塩、国内産の藁などは、本物志向を強く訴求しており、高知市内の観光名所として有名な「ひろめ市場(明神丸)」の雰囲気をこの道の駅で体験できることは、来店者の目的地化に寄与する可能性があり、差別化効果が期待できることが考察された。

さらに、事例分析を通じて、来店者の感情に訴求する体験やストーリーを与える「なぶら土佐佐賀」独自のマーケティングモデル「物語マーケティングモデル」(以下、「物語モデル」という)の構成要素を確認したので、以下の章でより深く分析することとする。ターゲッティングセグメント層は、「子連れ家族」「感度の高い人達」「本物志向」「食にこだわる人達」の想定顧客が考察され、1) 商品(稀少性)「元祖・藁焼き塩たたき」、2) 販売・店内演出(パフォーマンス)「焼き切りによる藁焼き実演」、3) オリジナルのキャラクターの漁師キャラ「なぶら元吉」など、来店者の感情に訴求する体験やストーリーを与える構成要素などがある。

また、「なぶら土佐佐賀」にて実施している商品ストーリー、販売・店内演出(パフォーマンス)は、全国的な知名度がある「ひろめ市場(明神丸)」が実施する体験やストーリーを踏襲することで、行動に影響を与えていることが予想される。さらに、独自の取り組みである漁師キャラ「なぶら元吉」などのオリジナル・キャラクターは、地域性のストーリーを意識させることにより、来店者の感情に訴求していると考察する。

以上から、1)「ケラー3要因」の差別化効果、2)「物語モデル」の構成要素、について確認できたと解釈することができるものと十分考えられる。

【注】

(注 1) ケラー (2010) によると、ブランド・エクイティを構築する知識構築プロセスは、1)「ブランド要素の選択」ブランド・ネーム、ロゴとキャラクター、スローガンとジングル、パッケージング、2)「4P戦略によるマーケティングプログラムの設計」、3)「2次的連想の活用」、の3つの要因に依存すると主張する (ケラー、2010、p.35)。

(注 2) ケラー (2010) によると、ブランド・エクイティを強化する差別化効果を生み出すのは、ブランド知識であると指摘する (ケラー、2010、p.54)。

(注 3)「なぶら土佐佐賀」が取り組む事業内容の把握については、明神駅長、明神副駅長からのインタビュー内容をもとにしている (2020年6月実施)。

(注 4) 全国町村会HP「高知県黒潮町／「さ・し・す・せ・そ計画」で黒潮ブランドの確立を」および黒潮町商工会 (2019) p.3をもとに筆者加筆。

(注 5) 黒潮町商工会 (2019) p.3をもとに筆者加筆。

(注 6) 黒潮町商工会 (2019) p.5をもとに筆者加筆。

(注 7) 明神駅長のヒアリング調査および黒潮町役場海洋森林課 (2018) p.2をもとに筆者加筆。

(注 8)「黒潮町役場　道の駅なぶら土佐佐賀に関する質問内容への回答」資料をもとに筆者加筆。

(注 9) 明神駅長のヒアリング調査および「株式会社なぶら土佐佐賀　第6期決算」資料p.4をもとに筆者加筆。なお、出品会員数は2020年3月31日時点。

(注10)「株式会社なぶら土佐佐賀　第6期決算」資料をもとに筆者加筆。

(注11) 明神駅長のヒアリング調査より。

(注12) 明神駅長のヒアリング調査より。

(注13) 2020年3月時点による。

(注14) 明神駅長のヒアリング調査より。

(注15) 明神駅長のヒアリング調査より。

(注16) 明神駅長のヒアリング調査より。

(注17) 明神駅長のヒアリング調査より。

(注18) 明神駅長のヒアリング調査および「株式会社なぶら土佐佐賀　なぶら市場出

荷要領」資料p.5をもとに筆者加筆。
(注19) 明神駅長のヒアリング調査より。
(注20) 明神駅長のヒアリング調査より。
(注21) 明神駅長のヒアリング調査より。
(注22) 明神駅長のヒアリング調査より。
(注23)「あんなにカツオの藁焼きが美味しいなんてビックリしました！帰る日にも食べたくて寄って食べてから帰ったくらいです！また食べに行きたい！」「わら焼きの実演あり。かつおのたたき（塩）を頂きましたが、身が厚い！そして新鮮！評判通りのクオリティーを維持するのって大変かと思う」などが掲載されている。じゃらんnetHP「明神丸 ひろめ市場店の口コミ一覧」より引用。
(注24) 来店者数については、2015年から2017年は、黒潮町役場海洋森林課（2018）pp. 2-3、2019年は、明神駅長のヒアリング調査より。

第11章　モデル5：コンテンツ導入モデル、モデル6：アトラクションモデル

本章以下では、「なぶら元吉」や「わら焼き」といったコンテンツやアトラクションを入れることにより、マーケティング上の効果があることを検証する。

これをコンテンツ導入モデル、アトラクションモデルと名付ける。

漁師キャラ「なぶら元吉」などによるキャラクター・マーケティングに焦点をあて、「なぶら土佐佐賀」の対象セグメント層を主人公とする「物語モデル」の構築を試みる。全国的な知名度がある「ひろめ市場」と同様の商品や体験以外の取り組みとして、道の駅のオリジナル・キャラクターの漁師キャラは、地域性やファミリー性のストーリーを意識させ、来店者の感情に訴求し、来店者の行動に影響を与えていることが想定される。

池田（2016）によると、消費者行動に応用性が高い「態度の単一次元モデル」においては、態度をある対象についての好意的あるいは非好意的な「感情」と捉え、態度（感情）が認知や行動を促す、と指摘する（池田、2016、pp.1-19）。

よって、以下の各章において、「態度の単一次元モデル」をもとに、来店者の「感情」に訴求する体験やストーリーについての分析や考察を踏まえて、コンテンツ／アトラクション導入モデルの検証を行う。研究方法としては、「なぶら土佐佐賀」の関係者からのインタビュー内容などをもとに、態度の単一次元モデルの「感情」を生み出すキャラクター・マーケティングに着目し、対象セグメント層を主人公にさせる体験やストーリーからなる「物語モデル」の構築を試みる。

1. 先行研究と本章の位置づけ

(1) 物語マーケティング　登場人物

津村（2018）によると、登場人物描写と受け手の情報処理に関する研究では、登場人物を理解させるには、類似性があるほうが情報処理を容易に行われやすいことがわかっていると述べる。さらに、登場人物に対する同一化が生じると、認知や感情に変化が生じる（Cohen、2001）ことを指摘する。さらに、登場人物の属性や性格の設定は、物語を創作するうえで重要な項目であり、登場人物と受け手に類似性があることや、同一化できることはクリエイティブを考えるうえでも重要であると述べる。それには、物語の主人公と受け手の属性を合わせるだけでなく，受け手の悩みや性格等についても登場人物に反映させる必要がある、ことを指摘する（津村、2018、p.65）

希求するセグメント（来てほしい顧客層）自身を主人公にする物語マーケティングの事例としては、1）ボートレースの広告に若い女性起用、2）競馬の広告に若い女性起用などがある。いずれも、従来のメインマーケットが減少傾向にあり、新規開拓のセグメントを主人公とする表現により、視聴者＝自己（ego）が主人公になり、感情移入できるようにする物語を構築している。

(2) 態度変容　態度の単一次元モデル

池田（2016）によると、態度変容とは、態度の方向性や深さなどを変化させることであり、態度に関わる1つの要素（例えば、認知や感情）が変わると、他の要素にも変化をもたらす。また、ある対象に対する態度は、他の対象に対する態度とも関連しており、1つの態度が変わると、他の態度の変化を促す（Zimbardo&Leippe、1991）という。

また、態度がどのような構造を持つかについては、態度は感情（評価）のみで構成されていると主張する「単一次元モデル（unidimentional model)」を取り上げ、態度を与えられた対象のある側面について一貫した好意的あるいは非好意的な様式で反応する学習された先有傾向であると定義し、態度は対象に対する評価的あるいは好意性を含んだ感情次元のみである（Fishbein&Ajzen、1975）と指摘する（以下、「態度モデル」という）。

さらに、このモデルは消費者行動に応用性が高いとされ、今日では、その分野では、態度をある対象についての好意的あるいは非好意的な感情としてとらえ、認知や行動は態度概念に含まず、態度に隣接した別個の概念として扱われるようになってきている（Peter&Olson、2002）という（池田、2016、pp.1-19）。

「態度の単一次元モデル」は消費者行動への応用性が高いといわれているが、あくまでも「態度」のプロセスにおける心理学的な視点での考察に留まっている。道の駅では、近年、利用者も拡大傾向にある。地産地消の農産物販売から飲食サービスや体験などに事業拡大しながら、モノからコトにシフトしつつあり、来店者の顧客特性から見ても、地域住民から地域外の観光客まで広がりつつある。それを踏まえると、道の駅は当初の目的地への通過地点から目的地に変わりつつあることが示唆され、道の駅が提供する事業やサービスより、来店者の「感情」に訴求する体験やストーリーに関する要因を明らかにする意義は大きいと考えている。よって、本章では、道の駅における商品のストーリー性や販売・店内演出などについて、道の駅の来店客の「態度」に影響を及ぼす「感情」に訴求する体験やストーリーにフォーカスを当てて分析していることが、本分析の特色になる。

2. アトラクションの知覚品質（ブランド・エクイティ）

アーカー（2014）によると、ブランド構築の第一の目標は、ブランド・エクイティを築き、それを高め、活用することであると述べ、強いブランドが将来に向けた競争優位と長期的収益性の基盤になるという前提を指摘する。そしてブランド・エクイティは、ブランド・ロイヤリティ、名前の認知、知覚品質、知覚品質に加えてブランド連想、他の所有権のあるブランド資産の5つのカテゴリーにグループ化できると指摘する（アーカー、1994、p.21）。

これらを踏まえ、ブランド構築に不可欠なブランド・エクイティに含まれる「知覚品質」に焦点を当てて、事例分析を行う。

(1)「元祖・藁焼き塩たたき」旨さの秘伝

元祖・藁焼き塩たたきは、「焼き切り」にこだわる藁焼き、高知県黒潮町産の天日塩、乾燥し良質な炎をあげる「高知の藁」の組み合わせから、旨さの秘伝が生み出されていることが特徴的である(注1)(表11－1)。

表11－1　「元祖・藁焼き塩たたき」旨さの秘伝

1）藁焼き ・藁は火力が非常に強く、燃焼温度は1000度程度まで達するため、瞬時に鰹の表面をムラなく焼き上げている。 ・藁の煙や香りはより一層風味を引き立てる。 ・明神丸の藁焼き塩たたきは、すべて注文後に藁で焼き始める「焼き切り」にこだわる。 ・鰹の皮目をパリッとするぐらいに炙り、中まで熱が伝わらないうちに熱いまますぐに切り分ける。 ・焼きたての香ばしい香りが食欲をそそる、鰹を一番美味しく味わえるたたきである。 2）塩 ・美味しい鰹をさらに美味しくする名脇役が「高知県黒潮町産の天日塩」である。 ・黒潮町の塩職人が海水をくみ上げ、加熱処理を一切せず、太陽の熱と自然の風の力だけで乾燥させて作っている。 ・天日塩の塩本来の深い味わいが、より鰹の旨味を引き出している。 3）藁 ・藁焼きに使用する藁は、よく乾燥し良質な炎をあげる「高知の藁」にこだわる。 ・農業事業の明神ファームを立ち上げ、自らお米を作ることで良質な藁の確保に取り組んでいる。

出所：株式会社明神丸（2018）p.2をもとに筆者加筆

写真11－1　塩タタキ定食

出所：なぶら土佐佐賀HP

写真11－2　鰹の藁焼き

出所：株式会社明神丸（2018）より筆者加工

(2) 鰹一本釣り漁獲高全国日本一「明神丸」

高知県南西部に位置する黒潮町の土佐佐賀漁港は、古くから鰹漁で知られ、一本の竿と自分の腕だけで一匹ずつ鰹を釣る、土佐の一本釣りという漁法が今も続けられている。「明神丸」とは、その漁法で日本一の鰹の漁獲高を誇る船の名前となっている。また、「きれいに釣り上げる。狩り過ぎない。一本釣りを貫く漁師のこだわり。」をスローガンに掲げており、本物の一本釣り漁師たちが釣り上げた新鮮な鰹と、漁師だからこそ知っているもっとも旨い鰹の喰らい方という本物の漁師たちの歴史が、明神丸の鰹や料理の旨さを一段と引き立てる(注2)。

写真11－3　土佐の一本釣り漁法

出所：株式会社明神丸（2018）より筆者加工

(3) 土佐の食材へのこだわり

土佐の国、高知県の面積84％を森林に覆われ、食材の宝庫の四万十川、高知県沖の太平洋には鰹の群れが泳ぐ黒潮が流れている。「土佐は美しい海、数多くの清流、雄大な山々に囲まれた食材の宝庫」をスローガンに、切磋琢磨し頑張っている土佐の漁師や農家・生産者の方々と一緒に、土佐の食材の魅力や美味しさを伝えていきたい、とのこだわりを強く持つ(注3)。

3. 道の駅のオリジナル・キャラクターによる イメージ戦略の実証分析

本章においては、道の駅のオリジナル・キャラクターから、道の駅が提供する商品に関して、どのような感情を抱くのかを明らかにすることを目的とする。オリジナル・キャラクターがシンボルとして持つ情報量から、消費者の行動変容にどのような影響を与えるのかを実証分析により試みる。具体的には、学生や社会人を対象に、道の駅のオリジナル・キャラクターに関するアンケート調査を実施した。調査から得られたデータをもとに、1）オリジナル・キャラクターが「内包するイメージ」、2）オリジナル・キャラクターが内包する「印象度合い」、3）鰹のタタキへの「興味度合い」による行動変容、を分析することで、オリジナル・キャラクターのイメージ戦略に関する実証分析を行う。

なお、統計ソフトとしては「Excel2016」を用いて検証する。有意確率は、有意性の高いものから5%有意までを含む。

(1) 先行研究

赤土（2015）は、オリジナル・キャラクターがシンボルとして消費者に提供する情報量と情報量の差についての研究視点を獲得する目的から、まず広告におけるシンボルとしてのキャラクターに関する主だった研究のレビューを行っている。その結果、既存キャラクター、オリジナル・キャラクターがもたらす広告効果についての研究や、オリジナル・キャラクターの分類や特性についての先行研究がなされる一方で、広告シンボルとしてのオリジナル・キャラクターが消費者にもたらす情報量の差に関する指摘は、見受けられなかったという。そこで、赤土（2015）が、広告におけるシンボルとしてのオリジナル・キャラクター研究において提起した課題と仮説により、今回の調査用に新たに描き起こしたオリジナル・キャラクターを使い、仮説の検証を試みた。その結果、1）あらかじめ意図したいイメージを設定の上で、意図的オリジナル・キャラクターと非意図的オリジナル・キャラクターでは、イメージの到達度合いに差が生じており、シンボルとして保有する情報量の差が確認できること、2）シンボルとしてのオリジナル・キャラクターが保有する情報量の差は、訴求する商品・サービスの興味の度合いの差にも繋がることをアンケート調査結果より導き出している。そして、オリジナル・キャラクターの広告シンボルとして保有する情報量の差は、訴求する商品・サービスの興味の度合い差にも繋がるということをがわかった。

(2) オリジナル・キャラクター「なぶら元吉」

1)「元吉なぶら」ができた経緯

道の駅のオリジナル・キャラクターは、4体存在している。その中には、名もない母親のフィギュアが存在しているが、そのフィギュアのもとになったのが、先代であった明神駅長の母親である。

母親のフィギュアが、黒潮町の浜辺にて割烹着姿で写っている母親の写真とそっくりであることから、その写真が母親のフィギュアのもとになっているとの話を伺った。まず、最初に先代の母親の姿が道の駅のオリジナル・キャラクター（名前はなく母親といわれている）として生まれ、そして、地元の漁師の方をもとにした「なぶら元吉」が誕生したとの話である。

キャラクター制作者のデハラユキノリ氏は、高知県出身のフィギュアイラストレーターとして、高知県を中心に幅広く活躍しており、他の施設のオリジナル・キャラクター制作も行っている。塩ビで作るインパクト大なキャラクターのフィギュアが特徴的であり、コアなファンも多く存在する。デハラ氏は、以前から佐賀町（現在の黒潮町）を第二の故郷のように慕っており、以前いたマネージャーとも家族ぐるみの付き合いを通じて、親密な関係にあったと思われ、それがきっかけとなり、オリジナル・キャラクターの制作に携わったと類推される。

また、周辺には多くの道の駅が存在しており、本章の道の駅の設立は後発にあたることから、当時は奇抜なキャラクターのデザインによって、存在感やインパクトを打ち出したいとの考えがあったのでは、との話を道の駅の広報担当者(注4)から伺った。

2）デハラユキノリ氏制作のフィギュア「なぶら元吉」の魅力

道の駅なぶら土佐佐賀の店内には、「なぶら元吉」の顔出し看板が展示されており、さらに、道の駅店内のおみやげものコーナーの一角には、道の駅のオリジナル・キャラクターを制作したデハラユキノリ氏がデザインした、フィギュアやグッズが数多く販売されている。これらについて、道の駅の来店者によるSNSなどの投稿がネット上において、多く見受けられた(注5)。

また、デハラユキノリ氏は、自ら製作したフィギュアを販売する直販ＥＣサイト「デハラユキノリのフィギュアワールド（www.DEHARA.com)」を運営しており、そこにて「元吉なぶら」フィギュアを6000円（税込）で販売している。一方、オークション落札価格検索サイト（Aucfree）では、「元吉なぶら」フィギュアが、ヤフオクにて9800円で落札されたとの掲載がある(注6)。さらに、merucariにおいては、1万3800円（税込、送料込）にて出品されている(注7)。デハラユキノリ氏が制作した「元吉なぶら」のフィギュア価値の魅力の高さがうかがえる。

4. ファミリー性や地域性を表わす「物語モデル」の構築

全国的な知名度がある「ひろめ市場」と同様のサービスや体験を実現させる商品ストーリーや販売・店内演出（パフォーマンス）の取り組みが示唆される。

一方、「なぶら土佐佐賀」において独自の取り組みであるオリジナル・キャラクター（漁師キャラ「なぶら元吉」など）は、ファミリー性や地域性のストーリーを意識させ、来店者の感情に大きく影響を与えていると考察される。「なぶら土佐佐賀」の対象セグメント層を主人公とする「物語モデル」の構築を試みる。

(1)「なぶら土佐佐賀」のキャラクター・マーケティング

「なぶら土佐佐賀」において実施しているキャラクター・マーケティングからは、以下の内容が導き出される。

1) 通常、キャラクターのマーケティングというと、すでに使われているコンテンツ作品や地域自治体のものを使う。
2) 本事例では、地元のクリエーターを起用し、インパクトのある完全オリジナルな作品。
3) 主人公は、希求対象（来てほしい顧客）のセグメントである「ファミリー層」。
4) 地元を象徴する「漁師の家族」を起用し、素材の新鮮さを強くアピールする、インパクトのある作品。
5) さらに、藁焼きのパフォーマンスによる参加型の演出。

(2) 物語モデルの構成要素

「なぶら土佐佐賀」における対象セグメント層を主人公とする物語モデルの構成要素としては、ターゲッティングセグメント層は、「子連れ家族」「感度の高い人達」「本物志向」「食にこだわる人達」の顧客像が想定される。

これらの想定顧客を対象とする取り組みとしては、商品では、鰹を藁焼きにし天日塩で食べる本場土佐流の食べ方へのこだわり、一本釣りで漁獲した戻り鰹、黒潮町産の天日塩、国内産の藁等の地産地消（地元黒潮町産）の素材を使った稀少性ある「元祖・藁焼き塩たたき」の提供。販売・店内演出（パフォーマンス）では、食事と土産品販売を中心に、注文後に鰹を藁で焼き始める「焼き切り」、強い火力での臨場感の演出、さらに藁の煙や香りはより一層風味を引き立てる店内演出。オリジナルのキャラクターでは、地元有名デザイナー（デハラユキノリ氏）制作による戻り鰹を一本釣りする地元漁師をイメージした漁師キャラ「なぶら元吉」の存在。さらにその容姿は、インパクト大であることが特徴的。キャラクター構成としては、家族をもつ漁師キャラクターを構成することで、想定セグメント層を主人公にさせる親近感を創出している。

以上より、「態度の単一次元モデル」をもとに、来店者の感情に訴求する体験やストーリーを与える、「なぶら土佐佐賀」独自のマーケティングモデルである「物語モデル」の構成要素（表11－2）といえる。

表11－2 「物語モデル」構成要素のスキーム

1）ターゲッティングセグメント層 「子連れ家族」「感度の高い人達」「本物志向」「食にこだわる人達」
2）商品（稀少性）:「元祖・藁焼き塩たたき」 鰹を藁焼きにし天日塩で食べる本場土佐流の食べ方へのこだわり。 一本釣りで漁獲した戻り鰹、黒潮町産の天日塩。 国内産の藁等→地産地消（地元黒潮町産）の素材へのこだわり。
3）販売・店内演出（パフォーマンス） 注文後に鰹を藁で焼き始める「焼き切り」→強い火力で臨場感を演出。 藁の煙や香りはより一層風味を引き立てる。食事と土産品販売が中心。
4）オリジナルのキャラクター 戻り鰹を一本釣りする地元漁師をイメージ→漁師キャラ「なぶら元吉」＝漁師の家族
5）キャラクター構成 家族をもつキャラクター構成→想定セグメント層を主人公にさせる親近感。

出所：筆者作成

5. キャラクターイメージのアンケート調査分析

(1) アンケート調査の概要

本章では、学生や社会人を対象にアンケート調査を実施した。具体的には、10～20歳代の大学生（128名）、30歳～60歳代の社会人（24名）を対象に行った。実施時期は、2021年3月から4月である。アンケートの回収方法としては、調査員が直接、学生や社会人に対してアンケート調査票を配布し、その場にて記入をしてもらい、アンケートの回収を行った。その結果としては、152枚（学生128枚、社会人24枚）の回答を得ることができた。

アンケート調査項目については、①性別、年齢などの回答者属性、②イラスト人物の性格や生活に関する情景（自由意見）、③道の駅が提供する鰹のたたきに関する印象度合い（5点尺度）、④道の駅が提供する鰹のたたきへの興味度合い（5点尺度）から構成されている。項目②

〜④については、「なぶら元吉」と「キャラA」に対して同様の質問を行っている。なお、ここでの「キャラA」は、非意図的なキャラクターとする。本章における実証分析の手法としては、赤土（2015）のアンケート調査手法にならい、実施している。

(2) 調査設定の概要

本章における調査設定としては、以下の4点を試みる。

1）オリジナル・キャラクターがシンボルとして持つ情報量の把握

「なぶら土佐佐賀」のオリジナル・キャラクター「なぶら元吉」がシンボルとして持つ「内包するイメージ」を確認する。

①オリジナル・キャラクターが「内包するイメージ」【調査1】

「なぶら元吉」のイラストを見て浮かんだ情景から「海」「鰹」など漁師に関するキーワードの出現回数を確認することで、オリジナル・キャラクターが「内包するイメージ」の把握を行うこととする。

②オリジナル・キャラクターが内包する「印象度合い」【調査2】

漁師のイメージから鮮魚の新鮮さが内包されていることを踏まえ「新鮮なタタキ」「ここでしか食べられないタタキ」について、5段階尺度にて、「なぶら元吉」が内包する「印象度合い」の把握を試みる。なお、比較対象として「キャラA」についても同様の質問を行った。

2）消費者の行動変容にどのような影響を与えるのか

①道の駅が提供する鰹のタタキの「興味度合い」【調査3】

「カツオタタキが食べられる道の駅」のキャッチコピーを添えた「なぶら元吉」から、道の駅が提供する鰹のタタキへの「興味度合い」を5段階尺度にて試みる。また、比較対象として「キャラA」についても同様の質問を行った。

②オリジナル・キャラクターの「印象度合い」、鰹のタタキの「興味度合い」の差（キャラクターが内包する「漁師イメージ」と「漁師

以外イメージ」の対比による）【調査4】

【調査1】の結果を踏まえ、キャラクターが内包する「漁師イメージ」より期待される「印象度合い」や「興味度合い」を5段階尺度にて試みた。

なお、設問内容や調査方法等に関しては赤土（2015）にならい、行っている。

(3) 調査方法

1）オリジナル・キャラクターが「内包するイメージ」【調査1】

「なぶら元吉」は、地域特産で有名な鰹の一本釣りの漁師をイメージしてキャラクター制作を行っており、このキャラクターには、地元の雰囲気が伝わる「海」「鰹」などの漁師のイメージが内包されている。ここでは、そのイメージがどの程度内包されているのかを確認する。設問から「海」「鰹」など漁師に関するキーワードの出現回数を確認することで、オリジナル・キャラクターが「内包するイメージ」の把握を行う。また、比較対象として「キャラA」についても、同様の質問を行ったが、漁師のイメージを包括する自体に無理があることから、調査1での分析対象からは除外している。

2）オリジナル・キャラクターが内包する「印象度合い」【調査2】

「なぶら元吉」とともに「カツオタタキが食べられる道の駅」のキャッチコピーを添えたイラストを提示したうえで、「どのようなカツオタタキが提供されそうとお感じになりましたか」を7項目の設問[注8]から、5段階尺度[注9]より選択することで、オリジナル・キャラクターが内包する「印象度合い」の把握を行う。道の駅は、漁港の近くにあることから、朝一番に水揚げした鮮魚の新鮮さが漁師に内包されていると想定し、「新鮮なタタキ」と「ここでしか食べられないタタキ」の2項目には、強いイメージが創出されることを狙っている。よって、その2項目以外（5項目）は、すべてダミー項目とする。

3）道の駅が提供する鰹のタタキの「興味度合い」【調査3】

「なぶら元吉」とともに「カツオタタキが食べられる道の駅」のキャッチコピーを添えたイラストから、「この道の駅のカツオタタキに興味をもちましたか」の設問より、5段階尺度(注10)より選択することで、「興味度合い」の把握を行う。

4）オリジナル・キャラクターの「印象度合い」、鰹のタタキの「興味度合い」の差（キャラクターが内包する「漁師イメージ」と「漁師以外イメージ」の対比による）【調査4】

「なぶら元吉」から「海」「鰹」など漁師に関するキーワードが出現したデータ群（漁師イメージ）と出現しなかったデータ群（漁師以外イメージ）を対比させることで、オリジナル・キャラクターの「印象度合い」および鰹のタタキの「興味度合い」の差を分析する。①「なぶら元吉」が包括する「漁師イメージ」と「漁師以外イメージ」の対比による「印象度合い」の差の分析を行う。漁師のイメージからは、鮮魚の新鮮さが内包されることを想定し「新鮮なタタキ」と「ここでしか食べられないタタキ」について、5段階尺度(注11)にて分析を試みる。②同様に、「漁師イメージ」と「漁師以外イメージ」の対比による道の駅のカツオタタキへの「興味度合い」の差の分析を行う。「なぶら元吉」が包括する「漁師イメージ」と「漁師以外イメージ」より、道の駅が提供する鰹のタタキへの「興味度合い」の差を5段階尺度(注10)にて分析を行う。

(4) 分析結果

1）オリジナル・キャラクターが「内包するイメージ」【調査1】

「なぶら元吉」は、地域特産で有名な鰹の一本釣りの漁師をイメージしてキャラクター制作を行っている。このキャラクターに地元の雰囲気が伝わる「海」「鰹」など漁師のイメージがどの程度内包されているのかを確認するため、「このイラストの人物は、どんな性格で、どんな生活をしてそうでしょうか？」を確認した。回答では、「漁師」というキーワードを直接記入している内容も多く見受けられたが、それ以外に

「海」「鰹」「魚」などのキーワードが見受けられた。これらのキーワードについては、「漁師」というキーエッセンスに関連付け可能なキーワードとして、解釈できるものとして含んでいる。分析の結果、「漁師」をイメージさせるキーワードは69件（42.9%）であった。よって、オリジナル・キャラクター「なぶら元吉」からは、「漁師」というイメージを内包する影響は、さほど大きくないということが示唆された。

2）オリジナル・キャラクターが内包する「印象度合い」【調査2】

「なぶら元吉」とともに「カツオタタキが食べられる道の駅」のキャッチコピーを添えたイラストを提示したうえで、「どのようなカツオタタキが提供されそうとお感じになりましたか」を7項目の設問から、5段階尺度にて、イメージの印象度合いを取得した。

ここでは、漁師の内包イメージを想定させる「新鮮なタタキ」と「ここでしか食べられないタタキ」の2項目について、「印象度合い」の検証を行った。「なぶら元吉」と「キャラA」を比較対象にt検定を実施した（表11－3）。

結果として、「新鮮なたたきの印象度合い」については、「なぶら元吉」と「キャラA」のキャラクターの差（t検定）からは、有意差がみられた（t=-3.37、df=302、p<.001）。さらに、「ここでしか食べられないたたきの印象度合い」」についても同様に、「なぶら元吉」と「キャラA」のキャラクターの差（t検定）からは、有意差が見られた（t=

表11－3　t検定の結果「なぶら元吉」と「キャラA」の印象度合い・興味度合い

	「なぶら元吉」 平均（標準偏差）	「キャラA」 平均（標準偏差）	t値
「新鮮なタタキ」の印象度合い	2.65（1.32）	3.14（1.23）	-3.37 ***
「ここでしかたべられないタタキ」の印象度合い	2.41（1.15）	3.43（1.13）	-7.83 ***
「鰹のタタキ」の興味度合い	2.84（1.13）	3.41（1.18）	-4.27 ***

* p<.05, ** p<.01, *** p<.001
※平均＝数値の低い方が強い度合いを示す。

出所：筆者作成

-7.83、df=302、p<.001）。

よって、この結果と平均値（注11）より、漁師の内包イメージを想定させる「新鮮なタタキ」と「ここでしか食べられないタタキ」からは、たがいに「キャラA」よりも「なぶら元吉」をシンボルとした方が、イメージをより強く導かれていると解釈することができる。

3）道の駅が提供する鰹のタタキの「興味度合い」【調査3】

道の駅が提供する鰹のタタキの「興味度合い」についても同様に、「なぶら元吉」と「キャラA」を比較対象にt検定を実施した（表11－3）。

結果として、「なぶら元吉」とともに「カツオタタキが食べられる道の駅」のキャッチコピーを添えたイラスト見て、道の駅が提供する鰹のタタキに対して興味を抱く度合いとして、「なぶら元吉」と「キャラA」のキャラクターの差（t検定）からは、有意差がみられた（t=-4.27、df=302、p<.001）。

よって、この結果と平均値（注11）をみると「なぶら元吉」の方が「キャラA」よりも、道の駅が提供する鰹のタタキに対して、興味が喚起されていると解釈することができる。

4）オリジナル・キャラクターの「印象度合い」および鰹のタタキへの「興味度合い」の差（キャラクターが内包する「漁師イメージ」と「漁師以外イメージ」の対比による）【調査4】

漁師の内包イメージを想定させる「新鮮なタタキ」と「ここでしか食べられないタタキ」について、オリジナル・キャラクターの「印象度合い」の差を分析する。調査1において把握した「なぶら元吉」が内包する「漁師イメージ」と「漁師以外イメージ」を比較対象にt検定を行った（表11－4）。

結果として、「新鮮なたたき」という印象度合いについては、「漁師イメージ」と「漁師以外イメージ」の差（t検定）からは、有意差がみられた（t=5.49、df=150、p<.001）。この結果と平均値（注11）より、「漁師以外イメージ」よりも「漁師イメージ」を抱く方が、「新鮮なタタキ」が

表11−4　t検定の結果　「なぶら元吉」漁師イメージの印象度合い、興味度合い

	漁師のイメージ 平均（標準偏差）	漁師以外のイメージ 平均（標準偏差）	t値
「新鮮なタタキ」の印象度合い	1.98（1.16）	3.09（1.25）	5.49 ***
「ここでしかたべられないタタキ」の印象度合い	2.33（1.10）	2.46（1.19）	0.64
「鰹のタタキ」の興味度合い	2.60（1.08）	3.00（1.14）	2.16 *

* p<.05, ** p<.01, *** p<.001
※平均＝数値の低い方が強い度合いを示す。

出所：筆者作成

より強く導かれていると解釈することができる。一方、「ここでしか食べられないタタキ」という印象度合いについては、「漁師イメージ」と「漁師以外イメージ」の差（t検定）からは、有意差が見られなかった（t=0.64、df=150、n.s.）。

この結果と平均値[注11]より、「ここでしか食べられないタタキ」は、「なぶら元吉」が内包する「漁師イメージ」にあまり影響を及ぼさないことが確認できた。

また、鰹のタタキの「興味度合い」の差の分析についても同様に、調査1において把握した「漁師イメージ」と「漁師以外イメージ」を比較対象にt検定を行う。

「なぶら元吉」とともに「カツオタタキが食べられる道の駅」のキャッチコピーを見せた結果、鰹のタタキに興味を抱く度合いは、「漁師イメージ」と「漁師以外イメージ」の差（t検定）からは、有意差がみられた（t=2.16、df=150、p<.05）。

この結果と平均値[注11]より、「なぶら元吉」が内包する（「漁師以外イメージ」よりも）「漁師イメージ」を抱く方が、道の駅が提供する鰹のタタキに対して、興味が喚起されていると解釈することができる。

6. 考察

1)「なぶら元吉」からは、漁師というイメージを内包する影響は、さほど大きくないということが示唆された。
2)「なぶら元吉」が内包する漁師のイメージを想定させる「新鮮なタタキ」と「ここでしか食べられないタタキ」は、2つがあいまって、たがいに相乗効果を発揮し、「キャラA」よりも「なぶら元吉」をシンボルとした方が、イメージがより強く導かれていると解釈することができる。
3)「キャラA」よりも「なぶら元吉」の方が、道の駅が提供する鰹のタタキのイラストを見たほうが、興味が喚起されていると解釈することができる。

この結果を踏まえると、当初「なぶら元吉」の見た目から漁師の姿を想像できると想定していたが、鰹で有名な高知県黒潮町に位置する道の駅なぶら土佐佐賀を知らない方（学生、社会人等）からすると、デハラユキノリ氏特有のインパクト大な風格がとても印象的となってしまい、漁師というイメージが弱くなってしまう傾向が考察された。よって、このオリジナル・キャラクター「なぶら元吉」からは、漁師というイメージを伝える影響度は、低いことが考察される。

一方、非意図的なキャラクター「キャラA」と比べると、「新鮮なタタキ」「ここでしか食べられないタタキ」というイメージが「なぶら元吉」からは、強く導き出された。さらに、「カツオタタキが食べられる道の駅」のキャッチコピーを添えたイラストを見せることで、鰹のタタキに対して興味を抱く度合いが高まることがわかった。

よって、「なぶら元吉」だけではなく、鰹のタタキとの関連を示した形で訴求を行うことで、意図するイメージを訴求できる可能性が高いことが示唆される。

4)「なぶら元吉」が内包する（「漁師以外イメージ」よりも）「漁師イ

メージ」を抱く方が、漁師のイメージから創出される「新鮮なタタキ」がより強く導かれており、さらに、イラストを見た道の駅が提供する鰹のタタキに対して、興味が喚起されていると解釈することができる。この結果を踏まえると、「なぶら元吉」から漁師イメージを抱いた方は、漁師のイメージから創出される「新鮮なタタキ」は強く影響しており、さらに、イラストを見た道の駅が提供する鰹のタタキに対して、興味が喚起されていることがわかった。漁師＝毎日鮮魚を採るというイメージは直接的には想像しやすく、その結果として、新鮮さという印象が「なぶら元吉」から、直接的に結びつくとともに、それに関連して、道の駅が提供する鰹のタタキも新鮮であるとのイメージが連想されたことで、興味を抱く態度に繋がった。

5）一方、「ここでしか食べられないタタキ」については、「なぶら元吉」が内包する「漁師イメージ」からは、あまり影響を及ぼさないことが確認できた。希少性を意味する「ここでしか食べられないタタキ」となると、「なぶら元吉」が内包する「漁師イメージ」だけでは、希少性の「印象度合い」を高めることに繋がらないことがわかった。今後、道の駅の集客を高めるには、新鮮さとともに、ここでしか食べられないという希少性も伝えていくことが求められる。それには、インパクト大な風格を持つ「なぶら元吉」のインパクトだけにとどまらず、この道の駅特有の「藁焼きの実演」や「元祖・藁焼き塩たたき」なども含めて、訴求することが求められる。

7. 小括

漁師キャラ（なぶら元吉）などによるキャラクター・マーケティングに焦点をあて、「なぶら土佐佐賀」の対象セグメント層を主人公とする「物語モデル」の構築を試みた。全国的な知名度がある「ひろめ市場」と同様の商品や体験以外の取り組みとして、道の駅のオリジナル・キャラクターの漁師キャラは、地域性のストーリーを意識させ、来店者の感情に訴求し、来店者の行動に影響を与えていることが想定される。よって、「態度の単一次元モデル」をもとに、来店者の「感情」に訴求する体験やストーリーについての分析や考察を踏まえて、コンテンツ／アトラクション導入モデルの検証を行った。

研究方法としては、「なぶら土佐佐賀」の関係者からのインタビュー内容などをもとに、態度の単一次元モデルの「感情」を生み出すキャラクター・マーケティングに着目し、対象セグメント層を主人公にさせる体験やストーリーからなる「物語モデル」の構築を試みた。その結果、「態度の単一次元モデル」をもとに、来店者の感情に訴求する体験やストーリーを与える、「なぶら土佐佐賀」独自のマーケティングモデルである「物語モデル」の構成要素を明らかにすることができた。

道の駅のオリジナル・キャラクターに関するアンケート調査の結果、以下の内容が明らかになった。

1) 予想に反し、キャラクター「なぶら元吉」は漁師のイメージは薄い。
2) しかし、「新鮮なタタキ」と「ここでしか食べられないタタキ」からは、2つがあいまって、たがいに相乗効果を発揮している。
3) 非意図的なキャラクター「キャラA」よりも「なぶら元吉」をシンボルとした方が、イメージがより強く導かれていると解釈することができる。
4) キャラクターコンテンツから、その生活を連想させるよりは、新鮮なタタキの商品そのもののイメージを強く印象づけさせ、新鮮なタタキのアトラクションとキャラクターコンテンツの相乗効果があることがわかった。

【注】

(注 1) 株式会社明神丸（2018）p.2をもとに筆者加筆。
(注 2) 株式会社明神丸（2018）p.3をもとに筆者加筆。
(注 3) 株式会社明神丸（2018）p.4をもとに筆者加筆。
(注 4)「元吉なぶら」ができた経緯については、株式会社なぶら土佐佐賀の広報担当 明神由佳氏からのインタビュー内容より（2021年3月実施）。
(注 5) まんが王国・土佐推進協議会HP「まんが関連スポット」
(注 6) Aucfree HP「【新品】デハラユキノリ 元吉なぶら ピンク 大漁 パンクドラ

ンカーズREAL HEAD punkdrunkers punk drunkers あいつ リアルヘッド REALHEADの商品情報」

（注 7）mercari HP「デハラユキノリ　ソフビ　なぶら」

（注 8）7項目の設問は、「新鮮なタタキ」「ここでしか食べられないタタキ」「高級感あるタタキ」「本物志向のタタキ」「大盛りのタタキ」「おいしいタタキ」「かわいいタタキ」である。

（注 9）5段階尺度は、「とても思う」「思う」「どちらもいえない」「思わない」「全く思わない」である。

（注10）5段階尺度は、「とても興味を持った」「興味を持った」「どちらもいえない」「興味をもたなかった」「全く興味をもたなかった」である。

（注11）平均値が低い方がイメージの印象が強い。

第12章　コンテンツ・アトラクション戦略の実証分析（1）:「子供連れ家族へのターゲティング」

前章では、「なぶら土佐佐賀」の事例分析を通じて、漁師キャラ「なぶら元吉」などのキャラクターの存在から、キャラクター・マーケティングの取り組みが示唆されるとともに、対象セグメント層を主人公とする「物語モデル」の仮説を考察した。

その「物語モデル」では、子供連れ家族を想定セグメント層としており、家族をイメージさせる漁師キャラ達を主人公とし、想定セグメント層に親近感を創出することで、ターゲティングセグメント層（想定顧客）である子供連れ家族の来店を高める効果が期待されている。

本章の研究目的は、「なぶら土佐佐賀」において、ファミリー性や地域性をあらわす「物語モデル」の想定顧客である子供連れ家族の来店が、他の道の駅に比べ多くなっていることを明らかにすることである。

1. 来店者属性分析（来店者属性調査）

「なぶら土佐佐賀」の来店者の年齢世代（10代未満、10代、20代、30代、40代、50代、60代以上）および、子連れ世帯数を時間帯（10時から16時の1時間単位）毎にカウントした結果より分析を行う。

（1）来店者属性調査の概要

「なぶら土佐佐賀」の来店者の属性および年齢層を調査するため、来店者調査を実施した。実施時期は、2020年9月21日（祝）、時間帯は10時から16時まで行った。天気は晴天（28℃／13℃）であった。「なぶら土佐佐賀」にある直売所および飲食コーナーを利用されている顧客年齢別の人数、子連れ家族の世帯数を時間ごとにカウントした。

年齢は、10代未満（幼児0～9歳）、10代（学生10～19歳）、20代（ヤング20～29歳）、30代（ミドル30～39歳）、40代（ミドル40～49歳）、50代（シニア50～59歳）、60代以上（シルバー60歳以上）の7区分として分類した。また、子連れ家族の世帯数については、幼児や学生などの子供を連れている家族数を対象にカウントを行っている[注1]（表12－1）。

表12－1　来店者属性調査「なぶら土佐佐賀」

時間帯	幼児 10代未満		学生 10代		ヤング 20代		ミドル 30代		ミドル 40代		シニア 50代		シルバー 60代以上		計	
(割合)	人数	比率	人数	比率	人数	比率	人数	比率	人数	比率	人数	比率	人数	比率	人数	比率
10時	12	21.8%	5	9.1%	5	9.1%	7	12.7%	10	18.2%	8	14.5%	8	14.5%	55	100%
	(11.2%)		(5.7%)		(4.3%)		(3.6%)		(6.1%)		(4.4%)		(13.1%)		(6.0%)	
11時	13	14.4%	7	7.8%	14	15.6%	10	11.1%	15	16.7%	25	27.8%	6	6.7%	90	100%
	(12.1%)		(8.0%)		(12.2%)		(5.1%)		(9.1%)		(13.7%)		(9.8%)		(9.8%)	
12時	24	17.3%	12	8.6%	9	6.5%	40	28.8%	20	14.4%	30	21.6%	4	2.9%	139	100%
	(22.4%)		(13.6%)		(7.8%)		(20.3%)		(12.1%)		(16.4%)		(6.6%)		(15.2%)	
13時	25	11.0%	28	12.3%	32	14.1%	45	19.8%	35	15.4%	40	17.6%	22	9.7%	227	100%
	(23.4%)		(31.8%)		(27.8%)		(22.8%)		(21.2%)		(21.9%)		(36.1%)		(24.8%)	
14時	17	9.0%	19	10.1%	21	11.1%	40	21.2%	40	21.2%	40	21.2%	12	6.3%	189	100%
	(15.9%)		(21.6%)		(18.3%)		(20.3%)		(24.2%)		(21.9%)		(19.7%)		(20.6%)	
15時	12	9.8%	6	4.9%	8	6.5%	35	28.5%	30	24.4%	25	20.3%	7	5.7%	123	100%
	(11.2%)		(6.8%)		(7.0%)		(17.8%)		(18.2%)		(13.7%)		(11.5%)		(13.4%)	
16時	4	4.3%	11	11.8%	26	28.0%	20	21.5%	15	16.1%	15	16.1%	2	2.2%	93	100%
	(3.7%)		(12.5%)		(22.6%)		(10.2%)		(9.1%)		(8.2%)		(3.3%)		(10.2%)	
計	107	11.7%	88	9.6%	115	12.6%	197	21.5%	165	18.0%	183	20.0%	61	6.7%	916	100%
	(100%)		(100%)		(100%)		(100%)		(100%)		(100%)		(100%)		(100%)	

■子連れ家族の世帯数

	10時	11時	12時	13時	14時	15時	16時	計
子連れ家族の世帯数	7	8	18	22	18	13	8	94
（割合）	(7.4%)	(8.5%)	(19.1%)	(23.4%)	(19.1%)	(13.8%)	(8.5%)	(100%)

出所：筆者作

(2) 来店者属性分析

1）時間帯による年齢層別の推移をみると、午前中では10代未満（幼児：21.8%）、50代（シニア：27.8%）が多く、12時からは30代（ミドル：28.8%、19.8%）、14時には30代から50代（ミドル・シニア：21.2%）がピークとなり、16時からは20代（ヤング：28.0%）が増加傾向にある。

2）道の駅のピークの時間帯としては、13時（24.8%）となっており、次は14時（20.6%）、12時（15.2%）であることから、昼間食事を狙った来店者が多いことが示唆される。
3）子連れ世帯については、13時（23.4%）が一番多くなっており、次は12時、14時（19.1%）であることから、昼間の食事を狙った来店者が多いことが示唆される。

(3) まとめ

1）全世代に共通して、お昼を挟んだ時間帯である12時（15.2%）、13時（24.8%）、14時（20.6%）の来店が多くを占めていることが示唆される。「元祖・藁焼き塩たたき」の飲食を目的に、この道の駅に来店している方が多く、全世代から支持されていることがわかる。
2）午前中の時間帯では、50代（シニア：27.8%）が多い傾向にある。一般的に道の駅では、午前中に農産物の売り切れが発生するケースが多い。その理由としては、朝摘みの新鮮な農産物を求めて来店する人が多く、今回のシニア層についても、新鮮な農産物などの購入を目的に来店する可能性が高いことがわかる。
3）夕方の16時頃に20代（ヤング：28.0%）の来店が多い傾向にある。ヤング層については、この道の駅を目的に来店するというよりは、目的地に行った後の立ち寄りとして、この道の駅を利用されていることがわかる。

2. 子連れ家族の来店割合の比較検証（来店者属性調査）

年齢世代別の来店者数から、子連れ家族を構成する人数のシミュレーションを行う。「なぶら土佐佐賀」と同様の中山間地域にある「妹子の郷」に来店した子連れ家族との比較を行う。検証方法の流れは以下の通りである。

1）子連れ家族構成の人数および来店割合の算出

アンケート調査から把握した子連れ家族の平均人数をもとに、子連れ家族の世帯数を構成する人数および来店割合を算出する。

2）子連れ家族を構成する年齢層の定義づけ

比較検証を行うために、子連れ家族を構成する年齢層の定義づけを行う。

3）「妹子の郷」との比較検証

子連れ家族の年齢層から子連れ家族の来店割合の比較を試みる。

(1) 子連れ家族構成の人数および来店割合の算出

来店者アンケート調査から把握した子連れ家族の平均人数をもとに、子連れ家族の世帯数を構成する人数および来店割合を算出する。

子連れ家族の来店割合「なぶら土佐佐賀」

1）来店者調査から子連れ世帯の総数は94世帯

2）子連れ家族からのアンケート回収は18件（全体の3割）

それに記入された家族構成の人数の平均は4.4である。

3）これらを踏まえ、子連れ家族の構成人数は、94世帯×4.4＝414人と推定。

4）子連れ家族の来店割合は、414人（子連れ家族数）÷916人（来店者総数）＝45.2％と推定。

以上から、なぶら土佐佐賀の子連れ家族の来店割合は、45.2％と推定する。

(2) 子連れ家族を構成する年齢層の定義づけ

内閣府（2005）によると、「子育て世代」とは「これから結婚をしようとする若年から、大学生の子どものいる親までで構成される世代。なお、統計上の制約等から、子育て世代を年齢層として捉えなければならない場合、便宜的に20～49歳とする」であると、平成17年版（2005年）国民生活白書の凡例で定義している。

これらを踏まえ、本章では、子供は幼児（10代未満）と学生（10代）、両親はミドル層（30代から40代）と定義した。なお、20代については、当日の来店状況から友人、カップルの傾向が高かったことから、子連れ家族の構成から除外する。

本章における子連れ家族を構成する年齢層
　子供＝幼児（10代未満）と学生（10代）
　両親＝ミドル層（30代から40代）

また、年齢層から子供連れ家族を算出する際の留意点としては、子連れ家族を構成する年齢層のうち、全員が子供連れ家族である可能性は低いと考えられる。

よって、来店者アンケート調査から把握した子供連れ家族の構成人数と、子連れ家族を構成する年齢層との比較からウェイト値を算出する。年齢層から算出する際にはウェイト付けを行うことにより、実際の子供連れ家族の構成人数に近づけることが期待できる。

年齢層から算出する際のウェイト算出
1）子連れ家族の構成人数の算出結果＝414人と推定
2）構成する年齢層の人数（子供＋両親）
　＝10代未満（107）＋10代（88）＋30代（197）＋40代（165）＝557人
3）年齢層から算出する際のウェイト付け＝414人÷557人＝0.74

以上から、年齢層から算出する際のウェイト付けの値は、0.74とする。

(3) 子連れ家族の構成人数の算出シミュレーション「妹子の郷」

前章にて調査した「妹子の郷」の来店者属性調査データ(注2)をもとに、「妹子の郷」に来店した子連れ家族の構成人数の算出シミュレーションを試みる。「なぶら土佐佐賀」との比較対象とするため、時間帯は10時から16時までとし、来店者数は、レストランと休憩室を利用する年齢層別の男女の合計とする（表12－2）。

子連れ家族の構成人数　算出シミュレーション「妹子の郷」
1）子供＝9歳まで＋10代

9歳まで（10＋19）＋10代（1＋16）＝46人

2）両親＝30代から40代

30代（13＋45）＋40代（32＋42）＝132人

3）子連れ家族の構成人数、構成割合

（子供＋両親）×ウェイト値＝（46＋132）×0.74＝132人

132人÷350人（373－12－11）＝37.7％

以上から、「妹子の郷」に来店した子連れ家族の構成人数は132人、子連れ家族の構成割合は37.7％である。

表12－2　来店者属性調査「妹子の郷」

	9歳迄		10代		20代		30代		40代		50代		60歳以上		計	
時間帯	RS	休憩室	RS	休憩室	RS	休憩室	RS	休憩室	RS	休憩室	RS	休憩室	RS	休憩室	RS	休憩室
10時		2		5		4		5		3	2	3	2		4	22
11時	2	3		1		2	1	6	1	5	2	4	4	6	10	27
12時	2	3			4	4	6	10	9	8	18	4	19	5	58	34
13時	4	2	1	2		4	4	10	16	7	12	3	6		43	28
14時		1		1		2		4	2	5	8	4	6	4	16	21
15時	2	5		4		7	2	4	2	8	6	4	3	4	15	36
16時		3		3		7		6	2	6	3	5		1	5	31
計	10	19	1	16	4	30	13	45	32	42	51	27	40	20	151	199
合計	29		17		34		58		74		78		60		350	

※ＲＳ＝専門店レストランの来店者数
※休憩室＝道の駅休憩室の来店者数

出所：筆者作成

(4) まとめ

「なぶら土佐佐賀」と「妹子の郷」における子連れ家族の比較検証シミュレーションの結果は、以下のとおりである（表12－3）。

1）全体的に見たシミュレーション結果からは、「なぶら土佐佐賀」の方が「妹子の郷」に比べ、子連れ家族の割合が＋7.5ポイント高いことが示された。

2）時間帯別にみると、「なぶら土佐佐賀」では、10時（56.4％）、12時（56.8％）において、5割を超える子育て家族の来店があり、「妹子の郷」の時間帯別の最大値（47.9％）を大幅に上回る集客であることがわかる。

3）また、12時においては子育て世代の来店割合が＋26.2ポイントも高

表12－3　時間帯別の子連れ家族の構成人数、来店割合
「なぶら土佐佐賀」と「妹子の郷」

	なぶら土佐佐賀		妹子の郷	
時間帯	子供連れ家族構成人数	子供連れ家族来店割合	子供連れ家族構成人数	子供連れ家族来店割合
10時	31	56.4%	11	42.7%
11時	35	38.9%	14	38.0%
12時	79	56.8%	28	30.6%
13時	97	42.7%	34	47.9%
14時	79	41.8%	10	26.0%
15時	57	46.3%	20	39.2%
16時	36	38.7%	15	41.1%
計	414	45.2%	132	37.7%

出所：筆者作成

く、「妹子の郷」（30.6%）に比べ大幅な差が出ていることから、昼間時間帯にて子連れ家族の集客力を高める要素があることがわかる。

以上から、「なぶら土佐佐賀」に来店した子連れ家族の割合は、「妹子の郷」に比べて高いことが明らかとなった。

3. 来店者アンケート調査分析（来店者アンケート調査）

(1) 来店者アンケート調査の概要

本章では、「なぶら土佐佐賀」の来店者を対象とする来店者アンケート調査を実施した。実施時期は、2020年9月21日（祝）、時間帯は10時から16時まで行った。天気は晴天（28℃／13℃）であった。

アンケートの調査方法としては、「なぶら土佐佐賀」の来店者に対して調査員が直接アンケート内容を確認する方法にて実施した。店頭での声かけの後、来店者または調査員がその場にてアンケート票への記入を行っている。また、アンケート調査の際には、イメージ写真などを見せながら、来店者の回答を促している。最終的には60枚の回答を得た。

アンケート調査項目については、①性別、年齢などの来店者属性、②

道の駅の来店目的、③道の駅の来店回数、④初回または2回目以降の来店理由（漁師キャラ、藁焼き実演、元祖・藁焼き塩たたき）、⑤来店者が抱く態度、感情（漁師キャラ、藁焼き実演、元祖・藁焼き塩たたき）、⑥来店者の今後の行動（再来店希望、友人知人への紹介）から構成されている。なお、項目④～⑥については、5点尺度（①全く思わない～⑤とても思う）にて測定を行っている。

(2) アンケート調査項目の分析

アンケート調査票の調査項目ごとに分析を行う。

1）来店者の属性等に関する質問項目

道の駅の来店者の属性（年齢、性別、住所など）についての質問を行った。これらの分析結果は、以下の通りである。

① 年齢としては、「40代（26.7%）」が最も多く、次いで「50代（23.3%）」「30代（20.0%）」「60代（13.3%）」「20代（10.0%）」「10代以下（3.3%）」「70代（3.3%）」となっている。30代から50代の年齢層の方が約7割を占めている。

② 性別としては、「女性（65.0%）」が多い傾向にある。アンケート当日の状況からは、道の駅の来店者は、特に女性が多いことは見受けられなかった。アンケート調査への協力度合いの影響が大きい。

③ 来店者の構成としては、「ご家族（48.3%）」が最も多く、次いで「子連れ家族（30.0%）」「友達（13.3%）」が多くなっている。家族連れの来店者が約8割を占めている。

④ 来店者の住所としては、「高知県内（36.7%）」が最も多く、次いで「高知県外（63.3%）」となっており、「黒潮町内」は0件であった。高知県外が約6割を占めており、他県からの来店者が多い傾向にある。

⑤ 来店者の住所の都道府県名としては、「高知市（21.7%）」が最も多く、次いで「愛媛県（16.7%）」「香川県（11.7%）」「兵庫県

（10.0%）」が多くなっている。高知県外からの来店としては、高知県周辺の愛媛県、香川県、兵庫県（淡路島と想定）からの来店が約4割を占める。

2）道の駅への来店目的、来店回数に関する質問項目

道の駅への来店目的、来店回数についての質問を行った。これらの分析結果は、以下の通りである。

①　道の駅の来店目的としては、「休憩（61.7%）」が最も多く、次いで「飲食（33.3%）」「土産品購入（18.3%）」「その他（5.0%）」「農産物購入（1.7%）」となっている。

「なぶら土佐佐賀」では、元祖・藁焼き塩たたきの人気が高く、その飲食を目的に来店される方が多い傾向にあると想定される。一方、道の駅では新鮮な農産物を強みに午前中に売り切れが起こるほど、農産物直売所の人気は高いはずであるが、農産物購入を来店目的とする人が1名しか存在していないことは非常に珍しい。道の駅の農産物直売場の人気を上回る、元祖・藁焼き塩たたきなどの飲食への根強い人気がわかる。

②　道の駅の来店回数としては、「はじめて（58.3%）」が最も多く、次いで「2回目（16.7%）」「4回目以上（16.7%）」「3回目（8.3%）」となっている。

一般的に道の駅に来店する人の傾向としては、地元客はリピーターとなりやすい。一方、「なぶら土佐佐賀」では、高知県外の来店者が約6割を占めているにも関わらず、2回目以上の方が約4割であることは特徴的である。さらに、4回目以上も来店されているコアなファンも約2割存在しており、コアなファン層を醸成させる取り組みが示唆される。

3）道の駅への来店理由に関する質問項目（はじめての来店者を対象）

道の駅にはじめて来店した人（以下、初心者という）を対象に、来店した理由として、「漁師キャラクター」「藁焼きの実演」「元祖・藁焼き塩たたき」についての質問を行った。これらの分析結果は、以下の通りである。

①「漁師キャラクターがいるから」という質問については、「どちらともいえない（37.1%）」が最も多く、次いで「全く思わない（20.0%）」「思わない（20.0%）」「思う（14.3%）」「とても思う（8.3%）」となっている。

漁師キャラクターについては、どちらともいえないが約4割を占め、全く思わない・思わないという意見も約4割を占めている。初心者が来店する理由として、漁師キャラクターは弱いことが示唆される。

②「藁焼きの実演があるから」という質問については、「どちらともいえない（34.3%）」が最も多く、次いで「思う（20.0%）」「とても思う（17.1%）」「思わない（17.1%）」「全く思わない（11.4%）」となっている。

藁焼きの実演については、どちらともいえないが約4割弱を占める一方、思う・とても思うという意見も約4割を占めている。初心者が来店する理由として、藁焼きの実演は強い動機づけがあることがわかる。

③「元祖・藁焼き塩たたきがあるから」という質問については、「どちらともいえない（34.3%）」が最も多く、次いで「とても思う（20.0%）」「思う（17.1%）」「思わない（14.3%）」「全く思わない（14.3%）」となっている。

元祖・藁焼き塩たたきについては、どちらともいえないが約4割弱を占める一方、思う・とても思うという意見も約4割を占めている。初心者が来店する理由として、元祖・藁焼き塩たたきは強い動機づけがあることがわかった。

4）道の駅への再来店理由に関する質問項目（2回目以上の来店者を対象）

道の駅に2回目以上来店した人（以下、リピーターという）を対象に、再来店に影響を与えた理由として、「漁師キャラクター」「藁焼きの実演」「元祖・藁焼き塩たたき」についての質問を行った。さらに、道の駅の来店頻度についても質問を行った。これらの分析結果は、以下の通りである。

①「漁師キャラクターが再来店に影響を与えたと思う」という質問については、「どちらともいえない（40.0%）」が最も多く、次いで「思わない（32.0%）」「思う（12.0%）」「全く思わない（12.0%）」「とても思う（4.0%）」となっている。

漁師キャラクターについては、どちらともいえないが約4割を占め、思わない・全く思わないという意見も約4割弱を占めている。リピーターが再来店する影響としては、全体的に見れば、漁師キャラクターは弱いことが示唆される。一方、思う・とても思うという意見も約2割程度存在していることから、一部のコアなファン層の存在がある。

②「藁焼きの実演が再来店に影響を与えたと思う」という質問については、「とても思う（40.0%）」「思う（40.0%）」が最も多く、次いで「思わない（12.0%）」「どちらともいえない（4.0%）」「全く思わない（4.0%）」となっている。

藁焼きの実演については、とても思う・思うが約8割を占めている。リピーターが再来店する影響としては、藁焼きの実演は強い動機づけがあることがわかる。

③「元祖・藁焼き塩たたきが再来店に影響を与えたと思う」という質問については、「とても思う（52.0%）」が最も多く、次いで「思う（28.0%）」「思わない（12.0%）」「どちらともいえない（4.0%）」「全く思わない（4.0%）」となっている。

元祖・藁焼き塩たたきについては、とても思う・思うが約8割を占めている。リピーターが再来店する影響としては、元祖・藁焼き塩たたきは強い動機づけがあることがわかる。

④　道の駅の来店頻度としては、「年に1回以下（54.2%）」が最も多く、次いで「2～3カ月に1回（25.0%）」「半年に1回（20.8%）」となっており、「月2回以上」「月1回程度」は0件であった。

リピーターの来店頻度としては、年に1回以下が約5割強を占めるなか、半年もしくは2～3カ月に1回来店されるコアなファン層も約5割存在している。

5）来店者が抱かれた態度や感想に関する質問項目

道の駅に来店された方が抱かれた態度や感想として、「漁師キャラクター」「藁焼きの実演」「元祖・藁焼き塩たたき」についての質問を行った。これらの分析結果は以下の通りである。

①「漁師キャラクターは地域特産（高知県黒潮町）の鰹を連想させる」という質問については、「思う（44.1%）」が最も多く、次いで「とても思う（28.8%）」「どちらともいえない（13.6%）」「思わない（8.5%）」「全く思わない（5.1%）」となっている。

漁師キャラクターについては、とても思う・思うが約7割強を占めている。来店者が抱かれた態度や感想としては、漁師キャラクターは地域特産（高知県黒潮町）の鰹を連想させるインパクトの強さがわかる。

②「藁焼きの実演は購買意欲が高まると思う」という質問については、「とても思う（52.5%）」が最も多く、次いで「思う（44.1%）」「どちらともいえない（1.7%）」「全く思わない（1.7%）」となっている。

藁焼きの実演については、とても思う・思うが約9割強を占めている。来店者が抱かれた態度や感想としては、藁焼きの実演は購買意欲が高まるということが支持されていることがわかる。

③「元祖・藁焼き塩たたきは他では食べられないと思う」という質問については、「思う（45.8%）」が最も多く、次いで「とても思う（37.3%）」「どちらともいえない（15.3%）」「全く思わない（1.7%）」

となっている。

元祖・藁焼き塩たたきについては、とても思う・思うが約8割を占めている。来店者が抱かれた態度や感想としては、元祖・藁焼き塩たたきは他では食べられないということが支持されていることがわかった。

6）来店者の行動に関する質問項目

道の駅に来店された方の行動パターンとして、「再来店の希望」「知人・友人への紹介」についての質問を行った。これらの分析結果は、以下の通りである。

① 「また、この道の駅に来てみたいですか」という質問については、「思う（51.7%）」が最も多く、次いで「とても思う（45.0%）」「どちらともいえない（1.7%）」「思わない（1.7%）」となっている。

来店者の再来店の希望については、とても思う・思うが約9割強を占めている。道の駅に来店された方の行動パターンとしては、再来店を促す行動がわかる。

② 「この道の駅を知人・友人などに紹介してみたいですか」という質問については、「思う（60.0%）」が最も多く、次いで「とても思う（33.3%）」「どちらともいえない（5.0%）」「思わない（1.7%）」となっている。

知人・友人への紹介については、とても思う・思うが約9割を占めている。道の駅に来店された方の行動パターンとしては、知人・友人への紹介を促す行動がわかった。

（3）クロス集計による分析

1）来店回数と来店理由（「漁師キャラクター」「藁焼きの実演」）のクロス集計

初心者、リピーターなどの来店回数によって、「なぶら土佐佐賀」に来店する理由に違いがあるのかを分析するため、来店回数と来店理由

(「漁師キャラクター」「藁焼きの実演」) のクロス集計分析を行う (表12−4)。

表12−4　来店回数と来店理由 (「漁師キャラクター」「藁焼きの実演」)

■来店回数と来店理由 (漁師キャラクター)

	全く思わない	思わない	どちらともいえない	思う	とても思う	N
初めて	70.0%	46.7%	56.5%	71.4%	75.0%	35
2回目	20.0%	13.3%	17.4%	14.3%	25.0%	10
3回目	0.0%	6.7%	17.4%	0.0%	0.0%	5
4回目以上	10.0%	33.3%	8.7%	14.3%	0.0%	9
計	100%	100%	100%	100%	100%	59

■来店回数と来店理由 (藁焼きの実演)

	全く思わない	思わない	どちらともいえない	思う	とても思う	N
初めて	80.0%	66.7%	92.3%	41.2%	40.0%	35
2回目	20.0%	11.1%	7.7%	23.5%	20.0%	10
3回目	0.0%	11.1%	0.0%	5.9%	20.0%	5
4回目以上	0.0%	11.1%	0.0%	29.4%	20.0%	9
計	100%	100%	100%	100%	100%	59

出所：筆者作成

1) 「漁師キャラクター」を来店理由 (思う、とても思う) と答えた割合は、初めての人は7割を超えているが、2回目以上のリピーターは、2割強に留まる。漁師キャラの強いインパクトは、初めての方に道の駅を知ってもらうには有効であることがわかった。

2) 「藁焼きの実演」を来店理由 (思う、とても思う) と答えた割合は、2回目以上のリピーターは約6割を占めているが、初めての人は、4割程度に留まる。写真などで見るより、実際に道の駅で藁焼きのパフォーマンスを一度体験することがリピートに有効であることがわかった。

2）来店構成と来店理由（「漁師キャラクター」「藁焼きの実演」）のクロス表

子連れ家族が「なぶら土佐佐賀」に来店する理由を分析するため、来店構成と来店理由（「漁師キャラクター」「藁焼きの実演」）のクロス集計分析を行う（表12－5）。

表12－5　来店構成と来店理由（「漁師キャラクター」「藁焼きの実演」）

■来店構成と来店理由（漁師キャラクター）

	全く思わない	思わない	どちらとも いえない	思う	とても思う	N
子連れ家族	30.0%	46.7%	30.4%	14.3%	0.0%	18
上記以外	70.0%	53.3%	69.6%	85.7%	100.0%	41
計	100%	100%	100%	100%	100%	59

■来店構成と来店理由（藁焼きの実演）

	全く思わない	思わない	どちらとも いえない	思う	とても思う	N
子連れ家族	20.0%	33.3%	38.5%	35.3%	20.0%	18
上記以外	80.0%	66.7%	61.5%	64.7%	80.0%	41
計	100%	100%	100%	100%	100%	59

出所：筆者作成

1）子供連れ家族のうち、「漁師キャラクター」を来店理由（思う、とても思う）と答えた割合は、1割強程度に留まる。
2）子供連れ家族のうち、「藁焼きの実演」を来店理由（思う、とても思う）と答えた割合は、約3割程度に留まる。

今回、子連れ家族からのアンケート回収は全体の3割を占めるが、全ての回答者が両親（成人）であることから、子供連れの成人とそれ以外の成人との影響の差として分析されたと解釈した。よって、子供の意見を踏まえた形としての分析までには至っておらず、このクロス表からでは、子連れ家族の特徴を踏まえた影響の差は表れなかったと考察する。

4. 小括

本章では、「なぶら土佐佐賀」の事例分析を通じて、漁師キャラ「なぶら元吉」などのキャラクターの存在から、キャラクター・マーケティングの取り組みが示唆されるとともに、対象セグメント層を主人公とする「物語モデル」の仮説では、子供連れ家族を想定セグメント層としており、家族をイメージさせる漁師キャラ達を主人公とし、想定セグメント層に親近感を創出することで、ターゲティングセグメント層（想定顧客）である子供連れ家族の来店を高める効果が期待されているので、それをデータで裏付けた。

研究方法としては、まずは、「なぶら土佐佐賀」の来店者属性調査にて得た来店者属性データと、前章の中山間地域にある滋賀県大津市にある「妹子の郷」の来店者属性データとの対比から、子供連れ家族の来店者数の比較検証を行った。次に、「なぶら土佐佐賀」にて実施した来店者のアンケート調査結果から、来店者属性などに関する分析や考察をおこなった。それにより、ファミリー性や地域性を強調する「物語モデル」の想定顧客である子供連れ家族の来店が、「妹子の郷」に比べ多いことを明らかにした。

【注】

（注 1）年齢層、子供連れ家族の判断は、個々の調査員の判断基準によりぶれる可能性が高いことを想定して、今回は同一人物の調査員が全ての時間においてカウントすることにより、基準のブレの最小化に配慮している。

（注 2）辻（2019）にて調査した妹子の郷の来店者属性調査データによる。

第13章　コンテンツ・アトラクションマーケティング戦略の実証分析 (2)：ケラー3要素を拡張するブランド知識リピートモデル（拡張ケラーモデル）

前章では、「なぶら土佐佐賀」の事例分析を通じて、ケラーが提唱するブランド知識を構成する3つの要因「ブランド要素の選択」「4P戦略によるマーケティングプログラムの設計」「2次的連想の活用」から、ブランド・エクイティによる差別化効果（以下、「ケラー3要因」という）の考察を行った。

森山（2016）は、「新規顧客よりもリピート客（既存顧客）の維持が持続的な利益をもたらす可能性が高い」ということを示唆しているが、あくまでもコスト面からのアプローチに留まっている。一方、本章では、「本人は来店を希望しているか」「知人や友人に紹介したいか」などのリピート客（既存顧客）の行動に着眼している。そして、そのリピート客の行動を「リピート効果」と解釈し、「ケラー3要因」の「差別化効果」を「リピート効果」に拡張させて、分析を試みていることが、本分析の特色になる。

以上から、本章では、「なぶら土佐佐賀」の事例分析から考察された「ケラー3要因」を拡張させ、「ブランド知識」は「リピート効果（来店希望、知人友人への紹介などの来店者の行動）」にどのような影響を与えているかを明らかにすることを目的とする。

1. ブランド知識リピートモデルの構築【共分散構造分析】

(1) 概要

ケラーが提唱する「ブランド知識」を構成する3つの要因（ブランド要素、2次的連想、4P戦略）が「差別化効果」に与える「ケラー3要因」を拡張させ、「リピート効果」にどのような影響を与えているかについて分析を行うこととする。具体的には、「なぶら土佐佐賀」にて実施した来店者アンケート調査の結果をもとに、共分散構造分析（SEM：構造方程式モデリング）を用いて、「ケラー3要因」を拡張させた「リピートモデル（仮説）」の構築および実証分析を行う。

また、アンケート調査結果は60件回収しているが、来店理由項目の欠損値1件を除外した59件を分析対象とする(注1)。なお、統計ソフトとしては「IBM SPSS Amos Version26」を用いて検証する。有意確率は、有意性の高いものから5%有意までを含む。

(2)「ケラー3要因」の拡張モデルの構築　リピート客の重要性

「ケラー3要因」においては、「ブランド要素」「2次的連想」「4P戦略」の3つの要因が「ブランド知識」（ブランド・エクイティ）を形成し、それが強化されることで「差別化効果」を生み出すことを指摘する。

森山（2016）によると、「1：5の法則は、新規顧客の獲得には既存顧客の5倍のコストを要するという法則である。新規顧客は獲得のためのコストが高いにも関わらず利益率が低いため既存顧客の維持が重要との考え方である。既存顧客は、商品の購入経験者のため少ない獲得コストでリピーターとなる可能性がある。また、長期的にもロイヤルティのある持続的消費者になり、利益をもたらす可能性が高い」と指摘する（森山、2016、p.99）。

これは、新規顧客よりもリピート客の維持が持続的な利益をもたらす可能性が高いことを示唆しており、コスト面からのアプローチによる主張である。一方、本章では、リピート客の行動に注目し、「本人は来店を希望しているか」「知人や友人に紹介したいか」などのリピート客の行動パターンをリピート効果としたうえで、「ケラー3要因」の「差別化効果」を「リピート効果」に拡張させて分析を試みる。よって、本章では、本人の来店希望や知人友人への紹介などのリピート客の行動に繋がる「リピート効果」に着目する。

以上から、本章においては、リピート客の維持を促すモデルとして、

「ケラー3要因」に「リピート効果」を加えた拡張モデルの構築を試みる。具体的には、「ブランド要素」「2次的連想」「店舗戦略」の3つの要因がブランド知識（ブランド・エクイティ）を形成し、それが強化することで「リピート効果」を生み出すという仮説に基づき、共分散構造分析（構造方程式モデリング）を行う。

なお、「ケラー3要因」のうち、「4P戦略によるマーケティングプログラムの設計」を指摘しているが、本章では、4P戦略のうち、商品の稀少性と店内演出プロモーションに焦点をあてた「店舗戦略」に置き換えて分析を行っている。

(3) 潜在変数と観測変数の設定　信頼性分析

今回の来店者アンケート調査の結果から、「ブランド要素」「2次的連想」「店舗戦略」「リピート効果」を潜在変数とし、それに関連する個々の質問項目を観測変数とするため、信頼性分析によるクロンバックのα係数による判断を行う（表13－1）。なお、社会調査においては、通常クロンバックのα係数は0.6以上が望ましいとされており、各項目のクロンバックのα係数はいずれも0.6を上回ったことから、信頼性は十分に受け入れ可能であると考えられる。

表13－1　潜在変数などの信頼性分析

潜在変数	観測変数	設問文	mean	SD	N	クロンバックのα係数
ブランド要素要因	χ1 漁師キャラがある	「漁師キャラクター」がいるから	2.66	(1.11)	59	.604
	χ2 鰹オリジナル（漁師キャラ）	地域特産（高知県黒潮町）の鰹を連想させる	3.83	(1.10)	59	
2次的連想要因	χ3 元祖・藁焼き塩たたきがある	「元祖・藁焼き塩たたき」があるから	3.53	(1.34)	59	.915
	χ4 藁焼きの実演がある	「藁焼きの実演」があるから	3.47	(1.26)	59	
店舗戦略要因	χ5 希少性（元祖・藁焼き塩たたき）	他では食べられないと思う	4.17	(.81)	59	.780
	χ6 店内演出（藁焼き実演）	購買意欲が高まると思う	4.46	(.70)	59	
リピート効果	χ7 来店希望	また、この道の駅に来てみたいですか	4.41	(.62)	59	.908
	χ8 知人・友人紹介	知人・友人などに紹介してみたいですか	4.25	(.63)	59	

出所：筆者作成

1）ブランド要素の設定（潜在変数）

ケラー（2010）によると、ブランド要素の選択としては、ブランド・ネーム、ロゴとキャラクター、スローガンとジングル、パッケージングなどが指摘されている。よって、本章では、キャラクターに関する項目に着目して、「ブランド要素」を設定する。

観測変数としては、漁師キャラがいるという来店理由に関する設問には「漁師キャラがいる」、漁師キャラから地域特産の鰹をイメージさせるという態度や感情に関する設問には「鰹オリジナル（漁師キャラ）」としている。これらの2つの観測変数より、「ブランド要素」の潜在変数の設定を行った結果、クロンバックのα係数は.604であったため、信頼性は十分に受け入れ可能と判断できる。

2）2次的連想の設定（潜在変数）

マスコミや広報誌などで全国的に有名な「ひろめ市場（明神丸）」について、じゃらんHPの口コミ一覧の評価では4.4と高評価を得ていることを指摘した。「ひろめ市場（明神丸）」と同じような雰囲気づくりを行うことは、高評価イメージを流用できる可能性が考察される。よって、「ひろめ市場（明神丸）」にて実施している「藁焼きの実演」「元祖・藁焼き塩たたき」に関する項目に着目して、「2次的連想」を設定する。

観測変数としては、元祖・藁焼き塩たたきがあるからという来店理由に関する設問には「元祖・藁焼き塩たたきがある」、藁焼きの実演があるからという来店理由に関する設問には「藁焼きの実演がある」としている。これらの2つの観測変数より、「2次的連想」の潜在変数の設定を行った結果、クロンバックのα係数は.915であったため、信頼性は十分に受け入れ可能と判断できる。

3）店舗戦略の設定（潜在変数）

中山間地域に位置する道の駅にて、高知市内にある「ひろめ市場（明神丸）」と同じような雰囲気で藁焼きパフォーマンスが体験でき、元祖・藁焼き鰹塩たたきを値ごろ感ある価格で食べられることは来店者にとっては魅力的であると考察される。よって、道の駅店内にて飲食や体験することができる「藁焼きの実演」「元祖・藁焼き塩たたき」に関する項目に着目して、店舗戦略を設定する。

観測変数としては、元祖・藁焼き塩たたきは他では食べられないと思うという店内体験をイメージした態度や感情に関する設問には「稀少性（元祖・藁焼き塩たたき）」、藁焼きの実演は購買意欲が高まると思うという店内体験をイメージした態度や感情に関する設問には「店内演出（藁焼き実演）」としている。これらの2つの観測変数より、「店舗戦略」の潜在変数の設定を行った結果、クロンバックのα係数は.780であったため、信頼性は十分に受け入れ可能と判断できる。

4）リピート効果の設定（潜在変数）

新規顧客よりもリピート客（既存顧客）の維持が持続的な利益をもたらす可能性が高いことを森山（2016）は指摘する。よって、本章では、本人の来店希望や、知人友人への紹介などの行動に関する項目に着目して、「リピート効果」を設定する。

観測変数としては、またこの道の駅に来てみたいですかという行動に関する設問には「来店希望」、この道の駅を知人・友人などに紹介してみたいですかという行動に関する設問には「知人・友人紹介」とした。これらの2つの観測変数より、「リピート効果」の潜在変数の設定を行った結果、クロンバックのα係数は.908であったため、信頼性は十分に受け入れ可能と判断できる。

（4）リピートモデルの構築（「ケラー3要因」の拡張モデル）

ブランド知識を構成する3つの要因（ブランド要素、2次的連想、店舗戦略）がリピート効果にどのような影響を与えているかについて分析を行うこととする。ブランド知識を構成する3つの要因とリピート効果を潜在変数として、共分散構造分析（SEM：構造方程式モデリング）を用いて「ケラー3要因」を拡張させたリピートモデルの構築および実証分析を行う。

具体的には、リピートモデルをもとに、ブランド知識のどの要素がリピート効果に影響を与えているかをパス係数から判断する。

(5) 適合度指標（全体モデル）

モデルの適合度指標として様々な種類があるが、ここではGFI、AGFI、RMSEAの3つの指標にて判断を行うこととする。GFIは0.9以上、AGFIは0.9以上かつGFIとの差が極端に大きくなければ、モデルの適合度は高いと判断される。また、RMSEAは0.08以下であれば適合度が高く、0.1以上ではモデルを採択すべきではないとされる指標である。

全体モデルとしては、GFI=.918、AGFI=.804となっており、AGFI値が0.9以下となっているが、RMSEA=.099であることから、比較的適合度があると判断できる（表13－2）。

表13－2　リピートモデルの適合度指標

	GFI	AGFI	CFI	RMSEA
全体モデル	.918	.804	.969	.099
全体修正モデル	.903	.767	.985	.047

出所：筆者作成

(6) モデル検証①　リピートモデル（全体モデル）

リピートモデル（全体モデル）をもとに、ブランド知識のどの要素がリピート効果に影響を与えているかをパス係数から判断する（図13－1）。

1）ブランド知識の3つの要因（潜在変数）のパス係数を確認すると、「ブランド要素（－.06）」「2次的連想（.39）」「店舗戦略（.69）」であることから、このモデルにおいては、2次的連想と店舗戦略の2つの要因の向上が来店者のリピート効果に影響を与えていることが確認できた。

2）特に、「店舗戦略」への係数が高いことから、来店者のリピート効果は、店舗戦略要因に強く表れるといえる。さらに、「店舗戦略」か

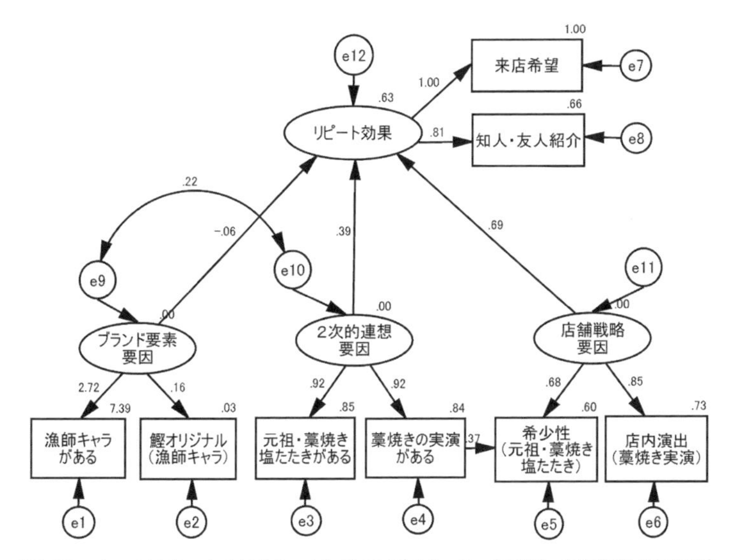

図13−1　リピートモデル（全体モデル）のパス図（標準化推定値）

出所：筆者作成

らの観測変数のうち、「店内演出（藁焼き実演）（.85）」の係数が高いことから、来店者の店舗戦略要因は、店内演出（藁焼き実演）の項目に強く表れることがわかる。

3）また、「リピート効果」の観測変数のうち、「来店希望（1.00）」の係数が高いことから、2つの要因の変化は、来店を希望するリピーター化に強く影響を与えたということがわかる。

しかしながら、この全体モデルでは、ブランド要素要因の係数がマイナスとなっており、リピート効果に負の影響を与えていることが示唆されることから、再度全体モデルの再考を行う。

(7) リピートモデルの再考（全体修正モデル）

ブランド知識を構成する3つの要因「ブランド要素」「2次的連想」「店舗戦略」のうち、来店者への直接的な「リピート効果」として考えられるのは、1）ひろめ市場などを連想させる「2次的連想」、2）現場での体験による「店舗戦略」と想定できる。

一方、キャラクターなどのブランド要素は、事前に道の駅の存在を知り、行ってみたいと思う気持ちにさせる効果があると考えられるが、再来店や知人友人の紹介などのリピート効果に貢献するには、道の駅に来店してからの現場体験（店舗戦略）が重視されると想定した。

よって、そのような時間的な因果関係を考慮した「全体モデル」として、「全体修正モデル（時間的因果）」の作成を行う。

また、適合度指標（全体修正モデル）としては、GFI=.903、AGFI=.767となっており、AGFI値が0.9以下となっているが、RMSEA=.047であることから、あてはまりの良いモデルとして比較的適合度があると判断できる。よって、このモデルを採用する。

(8) モデル検証②　リピートモデル（全体修正モデル：時間的因果）

「リピートモデル（全体修正モデル）」をもとに、「ブランド知識」のどの要素が「リピート効果」に影響を与えているかをパス係数から判断する（図13－2）。

1)「ブランド知識」の3つの要因（潜在変数）のパス係数を確認すると、「ブランド要素（.19）」「2次的連想（.10）」「店舗戦略（.81）」となっており、これらの3つの要因の向上が来店者のリピート効果に影響を与えていることが確認できた。

2) 前回モデルでマイナスとなっていたブランド要素要因の係数（.19）もプラスとなっており、より実態に合ったモデルであることが示唆される。前回モデルに比べ「店舗戦略」から「リピート効果」への係数が高く、「ブランド要素」の要因からの影響が強く表れることがわかる。

3)「リピート効果」の観測変数のうち、「来店希望（1.00）」への係数が高いことから、3つの要因「ブランド知識」の変化は、来店を希望するリピーター化に強く影響を与えたということがわかる。

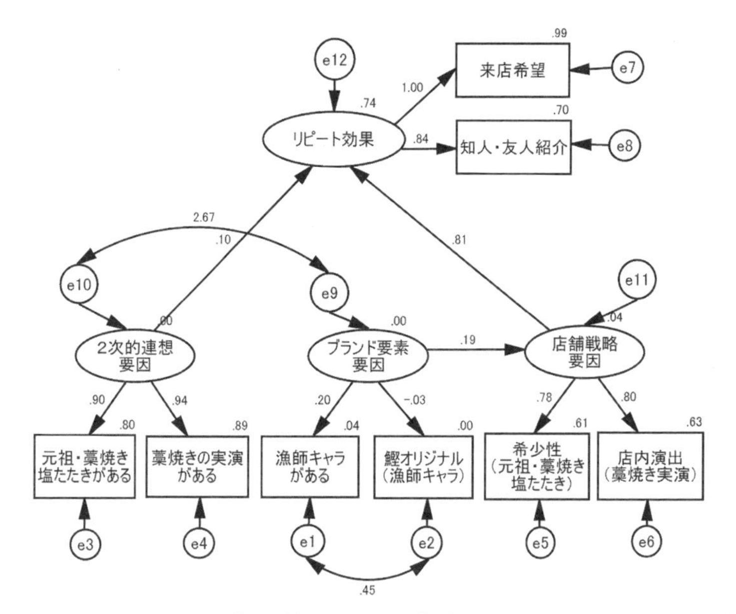

図13－2　リピートモデル（全体修正モデル）のパス図（標準化推定値）

出所：筆者作成

以上から、「ブランド知識」を構成する3つの要因「ブランド要素」「2次的連想」「店舗戦略」は、来店者の「リピート効果」に影響を与えていることが確認できた。

また、リピート効果への影響として、2つのリレーションが確認できた。一つは、「ブランド要素」から「店舗戦略」による影響、もう一つは、「2次的連想」による影響である。

2. 子連れ家族による漁師キャラの影響分析【共分散構造分析】

(1) 概要

森岡・今西（2016）によると、「小さな子供連れファミリーをファンとして獲得することは、市場全体におけるUSJへの消費者プレファンスを高める」と指摘する（森岡・今西、2016、pp.69-71）。一方、道の駅では、トイレ・休憩場、観光案内、直売所、レストランなどの整備により、地元住民、ドライバー、観光客などの広いターゲット層が想定され、子連れ家族を狙ったアプローチを行う道の駅は少ない。

「なぶら土佐佐賀」では、地元のクリエーターによる地元を象徴する「漁師の家族」を起用し、素材の新鮮さを強くアピールするオリジナル漁師キャラを制作し、PR活動を行っている。インパクト大で、家族を思わせるキャラ達を備えることで、特に子供達が興味を抱きやすいコンテンツとして提供している。ケラー（2010）によると、ブランド・キャラクターの人的要素は選考性を向上させ、当該ブランドを楽しく面白いものと知覚させるのに役立つと指摘する。

以上から、「漁師キャラによる子連れ家族への影響は、リピート効果に貢献するのか」について検証を行う。来店者アンケート調査の回答結果から子連れ家族とそれ以外の来店者別に、全体修正モデルの多母集団の同時分析により、漁師キャラ（ブランド要素）によるリピート効果の分析と考察を行う。

(2) モデル検証　漁師キャラの比較検証

1）子連れ家族モデル（全体修正モデル）

「リピートモデル（全体修正モデル）」をもとに、「子連れ家族」がブランド知識のどの要素が「リピート効果」に影響を与えているかをパス係数から判断する。

2）子連れ以外モデル（全体修正モデル）

「リピートモデル（全体修正モデル）」をもとに、「子連れ家族以外」の来店者がブランド知識のどの要素が「リピート効果」に影響を与えているかをパス係数から判断する。

3）モデル検証

「漁師キャラによる子連れ家族への影響は、リピート効果に貢献するのか」を検証するため、漁師キャラ（ブランド要素）に関連するパラメーターのパス係数から判断する。具体的には、全体修正モデルをもとに、子連れ家族モデルと子連れ以外モデルの比較検証により、漁師キャラ（ブランド要素）によるリピート効果の分析と考察を行う（表13−3）。

表13−3　漁師キャラに関連するパラメーターのパス係数

パラメータ	子連れ家族モデル	子連れ以外モデル	全体修正モデル
	標準化係数	標準化係数	標準化係数
店舗戦略要因 ← ブランド要素要因	.769	−	.193
χ1 漁師キャラがある ← ブランド要素要因	.517	-	.198
χ2 鰹オリジナル（漁師キャラ）← ブランド要素要因	.090	-	-.028
リピート効果 ← 店舗戦略要因	.938	.850	.805
χ5 希少性（元祖・藁焼き塩たたき）← 店舗戦略要因	.675	.781	.781
χ6 店内演出（藁焼き実演）← 店舗戦略要因	.578	.837	.796

出所：筆者作成

1）パス係数の確認については、非標準解（注2）と標準解の2つの視点から行っている。まずは、潜在変数である「ブランド要素要因」から「店舗戦略」のパス係数（非標準解）を子連れ家族モデルと子連れ以外モデルにて確認を行うと、子連れ家族モデル（.87）、子連れ以外モデル（.52）となっており、子連れ家族は、子連れ以外よりも非標準解のパス係数は高い。よって、「子連れ家族」のほうが、ブランド要素の変化により、「店舗戦略」に強く影響を与えたことがわかる。次に、「ブランド要素要因」の観測変数のパス係数（標準解）を子連れ家族モデルと全体修正モデルにて確認を行うと、子連れ家族は「漁師キャラがある（.517）」「鰹オリジナル（漁師キャラ）（.090）」の係数が高い。さらに、全体修正モデルではマイナスとなっていた鰹オリジナル（漁師キャラ）がプラスに転じており、さらに子連れ家族の係数も高いことから、「子連れ家族」のほうがブランド要素要因の影響が強く表れていることがわかる。

2）潜在変数である「店舗戦略」から「リピート効果」のパス係数を確認すると、子連れ家族モデル（.938）、子連れ以外モデル（.850）となっている。さらに、「店舗戦略」からの観測変数のうち、子連れ家族は子連れ以外よりも「漁師キャラがある（.517）」「鰹オリジナル（漁師キャラ）（.090）」の係数は低い。よって、「子連れ家族」のほうが、ブランド要素の変化により、「リピート効果（再来店や知人・友人紹介）」に強く影響を与えたということがわかった。

(3) まとめ

1）「子連れ家族」のほうが、ブランド要素要因（漁師キャラ）による差別化効果への影響が強く表れている。

2）道の駅の入り口付近には、漁師キャラの顔出し看板が設置されており、子連れ家族がその看板に顔を出して撮影を行っている風景がよく見られた。インパクトが強い漁師キャラと一緒に撮った写真は、知人友人に見せたくなるようなコンテンツの強さがある。漁師キャラがあることにより、子連れ家族に対して高い影響を与えていることが考察される。

3）子どもたちにとって、漁師キャラはインパクト大で、家族を思わせるキャラ達には親しみを感じさせることから、また行ってみたいと思わせる行動を促すことが示唆される。さらに、子連れ以外でも、漁師キャラは誰かに話をしたくなるような強烈なインパクトがあり、道の駅にてこのようなキャラが存在していることも目新しく、SNSなどへの投稿も期待できる。

以上から、「漁師キャラ」は、「子連れ家族」の再来店や知人・友人への紹介を促す行動に貢献していることが考察され、漁師キャラによる「リピート効果」への影響が強く表れている。

3. 初心者とリピーターの影響分析【共分散構造分析】

(1) 概要

森山（2016）は、新規顧客よりも既存顧客の維持が重要との考えを指摘する（森山、2016、p.99）。一方、道の駅の直売所においては、ドライバーや観光客などの一元客の利用が多い傾向にあるなか、地域住民のリピート策として、ポイントカードを導入している直売所なども一部存在している。

以上から、「初心者とリピーターのブランド知識（ブランド要素、2次的連想、店舗戦略）の変化による影響は、リピート効果に貢献するのか」について検証を行う。来店者アンケート調査の回答結果から初心者とリピーターごとの来店者別に、全体修正モデルの多母集団の同時分析により、ブランド知識の変化による影響からリピート効果の分析と考察を行う。

なお、初心者とリピーターの区別としては、アンケート調査項目の来店回数から判断している。はじめてを選択した方は初心者、2回目以上を選択した方はリピーターとしている。

（2）モデル検証　初心者とリピーターの比較検証

1）初心者モデル（全体修正モデル）

「リピートモデル（全体修正モデル）」をもとに、「初心者」はブランド知識のどの要素がリピート効果に影響を与えているかをパス係数から判断する。

2）リピーターモデル（全体修正モデル）

「リピートモデル（全体修正モデル）」をもとに、「リピーター」はブランド知識のどの要素がリピート効果に影響を与えているかをパス係数から判断する。

3）モデル検証

「初心者とリピーターごとのブランド知識（ブランド要素、2次的連想、店舗戦略）の変化による影響は、リピート効果に貢献するのか」を検証するため、ブランド知識に関連するパラメーターのパス係数から判断する。具体的には、「全体修正モデル」をもとに、「初心者モデル」と「リピーターモデル」の比較検証により、ブランド知識の変化による影

表13−4　初心者とリピーターのブランド知識に関連するパラメーターのパス係数

パラメータ	初心者モデル	リピーターモデル
	標準化係数	標準化係数
店舗戦略要因 ← ブランド要素要因	.720	.616
χ1 漁師キャラがある ← ブランド要素要因	.093	.480
χ2 鰹オリジナル（漁師キャラ）← ブランド要素要因	-.004	.216
リピート効果 ← 2次的連想要因	-.037	.247
χ3 元祖・藁焼き塩たたきがある ← 2次的連想要因	.825	.999
χ4 藁焼きの実演がある ← 2次的連想要因	.951	.900
リピート効果 ← 店舗戦略要因	.933	.638
χ5 希少性（元祖・藁焼き塩たたき）← 店舗戦略要因	.580	.934
χ6 店内演出（藁焼き実演）← 店舗戦略要因	.729	.853
χ7 来店希望 ← リピート効果	.933	1.030
χ8 知人・友人紹介 ← リピート効果	.911	.802

出所：筆者作成

響から「リピート効果」の分析と考察を行う（表13−4）。

1）「リピート効果」からの観測変数のうち、初心者は「知人・友人紹介（.911）」の係数が高く、一方、リピーターは「来店希望（1.030）」の係数が高い。よって、リピート効果の変化により、「初心者」は、知人・友人紹介に強く影響を与え、さらに「リピーター」は、再来店に強く影響を与えたということがわかる。

2）潜在変数である「リピート効果」と「2次的連想」「店舗戦略」のパス係数を確認すると、初心者は「店舗戦略（.720）」からの係数が高く、リピーターは「2次的連想（.247）」からの係数が高いことがわかる。

3）「2次的連想」からの観測変数のうち、リピーターは「元祖・藁焼き塩たたきがある（.999）」の係数が高く、一方、初心者は、「藁焼きの実演がある（.951）」の係数が高い。よって、2次的連想要因としては、リピーターは、元祖・藁焼き塩たたきがある、の項目に強く表れること、さらに、「初心者」は、藁焼きの実演がある、の項目に強く表れることがわかる。

4）「店舗戦略」からの観測変数のうち、リピーターのほうが「知覚品質（元祖・藁焼き塩たたき）（.934）」「店内演出（藁焼きの実演）

(.853)」の係数が高い。しかしながら、店舗戦略要因からリピート効果の係数については、「初心者」の方（.933）が高い。これは、リピーターの店舗戦略要因に与える誤差の大きさが影響している。

5)「ブランド要素」からの観測変数のうち、リピーターのほうが「漁師キャラがある（.480)」「鰹オリジナル（漁師キャラ）(.216)」の係数が高くなっている。ブランド要素要因としては、「リピーター」は、漁師キャラがある、鰹オリジナル（漁師キャラ）の項目に強く表れている。

(3) まとめ

1)「初心者」は、知人・友人紹介に強く影響を与え、「リピーター」は、再来店に強く影響が表れている。

2)「リピーター」は、ブランド要素のうち「漁師キャラがある」「鰹オリジナル（漁師キャラ)」の要素が初心者と比べて高い。これは、「リピーター」は、既に「漁師キャラ」の存在を知っていることが影響していると推測できる。

3) 高知市内のひろめ市場を連想させる「元祖・藁焼き塩たたき」は、「リピーター」に強い影響を与えている。高知県に住んでいる人にとっては、鰹の藁焼きは目新しくはないが、鰹の塩たたきの本物を食べることは、なかなか難しいとの話を伺うことができ、地元でも希少価値は高いと推測できる。一方、「初心者」は、「藁焼きの実演がある」という要素を重視している傾向がみられた。これは、高知県に初めて訪れる観光客にとっては、鰹のたたきを藁で焼く調理方法は非常に珍しい食べ方であり、印象深いことが影響しているといえる。

4) 道の駅で提供する「稀少性（元祖・藁焼き塩たたき)」「店内演出(藁焼きの実演)」を含む店舗戦略要因の影響度は、「初心者」に比べて「リピーター」のほうが高くなっていることが見て取れる。これは、一度来たことがある「リピーター」は、店内での藁焼きの実演や元祖・藁焼き塩たたきを食事した経験を持っているが、初めての来店者はその経験がないことによる違いの表れではないかと推測できる。

また、元祖・藁焼き塩たたきと藁焼きの実演は、とても印象深く記憶に残ることが示唆される。

5) ブランド知識の要因である、①「ブランド要素」から「店舗戦略」、②「2次的連想」による「リピート効果」への影響が強く表れており、「リピーター」には、さらなるリピーター化を促す行動、「初心者」については、知人・友人への紹介を促す行動に貢献していることが考察される。これは、「初心者」にとっては、知人友人に話をしたくなるような話題性があるインパクトの強さを持つと考えられる。また、「リピーター」は、既に知人友人に話をしていることが想定されることから、誰かに紹介をするというよりかは、自分がまた行ってみたいと思う気持ちが強い傾向にあると推測できる。

以上から、「初心者」は知人・友人紹介に強く影響を与え、「リピーター」は再来店に強く影響を与えており、「初心者」と「リピーター」ではリピート効果に異なる影響を与えているといえる。

4. 小括

本章では、森山（2016）が示すようにあらゆるマーケティングにおいて「新規顧客よりもリピート客（既存顧客）の維持が持続的な利益をもたらす可能性が高い」（1対5の法則、リピーターが基本）ことから、コンテンツやアトラクション戦略をとった場合、リピート増進に貢献するのかどうかを、クロンバック係数分析や共分散構造分析（SEM：構造方程式モデリング）等を用いて明らかにした。

その手法としては、ケラーが提唱するブランド知識を構成する3つの要因「ブランド要素」「4P戦略」「2次的連想」（ブランド・エクイティによる差別化効果）モデルに、「リピート知識」を4番目の要素として加え、拡張ケラーモデルを構築し、さらに時間的効果を加えることにより説明した。

また、子連れ家族に特に効果があるのかどうかについても、パス解析により、コンテンツ戦略がより強く効いていることを明らかにした。

再度、初心者とリピーターの差異を、パス解析でも分析し、1)「初心者」は、知人・友人紹介に強く影響を与え、「リピーター」は、再来店に強く影響が表れているといえる。2)「リピーター」は、ブランド要素のうち「漁師キャラがある」「鰹オリジナル（漁師キャラ）」の要素が初心者と比べて高い。これにより、より重要な顧客である「リピーター」対し、コンテンツ・アトラクションマーケティング戦略がより希求していることが証明できた。

【注】

（注 1）共分散構造分析での欠損値の扱いについては、豊田（2007）が詳しい。

（注 2）豊田（2003）によると、非標準解の解釈は単位に依存することを指摘しているが、すべての観測変数は5段階のリカート尺度であり、単位は同一であることから影響はないと判断した。さらに、多母集団解析では、非標準解での解釈を併用するのが一般的であると豊田は指摘していることから、非標準解での解釈を行っている。

第14章　コンテンツ・アトラクションマーケティング戦略の実証分析 (3)：「物語モデル」の仮説検証分析

これまでの章では、「なぶら土佐佐賀」の事例分析を通じて、漁師キャラ「なぶら元吉」などのキャラクターの存在から、キャラクター・マーケティングの取り組みが示唆されるとともに、対象セグメント層を主人公とする「物語モデル」の仮説を考察した。

池田（2016）によると、消費者行動に応用性が高い「態度の単一次元モデル」においては、態度をある対象についての好意的あるいは非好意的な「感情」と捉え、態度（感情）が認知や行動を促すと指摘している（池田、2016、pp.1-19）。本章では、来店者の感情に訴求する体験やストーリーを与えている「物語モデル」が、来店者の行動に影響を与えているかを明らかにするために、「態度の単一次元モデル」の概念をもとに「物語モデル」を新たに構築し、分析や考察を行っている点が本研究の特色である。

よって、「なぶら土佐佐賀」の関係者からのインタビュー内容などをもとに、「態度の単一次元モデル」の「感情」を生み出すキャラクター・マーケティングに着目し、対象セグメント層を主人公にさせる体験やストーリーからなる「物語モデル」の構築に向けた要因分析を行う。

1）商品ストーリー

鰹を藁焼きにし、天日塩で食べる本場土佐流の食べ方へのこだわり、一本釣りで漁獲した戻り鰹、黒潮町産の天日塩、国内産の藁等の地産地消（地元黒潮町産）の素材を使った希少性ある「元祖・藁焼き塩たたき」を提供する商品ストーリーが示唆される。

2）販売・店内演出（パフォーマンス）の体験

食事と土産品販売を中心に、注文後に鰹を藁で焼き始める「焼き切り」、強い火力での臨場感の演出、さらに藁の煙や香りはより一層風味を引き立てる販売・店内演出（パフォーマンス）の体験が示唆される。

3）地域性のストーリー（漁師キャラ）

地元有名デザイナー（デハラユキノリ氏）制作による戻り鰹を一本釣りする地元漁師をイメージした漁師キャラ「なぶら元吉」というオリジナル・キャラクターの存在は、地域性のストーリーを意識させる。さらにその容姿は、インパクト大である（きもかわいい）ことが特徴的である。

これらから、対象セグメント層を主人公にさせる体験やストーリーからなる要因として、1）商品ストーリー、2）販売・店内演出でのパフォーマンス、3）地域性のストーリー（漁師キャラ）が明らかとなった。よって、これらを「物語モデル」の構成要因とする。

1）商品ストーリー、2）販売・店内演出でのパフォーマンスについては、全国的な知名度がある「ひろめ市場（明神丸）」にて実施している体験やストーリーを「なぶら土佐佐賀」にて踏襲している。さらに、3）地域性のストーリー（漁師キャラ）については、「なぶら土佐佐賀」独自の取り組みであるオリジナル・キャラクターを活用することで、地域性のストーリーを来店者に訴求させていることがわかった。

以上から、本章の研究目的は、来店者の感情に訴求する体験やストーリーを与えている「物語モデル」が、来店者の行動に影響を与えていることを明らかにする。

なお、統計ソフトとしては「IBM SPSS Statistics Version26」を用いて検証する。有意確率は、有意性の高いものから1％有意、5％有意までを含むものとする。

1. 物語モデルの実証分析【重回帰分析】

(1) 仮設設定

「なぶら土佐佐賀」で行っている「物語モデル」の構成要素としては、

1) 漁師キャラは、地元有名デザイナー（デハラユキノリ氏）制作による戻り鰹を一本釣りする地元漁師をイメージさせ、複数の漁師キャラは家族を想定させる。
2) 藁焼き実演は、注文後に鰹を藁で焼き始める「焼き切り」、強い火力での臨場感の演出、さらに藁の煙や香りはより一層風味を引き立てる。
3) 元祖・藁焼き塩たたきは、一本釣りで漁獲した戻り鰹、黒潮町産の天日塩、国内産の藁等の地産地消（地元黒潮町産）の素材を使った稀少性を感じさせる。

よって、来店者の感情に訴求する体験やストーリーを与える物語モデルの構成要素「漁師キャラ」「藁焼き実演」「元祖・藁焼き塩たたき」は、来店者の行動（来店希望、友人知人への紹介）に影響を与えていることを明らかにする。

本章にて検証すべき仮説として、次の2つを導出した。

【仮説1】「漁師キャラ」「藁焼き実演」「元祖・藁焼き塩たたき」より抱く態度や感情は、「再来店を促す」行動を高める。

【仮説2】「漁師キャラ」「藁焼き実演」「元祖・藁焼き塩たたき」より抱く態度や感情は、「知人・友人への紹介を促す」行動を高める。

(2) モデル検証方法①「仮説1モデル」

再来店を促す行動に寄与する「再来店希望」を従属変数、物語モデルの構成要素（態度、感情）に寄与する「漁師キャラ」「藁焼き実演」「元祖・藁焼き塩たたき」およびダミー変数（初回来店ダミー、子連れダミー、女性ダミー、県内住所ダミー）の各変数を独立変数とする分析を行う（表14－1）。

表14－1　パラメーターの項目説明「仮説1モデル」

1）従属変数「再来店希望」＝また、この道の駅に来てみたいですか
2）独立変数1「漁師キャラ」＝漁師キャラは地域特産の鰹を連想させるか
3）独立変数2「藁焼き実演」＝藁焼き実演は購買意欲を高めると思うか
4）独立変数3「元祖・藁焼き塩たたき」＝元祖・藁焼き塩たたきは他では食べられないと思うか
5）独立変数4「初回来店ダミー」＝道の駅の来店は初めてかどうか
6）独立変数5「子連れダミー」＝子連れ家族で来店されたのか
7）独立変数6「女性ダミー」＝女性ですか（女性／男性）
8）独立変数7「県内住所ダミー」＝どこから来られたのか（高知県内／県外）

出所：筆者作成

（3）モデル検証方法②「仮説2モデル」

知人や友人への紹介を促す行動に寄与する「知人・友人への紹介」を従属変数、物語モデルの構成要素（態度、感情）に寄与する「漁師キャラ」「藁焼き実演」「元祖・藁焼き塩たたき」およびダミー変数（初回来店ダミー、子連れダミー、女性ダミー、県内住所ダミー）の各変数を独立変数とする分析を行う（表14－2）。

表14－2　パラメーターの項目説明「仮説2モデル」

1）従属変数「知人・友人紹介」＝この道の駅を知人・友人などに紹介してみたいですか
2）独立変数1「漁師キャラ」＝漁師キャラは地域特産の鰹を連想させるか
3）独立変数2「藁焼き実演」＝藁焼き実演は購買意欲を高めると思うか
4）独立変数3「元祖・藁焼き塩たたき」＝元祖・藁焼き塩たたきは他では食べられないと思うか
5）独立変数4「初回来店ダミー」＝道の駅の来店は初めてかどうか
6）独立変数5「子連れダミー」＝子連れ家族で来店されたのか
7）独立変数6「女性ダミー」＝女性ですか（女性／男性）
8）独立変数7「県内住所ダミー」＝どこから来られたのか（高知県内／県外）

出所：筆者作成

（4）相関分析（多重共線性問題）

回帰式の独立変数の間にて有意な相関関係が存在する場合に発生する多重共線性問題を排除するには、独立変数が互いに無相関であることが

求められる。よって、相関分析にて検証を行う。

相関分析の結果、独立変数である「漁師キャラ」「藁焼き実演」「元祖・藁焼き塩たたき」の相関分析による相関係数は.481、.349、.154であり、互いの変数の相関係数は低い値であることから、多重共線性問題の影響は低いと考えられる。具体的には、「漁師キャラ」と「藁焼き実演」の相関係数は.481、「藁焼き実演」と「元祖・藁焼き塩たたき」の相関係数は.349、「漁師キャラ」と「元祖・藁焼き塩たたき」の相関係数は.154となっている（表14－3）。

表14－3　独立変数の相関係数

	漁師キャラクター	藁焼きの実演	元祖・藁焼き塩たたき
漁師キャラクター	－		
藁焼きの実演	.481**	－	
元祖・藁焼き塩たたき	.154	.349**	－

* p <.05, ** p <.01

出所：筆者作成

2. 物語モデルの検証結果

(1) モデル検証の結果①「仮説1モデル」

「再来店希望」を従属変数とし、「漁師キャラ」「藁焼き実演」「元祖・藁焼き塩たたき」および、ダミー変数の各変数を独立変数とする重回帰分析の結果は、以下のとおりである。図14－1にて、仮説1のパス図（分析結果）、表14－4には、仮説1の重回帰分析結果（標準偏回帰係数）を示す。

1）修正済決定係数R2は.508、有意水準1％の正の値を示すことから有意である。

2）藁焼きの実演は1％有意、元祖・藁焼き塩たたきは5％有意となったが、漁師キャラは有意とならなかった。漁師キャラ（.060）に比べ、藁焼きの実演（.443**）や元祖・藁焼き塩たたき（.341*）から抱く態度や感情の影響が、再来店を促す行動を高めることがわかる。

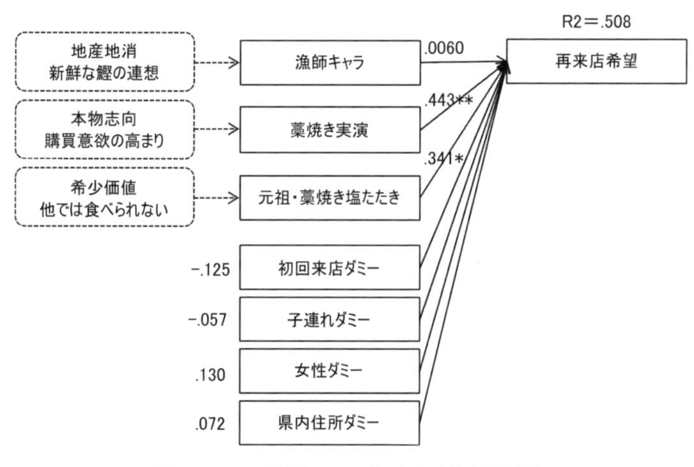

図14－1　仮説1のパス図（分析結果）

出所：筆者作成

表14－4　仮説1の重回帰分析結果（標準偏回帰係数）

	来店希望
態度感情①「漁師キャラクター」	0.060
態度感情②「藁焼きの実演」	0.443**
態度感情③「元祖・藁焼き塩たたき」	0.341*
初回来店ダミー	-0.125
子連れダミー	-0.057
女性ダミー	0.130
県内住所ダミー	0.072
修正済決定係数（R^2）	0.508**

（** p<.01　* p<.05）

出所：筆者作成

以上から、「漁師キャラ」「藁焼き実演」「元祖・藁焼き塩たたき」より抱く態度や感情は、再来店を促す行動を高める、という仮説1は支持された。

(2) モデル検証の結果②「仮説2モデル」

「知人・友人紹介」を従属変数とし、「漁師キャラ」「藁焼き実演」「元祖・藁焼き塩たたき」および、ダミー変数の各変数を独立変数とする重回帰分析の結果は、以下のとおりである。図14－2にて、仮設2のパス図（分析結果）、表14－5には、仮説2の重回帰分析結果（標準偏回帰係数）を示す。

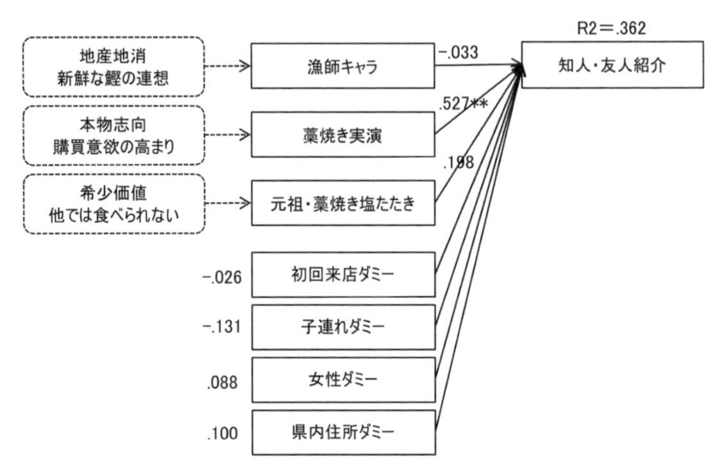

図14－2　仮説2のパス図（分析結果）

出所：筆者作成

表14－5　仮説2の重回帰分析結果（標準偏回帰係数）

	知人友人紹介
態度感情①「漁師キャラクター」	-0.033
態度感情②「藁焼きの実演」	0.527**
態度感情③「元祖・藁焼き塩たたき」	0.198
初回来店ダミー	-0.026
子連れダミー	-0.131
女性ダミー	0.088
県内住所ダミー	0.100
修正済決定係数（R^2）	0.362**

（** p<.01　* p<.05）

出所：筆者作成

1）修正済決定係数R2は.362、有意水準1％の正の値を示すことから有意である。

2）藁焼きの実演は1%有意となったが、漁師キャラと元祖・藁焼き塩たたきは有意とならなかった。漁師キャラ（-.033）、元祖・藁焼き塩たたき（.198）に比べ、藁焼きの実演（.527**）から抱く態度や感情の影響が、知人・友人への紹介を促す行動を高めることがわかる。

以上から、「漁師キャラ」「藁焼き実演」「元祖・藁焼き塩たたき」より抱く態度や感情は、知人・友人への紹介を促す行動を高める、という仮説2は支持された。

3. 物語モデルの考察

1）「漁師キャラ」「藁焼きの実演」「元祖・藁焼き塩たたき」から抱く態度や感情は、再来店を促す行動に貢献しており、特に、「藁焼き実演」「元祖・藁焼き塩たたき」の影響が他に比べ高い傾向にある。
2）「漁師キャラ」「藁焼きの実演」「元祖・藁焼き塩たたき」から抱く態度や感情は、知人・友人への紹介を促す行動に貢献しており、特に、「藁焼き実演」の影響が他に比べ高い傾向にある。
3）「漁師キャラ」の係数を見ると、「本人の来店希望」はプラスであるが、「他人への紹介」はマイナスとなっている。これにより、また来店したいと思う本人への動機づけに貢献していると推察されるが、他の人に紹介するまでの行動には繋がっていないことが考察される。

「藁焼きの実演」からは、注文後に鰹を藁で焼き始める「焼き切り」、強い火力での臨場感の演出、さらに藁の煙や香りはより一層風味を引き立てる販売・店内演出（パフォーマンス）の体験が示唆される。また、「元祖・藁焼き塩たたき」からは、鰹を藁焼きにし、天日塩で食べる本場土佐流の食べ方へのこだわり、一本釣りで漁獲した戻り鰹、黒潮町産の天日塩、国内産の藁等の地産地消（地元黒潮町産）の素材を使った稀少性ある商品ストーリーが示唆される。

これらから、来店者の再来店を促す行動や知人・友人への紹介を促す行動は、「藁焼きの実演」による販売・店内演出（パフォーマンス）の体験、さらには、「元祖・藁焼き塩たたき」による稀少性ある商品ストーリーから抱く態度や感情からの影響が大きいことがわかった。

よって、分析結果として、仮説1および仮説2とも統計的な有意性を示したことは、来店者の感情に訴求する体験やストーリーを与えている物語モデルが、来店者の行動に影響を与えていることを明らかにすることができたと解釈することができる。

4. 小括

本章の研究目的である「来店者の感情に訴求する体験やストーリーを与えている物語モデルが、来店者の行動に影響を与えていることを明らかにする」については、2つの仮説を設定した。仮説1は、「漁師キャラ」「藁焼き実演」「元祖・藁焼き塩たたき」より抱く態度や感情は、「再来店を促す」行動を高める。仮説2は、「漁師キャラ」「藁焼き実演」「元祖・藁焼き塩たたき」より抱く態度や感情は、「知人・友人への紹介を促す」行動を高める、である。仮設を検証するため、アンケート調査を実施し、それをもとに重回帰分析を行った結果、仮設1、仮設2とも支持された。

よって、来店者が「漁師キャラ」「藁焼き実演」「元祖・藁焼き塩たたき」より抱く態度や感情は、「再来店」や「知人・友人への紹介」を促す行動を高めるということが確認できた。そして、1）再来店を促す行動としては、「藁焼き実演」「元祖・藁焼き塩たたき」の影響が他に比べ高い傾向にある。2）知人・友人への紹介を促す行動としては、「藁焼き実演」の影響が他に比べ高い傾向にある、ことが確認できた。

以上から、なぶら土佐佐賀が実施する「物語モデル」が来店者の行動に影響を与えていることを確認できたと解釈することができるものと十分考えられる。

第15章　コンテンツ・アトラクションマーケティング戦略の実証分析（4）：態度形成メカニズム

本章の研究目的は2点となっている。

まず1点目は、道の駅の消費者行動に寄与する態度を形成する3要素（「認知」「感情」「行動」）の「関係性」を明らかにする。

道の駅、とくにマーケティングに優れて成績のよい成功事例であり、かつマーケティングが優れていると考えられる例については、特に味覚、キャラのような感情に訴える動因の成分が優位ではないかと仮説が立てられる。そこで、「認知から始まるモデル」と「感情から始まるモデル」を分析する。

次に2点目としては、道の駅の消費者行動に寄与する態度を形成する3要素（「認知」「感情」「行動」）の「影響力」を明らかにする。

態度の3要素モデルの立場から態度の一貫性に着眼し、態度内成分の階層的構造「認知→感情→行動」の要素ごとの影響力を実証分析にて試みるため、「認知→行動」への直接的なパスを示す「認知修正モデル」を構築し、直接的な影響度をパス係数にて判断する。

1. 先行研究と本章の位置づけ

「態度」を示す3つの構成要素としてRosenberg&Hovland（1960）は、「態度」を特定の種類に対して一定の仕方で反応する先有傾向であると定義し、「態度」には、以下の3つの構成要素（「感情的構成要素」「認知的構成要素」「行動的構成要素」）が含まれる、ことを指摘した（池田（2016）、pp.1-19）。

1）「感情的構成要素」（affective component）

態度対象に対して個人が持つ感情（feeling）・情動（emotion）およびその評価（evaluation）。この強さは態度の強度に関連がある。

2）「認知的構成要素」（cognitive component）

態度対象について個人が持つ情報・知識・意見・ビリーフ・考えなどによって構成される。態度の特殊性または一般性、およびビリーフの分化の程度を示す。個人はある対象についての情報を直接あるいは間接的な接触から受け取り、その対象についての認知を形成する。

3）「行動的構成要素」（action/conative component）

対象に対する行動傾向。ある対象についての、受容－拒否、接近－回避というような動機的な意図から構成される。

そして、佐藤（2015）は、「マーケティングにおいては、マーケティングに関連するブランド、価格、プロモーションなどの対象に対して、消費者の心の中で形成されるものが「態度」となり、意思決定に活用される」と指摘する。一般的に、態度は「認知的成分」「感情的成分」「行動的成分」の3つで構成されており、態度は行動の予兆になることを理由に、態度を想定することで、消費者行動をある程度予想できると考えられている。

マーケティングにおいて、態度の構成要素がとらえる概念としては、
1）認知的成分は、ある対象（ブランドなど）に対する消費者が有する情報を表現する、地名や評価が調査項目になる、
2）感情的成分は、人のある対象に対する全体的な感情を要約する、選好や好意が調査項目になる、
3）行動的成分は、ある対象に対する将来の行動の期待値として参照される、購入意図や再利用意図が調査項目にある、
ことを指摘した（佐藤、2015、pp.100-101）。

また、Kernan&Trebbi（1973）は、3要素モデルの「態度の一貫性」

に注目し、態度内成分の階層的構造（hierarchical structure）「認知→感情→行動」を示した。つまり、説得は、まず態度の認知的構成要素に作用し、そこで認知変化が生じた場合、それに伴って感情が変化する。そして、感情が変化すると、行動が変化するというものである（池田、2016、pp.1-19）。

一方、Solomon（2008）は、3要素モデルの「消費行動」において、これら3つの要素が順番に形成されることによって、「態度」が形成されるという「階層効果モデル」を次のように示している。

1）標準的学習階層モデル（認知的情報処理による態度形成）

通常は、「認知→感情→行動」の順番で態度が形成される。

2）低関与階層モデル（行動学習過程による態度形成）

対象に対してあまり関心が高くなく、重要性もあまり感じていない場合、「認知→行動→感情」の順番で態度が形成される。

3）経験階層モデル（快楽消費による態度形成）

対象に対する感情がまず形成され（CMや広告などで）、その上で購買・使用行動が生じ、その結果認知が形成される。つまり、「感情→行動→認知」の順番で態度が形成される。

以上から、Rosenberg&Hovland（1960）は、「態度」には、3つの構成要素（「感情的構成要素」「認知的構成要素」「行動的構成要素」）が含まれていると指摘した。それを佐藤（2015）は、マーケティングに応用して、消費者の心の中で形成されるものが態度（「認知的成分」「感情的成分」「行動的成分」の3つで構成）となり、意思決定に活用されることを示唆した。また、Solomon（2008）は、「消費行動」において3つの要素（「認知」「感情」「行動」）が順番に形成されることによって、態度が形成されるという「階層効果モデル」を提唱した。階層効果モデルには、「標準的学習階層モデル」「低関与階層モデル」「経験階層モデル」の3モデルが存在しているが、そのモデルの1つである「低関与階層モデル」では、対象に対してあまり関心が高くないというという考え方に基づいている。

道の駅は、近年マスコミなどで多く取り上げられるなど、話題性も高く、全国的に高い知名度を持ちつつある。これらを踏まえると、Solomon（2008）が提唱する階層効果モデルのうちの「低関与階層モデル」は、道の駅では、あたらないと考えられる。また、本事例の「なぶら土佐佐賀」では、店内において藁焼きの実演、稀少性ある鰹のたたきなど店内での演出に人気がありつつも、漁師キャラクターのフィギュアなどの独自性ある広報活動も積極的に展開している。したがって、道の駅の消費行動の態度形成としては、一般的な「認知→感情→行動」という因果関係の順番にて態度が形成される「標準的学習階層モデル」よりは、対象に対する感情がまず形成される「経験階層モデル」のほうが妥当であると考える。

よって、次の仮説を提唱する。

【仮説】 道の駅の消費行動においては、「認知から始まるモデル（標準的学習階層モデル）」よりも、「感情から始まるモデル（経験階層モデル）」のほうが、態度の形成に適合したモデルである。

2. 道の駅の消費態度モデルの構築【共分散構造分析】

(1) 概要

研究目的は、来店者のアンケート調査から得られたデータをもとに、道の駅の消費者行動に寄与する態度を形成する3要素の関係性を明らかにする。具体的には、Solomon（2008）が提唱する「階層効果モデル」に基づき、態度内成分の階層的構造の3つの要素（「認知」「感情」「行動」）が順番に形成されることに着眼し、態度が形成される3つの要素の関係性を実証分析することで、前節にて設定した仮説の検証を行う。

なお、統計ソフトとしては「IBM SPSS Amos Version26」を用いて検証する。有意確率は、有意性の高いものから5%有意までを含む。

(2) 道の駅における消費態度モデル

1）認知から始まるモデル（標準的学習階層モデル）

Solomon（2008）が提唱する階層効果モデルのうち、一般的な消費行動の態度形成としては、「認知→感情→行動」という因果関係の順番にて態度が形成される「標準的学習階層モデル」が示唆されることに着目し、本章においては、認知から始まるモデルの構築を行う。具体的には、「認知」「感情」「行動」の3つの要因のうち、「認知→感情→行動」という因果関係の順番にて、「態度」が形成されるモデル構築を共分散構造分析（構造方程式モデリング）にて試みる。

2）感情から始まるモデル（経験階層モデル）

Solomon（2008）が提唱する階層効果モデルの経験階層モデルは、対象に対する感情がまず形成され、そのうえで購買・使用行動が生じ、その結果認知が形成される。よって、「感情→行動→認知」の順番で態度が形成されることに着目し、本章においては、感情から始まるモデルの構築を行う。具体的には、「認知」「感情」「行動」の3つの要因のうち、「感動→行動→認知」という因果関係の順番にて、態度が形成されるモデル構築を共分散構造分析（構造方程式モデリング）にて試みる。

(3) 潜在変数と観測変数の設定　信頼性分析

今回の来店者アンケート調査の結果から、「知識」「態度」「行動」の各要因を潜在変数とし、それに関連する個々の質問内容を観測変数とするため、信頼性分析によるクロンバックのα係数による判断を行う。な

表15−1　潜在変数などの信頼性分析

潜在変数	観測変数	設問文	mean	SD	N	クロンバックのα係数
認知	χ1 藁焼き	「藁焼きの実演」があるから	3.47	(1.26)	59	.851
	χ2 元祖・藁焼き塩たたき	「元祖・藁焼き塩たたき」があるから	3.53	(1.34)	59	
	χ3 漁師キャラ	「漁師キャラクター」がいるから	2.66	(1.11)	59	
感情	χ4 藁焼きの実演	購買意欲が高まると思う	4.46	(.70)	59	.584
	χ5 塩たたきの希少性	他では食べられないと思う	4.17	(.81)	59	
	χ6 漁師キャラのイメージ	地域特産（高知県黒潮町）の鰹を連想させる	3.83	(1.10)	59	
行動	χ7 来店希望	また、この道の駅に来てみたいですか	4.41	(.62)	59	.908
	χ8 知人・友人への紹介	知人・友人などに紹介してみたいですか	4.25	(.63)	59	

出所：筆者作成

お、社会調査においては、通常クロンバックのα係数は0.6以上が望ましいとされており、「認知」「行動」のクロンバックのα係数はいずれも0.6を上回ったことから、信頼性は十分に受け入れ可能であると考えられる。一方、「感情」のクロンバックのα係数については、ほぼ0.6に近いことから、おおむね受け入れ可能であると考え、分析を行っている（表15－1）。

1）認知の設定（潜在変数）

認知的成分としては、ある対象（ブランドなど）に対する消費者が有する情報を表現する、地名や評価が調査項目になると指摘する（佐藤、2015）。道の駅の来店や再来店に影響を与えた理由として、藁焼きの実演、元祖・藁焼き塩たたき、漁師キャラクターなどの有無から、消費者が有する地名や評価を解釈する。よって、アンケート調査において、道の駅に来店・再来店された理由に関する設問に着目して、認知の潜在変数を設定する。

観測変数としては、藁焼きの実演があるからという設問には「χ1 藁焼き」、元祖・藁焼き塩たたきがあるからという設問には「χ2 元祖・藁焼き塩たたき」、漁師キャラクターがいるからという設問には「χ3 漁師キャラ」としている。これらの3つの観測変数より、「認知」の潜在変数の設定を行った結果、クロンバックのα係数は.851であったため、信頼性は十分に受け入れ可能と判断できる。

2）感情の設定（潜在変数）

感情的成分としては、人のある対象に対する全体的な感情を要約する、選好や好意が調査項目になると指摘する（佐藤、2015）。中山間地域に位置する道の駅にて、高知市内にあるひろめ市場と同じような雰囲気で藁焼きパフォーマンスが体験でき、元祖・藁焼き鰹塩たたきを値ごろ感ある価格で食べられることは来店者にとっては魅力的であると考察される。よって、アンケート調査において、道の駅に関してご自身が抱かれた態度や感情に関する設問に着目して、感情の潜在変数を設定する。

観測変数としては、藁焼きの実演は購買意欲が高まると思うという設問には「χ4 藁焼きの実演」、元祖・藁焼き塩たたきは他では食べられないと思うという設問には「χ5 塩たたきの希少性」、漁師キャラから地域特産（高知県黒潮町）の鰹を連想させるという設問には「χ6 漁師キャラのイメージ」としている。これらの3つの観測変数より、「感情」の潜在変数の設定を行った結果、クロンバックのα係数は.584であり、ほぼ0.6に近いことから、信頼性はおおむね受け入れ可能と判断した。

3）行動の設定（潜在変数）

行動的成分としては、ある対象に対する将来の行動の期待値として参照される、購入意図や再利用意図が調査項目になると指摘する（佐藤、2015）。よって、アンケート調査において、「この道の駅にまた来てみたい」「友人知人などに紹介したいという行動」に関する設問に着目して、行動の潜在変数を設定する。

観測変数としては、またこの道の駅に来てみたいですかという設問には「χ7 来店希望」、この道の駅を知人・友人などに紹介してみたいですかという設問には「χ8 知人・友人への紹介」としている。これらの2つの観測変数より、「行動」の潜在変数の設定を行った結果、クロンバックのα係数は.908であったため、信頼性は十分に受け入れ可能と判断できる。

(4) 道の駅における消費態度モデルの構築

本章の仮説として、道の駅の消費行動においては、「認知から始まるモデル（標準的学習階層モデル）」よりも、「感情から始まるモデル（経験階層モデル）」のほうが、態度の形成に適合したモデルであることを設定した。ここでは、その仮説を検証するために、道の駅における消費態度モデルとして、1）認知から始まるモデル（標準的学習階層モデル）、2）感情から始まるモデル（経験階層モデル）の2つのモデルを基に、態度を構成する3つの要因（「認知」「感情」「行動」）を潜在変数として、共分散構造分析（SEM：構造方程式モデリング）を用いたモデ

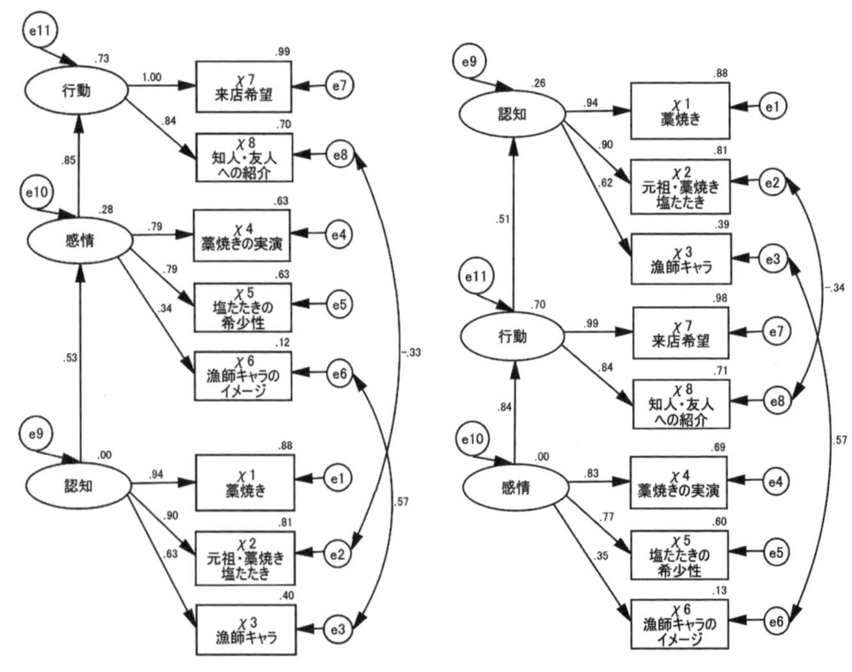

図15−1　認知から始まるモデル（標準的学習階層モデル）のパス図（標準化推定値）

出所：筆者作成

図15−2　感情から始まるモデル（経験階層モデル）のパス図（標準化推定値）

出所：筆者作成

ルの構築および実証分析を行う（図15−1、図15−2）。

具体的には、1）認知から始まるモデル（標準的学習階層モデル）、2）感情から始まるモデル（経験階層モデル）の2つのモデル比較を行い、モデルの相対的な良さを評価したうえで、道の駅における消費態度モデルの最適モデルを判断する。

(5) 適合度指標

モデルの適合度指標として様々な種類があるが、ここではGFI、AGFI、RMSEAの3つの指標にて判断を行う。GFIは0.9以上、AGFIは0.9以上かつGFIとの差が極端に大きくなければ、モデルの適合度は高いと判断される。また、RMSEAは0.08以下であれば適合度が高く、0.1以上ではモデルを採択すべきではないとされる指標である。

1）認知から始まるモデル（標準的学習階層モデル）としては、GFI=.923、AGFI=.828となっており、AGFI値が0.9以下となっているが、RMSEA=.065であることから、比較的適合度があると判断できる。

2）感情から始まるモデル（経験階層モデル）としては、GFI=.926、AGFI=.834となっており、AGFI値が0.9以下となっているが、RMSEA=.055であることから、あてはまりの良いモデルとして比較的適合度があると判断できる（表15－2）。

よって、これらの2つのモデルを採用する。

表15－2　消費態度モデルの適合度指標

	GFI	AGFI	CFI	RMSEA
標準的学習階層モデル	.923	.828	.986	.065
経験階層モデル	.926	.834	.990	.055

出所：筆者作成

(6) モデル検証　2つの消費態度モデルの比較検証

道の駅における消費態度モデルとして、1）認知から始まるモデル（標準的学習階層モデル）、2）感情から始まるモデル（経験階層モデル）の2つのモデル比較を行い、モデルの相対的な良さを評価することで、道の駅における消費態度モデルの最適モデルを判断する。

豊田（2003）によると、複数の分析モデルの候補があるとき、どのモデルを採用するかについて有名な適合度指標の1つとしてAICを指摘しており、少ない母数でよくデータに適合しているかどうかについて、AICを用いて判断できることを示唆する（豊田、2003、p.132）[注1]。

よって、この2つのモデルを比較する際のモデルの相対的な良さを評価するには、AICの値が最も小さいものを最適モデルとして判断する。1）認知から始まるモデル（標準的学習階層モデル）のAIC = 59.950、2）感情から始まるモデル（経験階層モデル）のAIC = 58.782であることから、感情から始まるモデル（経験階層モデル）のほうが、AICが低いことが示された（表15－3）。

表15−3　消費態度モデルの適合度指標（AIC）

	AIC
標準的学習階層モデル	59.950
経験階層モデル	58.782

出所：筆者作成

以上から、感情から始まるモデル（経験階層モデル）のほうが最適モデルであることが示唆されたことから、仮説が支持された。

また、感情から始まるモデル（経験階層モデル）の3つの要因（潜在変数）のパス係数を確認すると、「感情→行動（.84）」「行動→認知（.51）」であることから、これらの要因は互いにプラスの影響を与えていることが確認できた（図15−2）。

特に、「感情」から「行動」への係数が高いことから、「感情」が行動に強く影響を与えていることがわかる。一方、「行動」から「認知」への係数については、相対的にさほど高くないことから、影響は限定的であることが示唆される結果となった。

(7) まとめ

1）道の駅の消費行動においては、「認知から始まるモデル（標準的学習階層モデル）」よりも、「感情から始まるモデル（経験階層モデル）」のほうが、態度の形成に適合したモデルであることが支持された。

2）また、感情から始まるモデル（経験階層モデル）については、「感情」から「行動」への係数が高いことから、「感情」が行動に強く影響を与えていることがわかる。行動の要因については、相対的に再来店を希望する方が知人友人への紹介を促す行動よりも高く、リピーターを促す影響が示唆される。

3）一方、感情から始まるモデル（経験階層モデル）の「行動」から「認知」への係数については、相対的にさほど高くないことから、影響は限定的であることがわかる。その中においては、藁焼き、塩たたきの認知が相対的に高いことがパス係数の高さから示唆された。

3. 道の駅による態度一貫性の影響力に関する分析【共分散構造分析】

(1) 概要

本節では、来店者のアンケート調査から得られたデータをもとに、道の駅の消費者行動に寄与する態度を形成する3要素（「認知」「感情」「行動」）の「影響力」を明らかにすることを目的とする。

具体的には、Kernan&Trebbi（1973）が提唱する「階層効果モデル」に基づき、態度の3要素モデルの立場から態度の一貫性に着眼し、態度内成分の階層的構造「認知→感情→行動」の要素ごとの影響力を実証分析にて試みる。

なお、統計ソフトとしては「IBM SPSS Amos Version26」を用いて検証する。有意確率は、有意性の高いものから5%有意までを含む。

また、前節において、「感情から始まるモデル（経験階層モデル）」の適合性を示したが、本章においては、要素間の影響力（「認知→感情」、「認知→行動」）を明らかにすることを目的としているため、「認知から始まるモデル（標準的学習階層モデル）」に基づいた修正モデルを用いて、検証を行う。

(2) 認知から始まる修正モデルの構築（認知修正モデル）

Solomon（2008）が提唱する「標準的学習階層モデル」においては、「認知→感情→行動」の一貫性が支持されているが、認知からの直接的な行動への影響度を判断することができない。

よって、本章では「認知から始まるモデル（標準的学習階層モデル）」をベースに、「認知→行動」への直接的なパスを示すことで、直接的な影響度をパス係数にて判断できる「認知修正モデル」を新たに構築することで、認知からの直接的な行動への影響度の判断を行う。

(3) 適合性指標（認知修正モデル）

「認知修正モデル」の適合性指標としては、GFI=.926、AGFI=.823となっており、AGFI値が0.9以下となっているが、RMSEA=.064であることから、あてはまりの良いモデルとして比較的適合度があると判断できる（表15－4）。よって、このモデルを採用する。

表15－4　認知修正モデルの適合度指標

	GFI	AGFI	CFI	RMSEA
標準的学習階層モデル	.923	.828	.986	.065
認知修正モデル	.926	.823	.987	.064

出所：筆者作成

(4) モデル検証　認知修正モデル

「認知」から「行動」までの直接効果、間接効果の検証を行うために構築した「認知修正モデル」の検証結果は、以下の通りである（図15－3）。

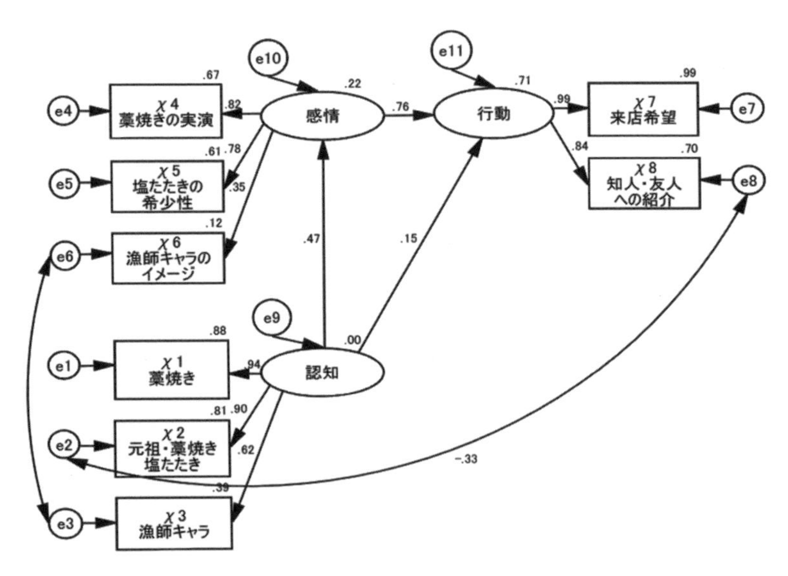

図15－3　認知修正モデルのパス図（標準化推定値）

出所：筆者作成

1）直接効果としては、①「認知→行動」(.15)、②「感情→行動」

（.76）となった。

2）間接効果としては、「認知→行動」（.36）となった。なお、間接効果の算出方法としては、「認知→感情」の直接効果（.47）と「感情→行動」の直接効果（.76）を掛け合わせた値を間接効果と判断している。

3）総合効果としては、①「認知→行動」（.51）、②「感情→行動」（.76）となっている。なお、総合効果の算出方法としては、上記1）の直接効果「認知→行動」（.15）と上記2）の間接効果「認知→行動」（.36）を加算した値を総合効果として判断している。

（5）まとめ

1）「感情」から「行動」への直接効果（.76）は、非常に高い影響力を持つ。

2）一方、「認知」から「行動」への直接効果（.15）は、弱いことが判明した。

3）さらに、認知後に「感情」を抱く間接効果（.36）は、非常に高い。

4）これを考慮すれば、「認知」から「行動」への影響力（.15→.51）は、「感情」を創出させることで、より強化されていることが明らかになった。具体的には、「認知」から「行動」への直接効果は.15に留まるが、「感情」による間接効果（.36）を考慮した総合効果では.51となり、直接効果の約3.4倍の影響力が期待できることが明らかになった。

この結果からは、道の駅の消費行動における態度形成においては、道の駅の存在を知ってもらう「認知」よりも、「感情」を創出させる取り組みの効果が高いことがわかった。それは、体験を重視する顧客ニーズの高さが明らかになったと考察される。さらに、道の駅の「消費行動」における態度形成においては、顧客の「感情」に訴えるアプローチが重要視されることを意味しており、以下の効果より、現地での体験から創出される「感情」をさらに高めていく取り組みが重要であることがわかった。

1)「感情」から「行動」への直接効果がさらに高まる。

2)「認知」から「行動」に影響する際の間接効果（認知×感情）も高まり、認知から行動への総合効果（直接効果+間接効果）がさらに高まる。

「感情」を創出させる体験をするには道の駅に来店してもらうことが必要となる。実際に道の駅に来てもらうには、まずは道の駅の存在を知ってもらうことは欠かせないが、道の駅を知ってもらうだけの「認知」を広く周知しても影響力としては弱いことがわかった。

よって認知としては、道の駅に実際に足を運びたくなるような話題性を常に発信するなどの取り組みを行うことにより、顧客の「感情」部分を訴求させることで「行動」に影響力を与えられると考察する。

4. 小括

(1) 本章では、共分散構造分析（SEM：構造方程式モデリング）とAIC（赤池統計量）にて、態度を形成する3要素「認知」「感情」「行動」の関係を分析した結果、コンテンツ・アトラクションマーケティングを用いることにより、認知よりもより直接的に感情から行動を促し、より強力なマーケティングとなっていることが明らかとなった。

(認知変数)「藁焼き」「元祖・藁焼き塩たたき」「漁師キャラ」

(感情変数)「藁焼きの実演」「塩たたきの希少性」「漁師キャラのイメージ」

(行動変数)「再来店希望」「知人・友人への紹介」

共分散構造分析（SEM：構造方程式モデリング）とAIC（赤池統計量）を用いた分析の結果、「認知から始まるモデル（標準的学習階層モデル）」と「感情から始まるモデル（経験階層モデル）」では、明らかに「感情から始まるモデル」のほうが当てはまりよく、説明されることがわかる。以上から、道の駅の中でもマーケティングに優れて、持続可能なものについては、特に消費者の味覚、感情にはたらきかけるようなキャラによるイメージ形成とかが優れていること、さらに、それが消費者の意見に反映され、消費者の行動に反映されているということがわかった。

（2）Solomon（2008）が提唱する「標準的学習階層モデル」においては「認知→感情→行動」の一貫性が支持されているが、認知からの直接的な行動への影響度を判断することができない。そこで、Kernan&Trebbi（1973）が提唱する「階層効果モデル」に基づき、行動を加えた態度の3要素モデルの立場から態度の一貫性に着眼し、態度内成分の階層的構造「認知→感情→行動」の要素ごとの影響力を実証分析にて試みた。

その結果、1）「感情」から「行動」への直接効果がさらに高まる。2）「認知」から「行動」に影響する際の間接効果（認知から感情を経由して行動に移る）も高まることで、「認知」から「行動」への総合効果（直接効果＋間接効果）がさらに高まることが明らかになった。

以上から、道の駅の消費行動における態度形成においては、顧客の感情に訴えるアプローチが重要視されることを意味しており、現地での体験から創出される感情をさらに高めていく取り組みが重要であることがわかった。

【注】

（注 1）AICは「当てはまりの良さ」と「母数の節約度（倹約度）」を競い合わせており、モデルの当てはまりがよく、母数を節約しているとき、AICは小さくなる。このことから、複数モデルのうち、AICが一番小さいモデルが、相対的に少ない母数でデータのふるまいをよく説明できているということを指摘する（豊田、2003、p.132）

第16章　総　括

1. 各章のまとめ

第1章「道の駅の現状と課題」では、今後、望ましい「道の駅」にもとめられる課題として、1993年の登録開始から全国登録数は年々増加傾向にあり、直販所・飲食が中心の「地域活性化機能」が求められている状況を踏まえ、川上システム／川下システムの視点と、分析上の課題を指摘した。

第2章「『公共性のある経営体』としての道の駅－先行研究とともに位置づける－」では、道の駅の持つ公共性について考える。本研究が取り上げる道の駅では、事業活動による収益確保によりランニングコストを賄っており、ランニングコストに対する交付金や補助金は、一切支給されていない。収益を生み出す事業活動を持続していくには、民間企業のような「経営体」としてのマネジメントは、不可欠であると考えている。これらを踏まえ、本研究では、「半公共財的」であり、「経営体」としてのマネジメントを実施している道の駅を「公共性のある経営体」として定義した。

以上のように、道の駅は、半公共財的な性格をもち、地域活性化に資するという目的で、公共がイニシャルには応援するという社会的合意のあるシステムである。しかし、いくら公共性があるといっても、イニシャル、固定費用を応援し、その上で、経営が行き詰まり破綻すれば、公共性を応援する政策そのものの破綻となる。したがって、あくまで経営は優良であり、持続可能なものでなければならない。本研究の目的は、そのような優良事例について、経営分析の立場からモデル化を試み、今後の道の駅の運営に資する知見をまとめることにある。

そこで、第3章では「経営分析方法に関する先行研究」を紹介した。「経営戦略の分析手法に関する研究」「マーケティング論に関する研究」「ブランド論に関する研究」のレビューを行った。そして、道の駅の先行研究に関する課題を指摘し、本研究のオリジナリティを主張した。

第4章「道の駅の分類と持続可能な例の選定」では、全国の道の駅のうち、採算性評価・パフォーマンスなどのデータを得られる道の駅16例を対象に、売上効率の分析（延床面積の売上高）において、延床面積が小さい道の駅（1200㎡以下）かつ、回帰モデルによる平均的予想を上回る、優れた成績を示す道の駅5カ所を選定した。

道の駅では、農産物販売は欠かせない存在となっている。よって、第5章から第6章では、道の駅の農産物販売に関する事例分析を行うことで、道の駅の「川上の視点」による地域活性化の要因を明らかにした。

第5章「事例1：「塩津海道あぢかまの里」、事例2：「能勢くりの郷」－バリューチェーン分析」では、2つの事例について、中山間地域の道の駅のバリューチェーンに着目し、安くて新鮮な農産物の販売、レストランの併設や自社ブランド加工品の開発に焦点をあてて考察を試みた。これらを踏まえ、中山間地域の道の駅が目的地となり得る競争優位を明らかにすることを目的とした。

「あぢかまの里」、「くりの郷」の2カ所を調査対象とした。本章においては、中山間地域の道の駅のバリューチェーンに着目し、安くて新鮮な農産物の販売、レストランの併設や自社ブランド加工品の開発に焦点をあてて考察を試みた。道の駅の野菜直売所やレストランでは消費者に商品やサービスを提供することから、バリューチェーンの小売業分析フレーム「①商品企画機能」「②仕入機能」「③店舗運営機能「④集客機能」「⑤販売機能」「⑥アフターサービス機能」にて分析を行い、競争優位となる事業機能を明確化した。

第6章「モデル1：道の駅の地域資源活用によるチャネル管理モデル」では、競争優位となる事業機能を明確化するとともに、収益データ等を活用した定量的なパフォーマンス分析を行うことで、道の駅の事業継続性（自立化）に欠かせない持続可能な競争優位となる機能を明らかにすることを試みた。これらを踏まえ、マーケティング・チャネル戦略において、中山間地域の道の駅が目的地となり得る競争優位を明らかにした。

(1)「安くて新鮮な農産物の販売」の背景として、出荷者組織の存在がその実現には欠かせないことが確認できた。

(2) 農産物の売上減少を補うため、農産物よりも利益率の高いメニューや自社ブランド加工品の開発を行っていることが確認できた。

(3) 従来の競争優位であった「仕入」機能を中長期的には維持しつつも、新たに価値を生み出す「商品企画」機能へと競争優位が変化しつつあると解釈することができるものと十分考えられる。それにより、道の駅を取り巻くネットワークにおいては、地域資源の活用主体が「出荷者組合」から「道の駅」に変化しつつあることが考察された。

(4) 損益分岐点分析による商品企画・開発の優位性としては、商品企画・開発の取り組みが採算性を高めている要因の一つであることが考察された。

第7章から第8章では、道の駅の飲食サービスに関する事例分析を行うことで、道の駅の「川上の視点」および「川下の視点」による地域活性化の要因を明らかにした。

第7章「モデル2：「新しい味覚・高品質の味覚」の開発」では、前章で明らかとなった「あぢかまの里」「能勢くりの郷」の採算性を高めている要因の一つである、商品開発の取り組みについての事例分析を試みた。それにより、「あぢかまの里」「能勢くりの郷」ともに、商品開発としては、担当者のこだわりが新しい味覚の開発に大きく寄与していることが考察された。よって、新しい味覚の開発は、採算性を高める可能性を示唆している。

1）鮒ずしの新たな食べ方の提案（＝松井氏の鮒ずしへのこだわり）

2）総菜系などの新たなジャンルへの挑戦（＝従業員を巻き込む西山支配人の商品を世に生み出す面白さに対する姿勢）

3）丹波の黒豆の旬な時期の隙間を狙ったブランド野菜の販売（＝農家の意識変化を促した岡田氏の野菜の見た目へのこだわり）

等であり、新しい味覚の開発段階には、担当者のこだわりが大きく寄与していることが考察される。それは、大竹（2015）が指摘するイノベーション型の「知的資源」にあたり、「競争優位の源泉」であることが示唆された。

第8章「事例3：大津市「妹子の郷」の比較分析、モデル3：多角化、モデル4：専門店戦略（飲食）」では、多角化や専門店化により差別化をはかる2つの方法を比較した。

「妹子の郷」では、顧客層をシニア層らに絞り込み、滋賀県の地域資源ブランドで有名な極上近江牛A5に特化した専門店レストランを運営することで顧客の差別化を図るメカニズムを明らかにした。

(1)「米プラザ」と「妹子の郷」を4P分析にて対比した結果、1）シニア層らを想定顧客に専門店に求められる狭い品揃えと接客を実現させていることが確認できた。2）専門店には欠かせない深く狭い品揃えは、地元の方が主体的に地元の仕入業者との信頼関係を長年築いていたことが極上近江牛A5の仕入れを実現させたことを確認した。

(2) 来店者調査から平日、休日とも専門店レストランの主な顧客は、50代、60歳以降のシニア層らが多数を占め、それ以外の年齢層は、主にコンビニを利用している傾向が強いことを確認した。

(3) 開業当初にコンビニとの競合を避けて、専門店レストランを開業したことで、専門店レストランとコンビニを利用する主な顧客層をおおまかに区分させていることを考察した。

(4) 多角化による道の駅の深化モデルとして、1）フェーズⅠ（休憩の機能)、2）フェーズⅡ（地域振興、産業振興の機能)、3）フェーズⅢ（多様化する顧客ニーズに対応した機能）を構築した。

次に、第9章から第15章では、道の駅の「川下の視点」から、道の駅のマーケティング活動に関連した「ブランディング」戦略に焦点をあて、差別化の要因を明らかにした。

従来の競争優位であった農産物販売が弱体化しつつあるなか、事例4:「かつらぎ西（下り)」では、積極的な販売販促による「ブランディング」により出荷者数や売上高が増加する効果が見受けられ、第9章で分析した。

さらに、事例5:「なぶら土佐佐賀」については、コンテンツ、アトラクションなどの効果を、統計的モデルを用いて、第10章～第15章まで詳細に分析した。

第9章「事例4:「かつらぎ西（下り)」－道の駅直売所の過当競争を避ける差別化・地域ブランド戦略」では、豊富な果実の種類とコンテンツの利用で、「フルーツ王国」という地域ブランドの構築に見事に成功している事例を分析した。

(1) 先行研究を整理すると2点に集約できる。1）農産物直売所においては、委託販売が多くを占め、価格は近隣スーパーや卸売市場の価格を参考に、出荷者自身が決めている傾向が高い。さらに道の駅と地元生産者との関係は、農家が消費者の顔が見える関係までには至らず、店舗内でのお客様への接客や販促は消極的である。2）戦略としてのブランド連想は競争優位の源泉としてはたらくと考察され、地域ブランドは、地域の魅力と商品の魅力に好影響を与えることが示唆される。

(2) 地域ブランド「フルーツ王国」のイメージを醸成させる取り組みをマーケティング戦略（4P）の観点から明らかにした。1）商品では、綺麗さをアピールした旬な農産物の提供、2）価格では、高価格帯をキープする取り組み、3）流通チャネルでは、県下の専業農家との直接契約が約8～9割を占める、4）プロモーションでは、販売員キャラクターなどのコンテンツ、接客対応ができる雰囲気の醸成、などである。

(3) 売上高、出荷者数、来店者数とも、2017年度を上回る結果となっており、接客や販促を重視する取り組みは、専業農家との契約増に貢献していることが示唆された。

第10章「事例5：「なぶら土佐佐賀」－より深化したマーケティング戦略の4P分析」では、より高度な川下モデルとして、積極的なマーケティング活動を展開する「なぶら土佐佐賀」の事例の詳細について、マーケティング戦略の4P分析を行い、ケラーの3要素から分析を行った。

事例分析を通じて、「ケラー3要因」（ブランド要素の選択、4P戦略によるマーケティングプログラムの設計、2次的連想の活用）の存在を明らかにすることができた。一本釣りで漁獲した戻り鰹、高知県黒潮町産の天日塩、国内産の藁などは、本物志向を強く訴求しており、高知市内の観光名所として有名な「ひろめ市場（明神丸）」の雰囲気をこの道の駅で体験できることは、来店者の目的地化に寄与する可能性があり、差別化効果が期待できることが考察された。

さらに、事例分析を通じて、来店者の感情に訴求する体験やストーリーを与える「なぶら土佐佐賀」独自のマーケティングモデル「物語モデル」の構成要素を確認したので、以下の章でより深く分析することとした。

また、「なぶら土佐佐賀」にて実施している商品ストーリー、販売・店内演出（パフォーマンス）は、全国的な知名度がある「ひろめ市場」が実施する体験やストーリーを踏襲することで、行動に影響を与えていることがわかった。さらに、独自の取り組みである漁師キャラ「なぶら元吉」などのオリジナル・キャラクターは、地域性のストーリーを意識させることにより、来店者の感情に訴求していると考察する。

第11章「モデル5：コンテンツ導入モデル、モデル6：アトラクションモデル」では、「なぶら元吉」や「わら焼き」といったコンテンツやアトラクションを入れることによりマーケティング上の効果があることを検証した。これを「コンテンツ導入モデル」、「アトラクションモデル」と名付けた。

(1) 漁師キャラ「なぶら元吉」などによるキャラクター・マーケティングに焦点をあて、「なぶら土佐佐賀」の対象セグメント層を主人公とする「物語モデル」の構築を試みた。1) ターゲッティングセグメント層は、「子連れ家族」「感度の高い人達」「本物志向」「食にこだわる人達」の想定顧客が考察され、2) 商品（稀少性）「元祖・藁焼き塩たたき」、3) 販売・店内演出（パフォーマンス）「焼き切りによる藁焼き実演」、4) オリジナルのキャラクターの漁師キャラ「なぶら元吉」など、来店者の感情に訴求する体験やストーリーを与える構成要素などがある。

(2) 道の駅のオリジナル・キャラクターに関するアンケート調査の結果、1) 予想に反し、キャラクター「なぶら元吉」は漁師のイメージは薄い。2) しかし、「新鮮なタタキ」と「ここでしか食べられないタタキ」からは、2つがあいまって、たがいに相乗効果を発揮している。3) 非意図的なキャラクター「キャラA」よりも「なぶら元吉」をシンボルとした方が、イメージがより強く導かれていると解釈することができる。4) キャラクターコンテンツからその生活を連想させるよりは、新鮮なタタキの商品そのもののイメージを強く印象づけさせ、新鮮なタタキのアトラクションとキャラクターコンテンツの相乗効果があることがわかった。

第12章「コンテンツ・アトラクション戦略の実証分析 (1)：『子供連れ家族へのターゲティング』」では、「なぶら土佐佐賀」の事例分析を通じて、漁師キャラ「なぶら元吉」などのキャラクターの存在から、キャラクター・マーケティングの取り組みを示唆した。また、「物語モデル」の仮説では、子供連れ家族を想定セグメント層としている。家族をイメージさせる漁師キャラ達を主人公とし、想定セグメント層に親近感を創出することで、ターゲティングセグメント層（想定顧客）である子供連れ家族の来店を高める効果が期待されたので、それをデータで裏付けた。

「なぶら土佐佐賀」と「妹子の郷」の来店者属性データなどの分析により、子供連れ家族の来店者数の比較検証を行った。その結果、「なぶら土佐佐賀」では、「物語モデル」の想定顧客である子供連れ家族の来店が「妹子の郷」に比べ多くなっていることを明らかにした。

第13章「コンテンツ・アトラクションマーケティング戦略の実証分析（2）：ケラー3要素を拡張するブランド知識リピートモデル（拡張ケラーモデル）」では、森山（2016）が示すようにあらゆるマーケティングにおいて「新規顧客よりもリピート客（既存顧客）の維持が持続的な利益をもたらす可能性が高い」（1対5の法則、リピーターが基本）ことから、コンテンツやアトラクション戦略をとった場合、リピート増進に貢献するのかどうかを、クロンバック係数分析や共分散構造分析（SEM：構造方程式モデリング）等を用いて明らかにした。

(1) ケラーが提唱する3つの要因「ブランド要素」「4P戦略」「2次的連想」（ブランド・エクイティによる差別化効果）モデルに、「リピート知識」を4番目の要素として加え、拡張ケラーモデルを構築し、さらに時間的効果を加えることにより説明した。

(2) また、子連れ家族に特に効果があるのかどうかについても、パス解析により、コンテンツ戦略がより強く効いていることを明かにした。

(3) 再度、初心者とリピーターの差異を、パス解析でも分析し、1)「初心者」は、知人・友人紹介に強く影響を与え、「リピーター」は、再来店に強く影響が表れている。2)「リピーター」は、ブランド要素のうち「漁師キャラがある」「鰹オリジナル（漁師キャラ）」の要素が初心者と比べて高いことが明らかになった。これにより、より重要な顧客である「リピーター」対し、コンテンツ・アトラクションマーケティング戦略がより希求していることが証明できた。

第14章「コンテンツ・アトラクションマーケティング戦略の実証分析（3）:「物語モデル」の仮説検証分析」では、「来店者の感情に訴求する体験やストーリーを与えている物語モデルが、来店者の行動に影響を与えていることを明らかにする」ことについて、重回帰分析を行い、コンテンツやアトラクション「再来店」や「知人・友人への紹介」を促す行動を高めるということが確認できた。

(1) 2つの仮説を設定した。仮説1は、「漁師キャラ」「藁焼き実演」「元祖・藁焼き塩たたき」より抱く態度や感情は、「再来店を促す」行動を高める、であり、仮説2は、「漁師キャラ」「藁焼き実演」「元祖・藁焼き塩たたき」より抱く態度や感情は、「知人・友人への紹介を促す」行動を高める、である。

(2) アンケート調査をもとに重回帰分析を行った結果、仮設1、仮設2とも支持された。来店者が「漁師キャラ」「藁焼き実演」「元祖・藁焼き塩たたき」より抱く態度や感情は、「再来店」や「知人・友人への紹介」を促す行動を高めるということが確認できた。

(3) そして、1）再来店を促す行動としては、「藁焼き実演」「元祖・藁焼き塩たたき」の影響が他に比べ高い傾向にある。2）知人・友人への紹介を促す行動としては、「藁焼き実演」の影響が他に比べ高い傾向にある、ことが確認できた。

第15章「コンテンツ・アトラクションマーケティング戦略の実証分析（4）：態度形成メカニズム」では、共分散構造分析（SEM：構造方程式モデリング）とAIC（赤池統計量）にて、態度を形成する3要素「認知」「感情」「行動」の関係を分析した結果、コンテンツ・アトラクションマーケティングを用いることにより、認知よりもより直接的に感情から行動を促し、より強力なマーケティングとなっていることが明らかとなった。

(1) 共分散構造分析（SEM：構造方程式モデリング）とAIC（赤池

統計量）を用いた分析の結果、「認知から始まるモデル（標準的学習階層モデル）」と「感情から始まるモデル（経験階層モデル）」では、明らかに「感情から始まるモデル」のほうが当てはまりよく、説明されることがわかる。以上から、道の駅のなかでもマーケティングに優れて、持続可能なものについては、特に消費者の味覚、感情にはたらきかけるようなキャラによるイメージ形成とかが優れていること、さらに、それが消費者の意見に反映され、消費者の行動に反映されているということがわかった。

(2) Kernan&Trebbi（1973）が提唱する「階層効果モデル」に基づき、行動を加えた態度の3要素モデルの立場から態度の一貫性に着眼し、態度内成分の階層的構造「認知→感情→行動」の要素ごとの影響力を実証分析にて試みた。その結果、1)「感情」から「行動」への直接効果がさらに高まる。2)「認知」から「行動」に影響する際の間接効果（認知から感情を経由して行動に移る）も高まることで、「認知」から「行動」への総合効果（直接効果＋間接効果）がさらに高まることが明らかになった。

(3) 道の駅の消費行動における態度形成においては、顧客の感情に訴えるアプローチが重要視されることを意味しており、現地での体験から創出される感情をさらに高めていく取り組みが重要であることが示唆される結果となった。

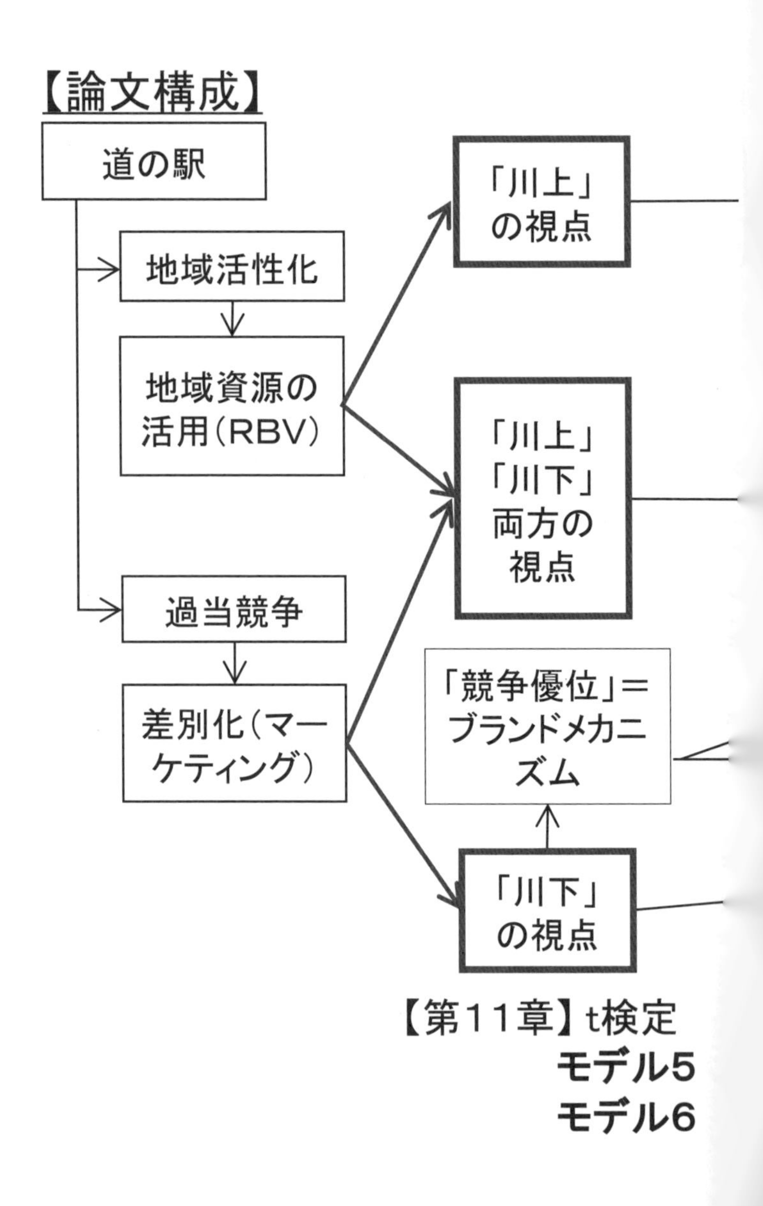
【論文構成】
道の駅
地域活性化
地域資源の活用（RBV）
過当競争
差別化（マーケティング）
「川上」の視点
「川上」「川下」両方の視点
「競争優位」＝ブランドメカニズム
「川下」の視点
【第11章】t検定
モデル5
モデル6

図16－1　論文の構

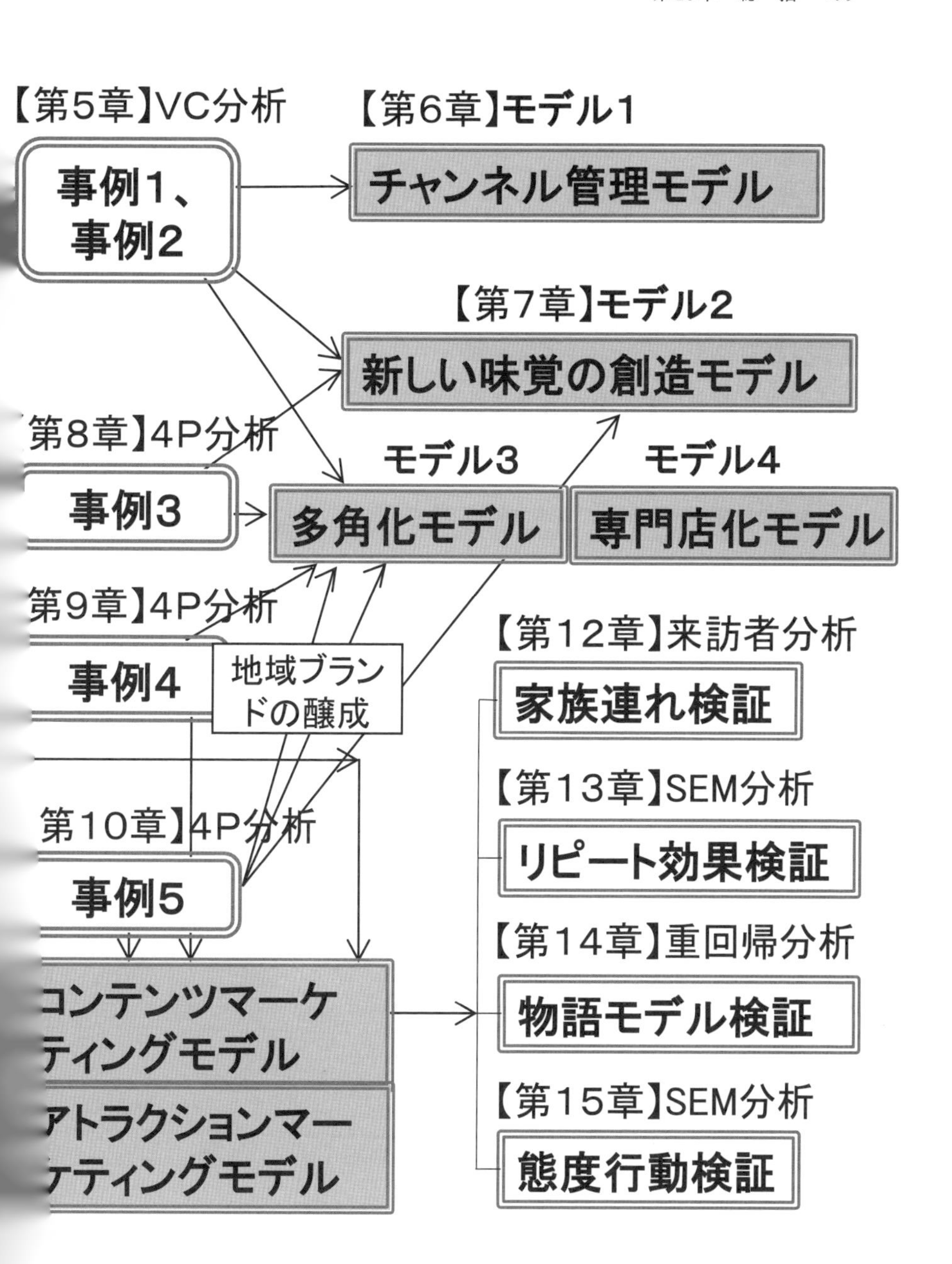
【第5章】VC分析
事例1、
事例2
【第6章】モデル1
チャンネル管理モデル
【第7章】モデル2
新しい味覚の創造モデル
【第8章】4P分析
事例3
モデル3
多角化モデル
モデル4
専門店化モデル
【第9章】4P分析
事例4
地域ブランドの醸成
【第10章】4P分析
事例5
コンテンツマーケティングモデル
アトラクションマーケティングモデル
【第12章】来訪者分析
家族連れ検証
【第13章】SEM分析
リピート効果検証
【第14章】重回帰分析
物語モデル検証
【第15章】SEM分析
態度行動検証

出所：筆者作成

2. 小規模でも非常に優秀な成功する道の駅の6モデルと3つの競争優位

いままでの事例を踏まえると、道の駅の競争優位には、6つのモデル
「6次化（チャンネル管理）モデル」
「新しい（高質な）味覚の創造モデル」
「多角化モデル」／「専門店化モデル」
「コンテンツマーケティングモデル」
「アトラクションモデル」
があった。ここではこれを3つの競争優位からまとめる。

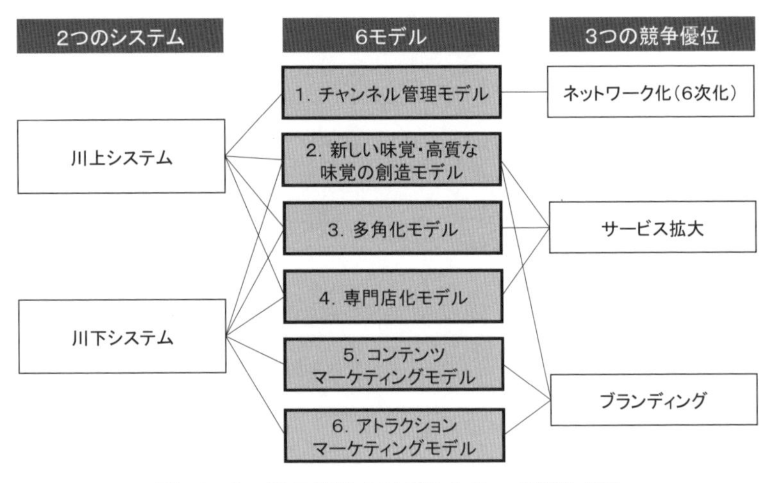

図16−2　道の駅の6モデルと3つの競争優位

出所：筆者作成

表16－1　道の駅の6モデルと5事例

	チャネル管理	味覚（新規、高品質）の創造	多角化（飲食）	専門店化	コンテンツの利用	アトラクション
塩津海道あぢかまの里	○	○	○6次化			
能勢くりの郷	○	○	○6次化			
妹子の郷	○	○	○	○		
かつらぎ西（下り）	○		○		○	
なぶら土佐佐賀	○	○	○	○	○	○
	出荷者との関係性	新商品開発				演出・体験

出所：筆者作成

(1)「チャネル管理モデル」の競争優位➡ネットワーク化（6次化）戦略

1）安くて新鮮な農産物の販売ができる要因としては、出荷者組織の存在がその実現には欠かせないことが確認できた。当初から中山間地域の道の駅の主力の売り上げは、地元農家が作る旬な野菜を販売する農産物直売が競争優位となっていた。道の駅の強みは「新鮮さ・安全さ(低農薬、とれたて)」であり、消費者が求める安全安心の品質確保、農産物の安定供給を実現させるには、川上の農家の強力なネットワーク形成と協力は欠かすことはできない。その実現には、マーケティング・チャネル管理が重要となる（第5章の分析を参照)。

2）一方、中山間地域の道の駅において、農産物の売上高が年々減少傾向にあることが明らかになった。高齢化による出荷者組織の弱体化は、道の駅の価値を生み出す出荷者組合からの「仕入」機能を低下させ、それに伴う農産物の売上減少は、従来の競争優位の低下を招き、道の駅の自立運営を厳しい状況にしていることを明らかにすることができた。また、競争優位を維持する意味でも中長期的には、出荷者組合からの「仕入」機能の見直しが避けられないことが示唆された（第5章の分析を参照)。

3）そして、農産物の売上減少を補うため、農産物よりも利益率の高いメニューや自社ブランド加工品の開発が確認できた（第6章の分析を参照)。出荷者組織の担当者が開発したブランド野菜は、目新しい農産物を一から作っていくのではなく、既に市場で高い付加価値がある農産物に目を付け、農産物の有名ブランドの出荷タイミングと異なる品種を探しだし、出荷の隙間を狙って販売できる優位性を見出したことが考察された。担当者の野菜へのこだわりである「野菜の見た目」を重視する動きが、今では道の駅の出荷者の意識を変えるまでに影響を与えていることが考察された（第7章の分析を参照)。

これらは、中山間地域の「出荷者組織」が主体となり、「道の駅」と共存関係を構築することで、安定的な出荷体制や新たな商品開発が実現できており、広く適用が可能な要素と考えられることから「ネットワーク化（6次化）による競争優位」とする。

1）道の駅の強みは「新鮮さ・安全さ（低農薬、とれたて）」。
2）川上の農家の強力なネットワーク形成と協力は欠かすことはできない。
3）チャネル管理（＝ネットワーク戦略）。
4）安全を志向する農家とのバリューチェーンの構築。

(2)「多角化モデル」「専門店モデル」により競争優位は「サービス拡大」➡道の駅主体による飲食の高度化の導入など

1）中山間地域の道の駅においては、従来の競争優位であった出荷者組織からの「仕入」機能を中長期的には維持しつつも、新たに価値を生み出す「商品企画」機能へと競争優位が変化しつつある。道の駅を取り巻くネットワークにおいては、地域資源の活用主体が「出荷者組織」から「道の駅」に変化しつつあることが考察された（第5章の分析を参照）。
2）農産物の売上高が年々減少傾向であるが、損益分岐点比率では良好、もしくは改善傾向にあることが明らかになった。その要因としては、「商品企画」機能である商品開発の取り組みが採算性を高めている要因の一つであることが考察された（第5章の分析を参照）。
3）採算性を高めている商品開発の取り組みとしては、①鮒ずしの新たな食べ方の提案、②総菜系などの新たなジャンルへの挑戦などの「新しい味覚の開発段階」が考察され、それには、担当者のこだわりが大きく寄与していることが明らかになった（第7章の分析を参照）。
4）飲食の専門店に欠かせない深く狭い品揃えは、地元の方が主体的に地元の仕入業者との信頼関係を長年築いていたことにより、特産品の仕入れを実現できたことを明らかにした。さらに接客では、顧客に対する丁寧な接客を心掛けるスタッフの意識変化が起こり、対面接客サービスの向上にて専門店化の促進も確認できた。これらの取り組みより、シニア層らを想定顧客に専門店に求められる狭い品揃えと接客を実現していることを明らかにした（第8章の分析を参照）。

5）商品では、食事と土産品販売を中心に、鰹を藁焼きにし天日塩で食べる本場土佐流の食べ方へのこだわり、一本釣りで漁獲した戻り鰹、黒潮町産の天日塩、国内産の藁などによる地産地消の希少性ある素材の提供。販売・店内演出（パフォーマンス）では、木を基調とした漁師小屋造りの中で、注文後に鰹を藁で焼き始める「焼き切り」、強い火力での臨場感の演出、さらに藁の煙や香りはより一層風味を引き立てる店内演出などによる体験型の飲食サービス、を明らかにした（第10章の分析を参照）。

6）また、ターゲッティングセグメント層としては、「子連れ家族」「感度の高い人達」「本物志向」「食にこだわる人達」の想定顧客を考察した（第10章・第11章の分析を参照）。

7）そして、道の駅で本物志向を強く訴求し、地元の観光名所として有名な施設の雰囲気をこの道の駅で体験できることは、来店者の目的地化に寄与する可能性があり、差別化効果が期待できることを考察した（第10章の分析を参照）。

8）また、農産物の見た目の綺麗さを特に重要視するこだわり、農産物の価値の低下に繋がる値下げなどの価格競争に陥らないコントロール、価格を掲示しないPOPによる訴求、TVCMなど販売員を前面に出した告知、また販売員は野菜ソムリエ風の制服を身に着け、お客様への対話や接客を積極的に行うことで、良質のこだわりを販売員が直接お客様に伝える取り組みなど、農産物の付加価値を高めるサービスを明らかにした（第9章の分析を参照）。

これらは、中山間地域の「道の駅」が主体となり、顧客ニーズを踏まえた商品開発や飲食などの高付加価値なサービスを実現しており、広く適用が可能な要素と考えられることから「サービス拡大による競争優位」とする。

1）農産物販売以外の飲食の高度化や参加型の導入など。
2）多様なニーズに対応した施設展開は、新たな来店者を呼び込む（コンビニ、専門店レストランなど）。
3）希求対象（来てほしい顧客）を具体的に想定した一貫性あるマーケティング戦略の実施。

(3)「新しい（高質な）味覚の創造モデル」「コンテンツマーケティングモデル」「アトラクションモデル」➡「ブランディング」の競争優位＝>道の駅の過当競争をさける差別化戦略

1）ブランド・ネーム、ロゴとキャラクター、スローガン、パッケージングなどの「ブランド要素」からは、特産品が食べられる全国的知名度がある施設の雰囲気を創出させていることが確認できた。道の駅において、全国的知名度がある施設の雰囲気を訴求させる効果がマスコミや広報誌などから確認できた。地元のクリエーター製作によるオリジナルキャラクターや特徴がある店舗名ロゴによる「ブランド要素」を明らかにした（第10章の分析を参照）。
2）商品では、素材へのこだわり、利益率を重視した飲食や土産品の品揃えの重視。価格では、全国的知名度がある施設のブランドイメージを崩さない価格帯。流通チャネルでは、水産物加工品や缶詰など地元企業によるオリジナル商品の調達体制、農家からは委託契約による直接取引。プロモーションでは、全国的知名度がある施設の雰囲気を醸成させるために、木を基調とした漁師小屋造りの中で、注文後から焼き始める調理パフォーマンスにて、臨場感の創出。さらに、道の駅独自の地元有名デザイナーのオリジナルキャラクターによるHP告知などから、「4P戦略によるマーケティングプログラムの設計」を明らかにした（第10章の分析を参照）。
3）特産品が食べられる全国的知名度がある施設は、HP上にて高評価を得ており、同じような雰囲気づくりを創出することで、道の駅でも高評価イメージを流用できる可能性があることから、「2次的連想の活用」を明らかにした（第10章の分析を参照）。

4）以上から、「ケラー3要因」（「ブランド要素の選択」「4P戦略によるマーケティングプログラムの設計」「2次的連想の活用」）の存在を明らかにした（第10章の分析を参照）。

5）来店者の感情に訴求する体験やストーリーを与える、道の駅独自のマーケティングモデルである「物語モデル」の構成要素を明らかにした。①ターゲッティングセグメントとしては、「子連れ家族」「感度の高い人達」「本物志向」「食にこだわる人達」。②商品（稀少性）では、地産地消の素材や本場の食べ方へのこだわり。③販売・店内演出（パフォーマンス）では、注文後に焼き始める、強い火力で臨場感を演出。煙や香りはより一層風味を引き立てる。④オリジナルのキャラクターでは、地元の人物をイメージとしたキャラ、家族構成。⑤キャラクター構成では、家族をもつキャラクター構成→想定セグメント層を主人公にさせる親近感（第11章の分析を参照）。

6）道の駅の計数データからは、来店者数の微減にも関わらず、飲食や土産品の販売が牽引したことで売上高は向上しており、経常利益率も良好である。よって、来店者の行動に影響を与えつつ、道の駅への来店を促す差別化効果として、「ケラー3要因」や「物語モデル」の影響を明らかにした（第10章・第11章の分析を参照）。

7）地域ブランドのイメージを醸成させるブランドマーケティングを明らかにした。商品では、一般的に道の駅では旬で新鮮な農産物の提供は当たり前となっているが、それだけに留まらずここでは地域ブランドを裏切らない見た目の綺麗さを重要。価格では、価格競争に陥らないようにコントロールしながら、高価格帯を維持させる価格調整。流通チャネルでは、専業農家との契約により、お客様が欲しいタイミングに農産物を出荷できる協力体制の構築。プロモーションでは、お客様への対話や接客を積極的に行うことで良質のこだわりを販売員が直接お客様に伝える雰囲気の浸透、などである（第9章の分析を参照）。

8）また、道の駅の計数データからは、計数データからは、売上高、出荷者数、来店者数（レジ通過数）とも、2017年度を上回る結果となっている。よって、地域ブランドと道の駅のイメージの結びつきを連想させることで、道の駅に好影響をもたらしていることを明らかにした（第9章の分析を参照）。

これらは、中山間地域の「道の駅」が主体となり、道の駅のコンテンツやキャラクター、自治体ブランドなどを活用したブランディングを展開することで、地域外からの集客を実現しており、広く適用が可能な要素と考えられることから「ブランディングによる競争優位」とする。

1）道の駅の過当競争を避ける差別化戦略が有効。

2）すでに使われているコンテンツ作品や地域自治体のものでない地元のクリエーターを起用。

3）希求対象（来てほしい顧客）のセグメントが主人公の物語的マーケティング。

4）「ファミリー」にアピールするコンテンツなどのイラストやキャラクター、フルーツの地域ブランド作り。

「ブランディングモデル」の実証分析にて、具体的に明らかにしたことは、

1）「物語モデル」の想定顧客である子供連れ家族の来店が、他の道の駅に比べ多くなっていることを来店者属性調査による実証分析にて明らかにした。他の道の駅に比べ、子連れ家族の割合が+7.5ポイント高いことが示された（第14章の分析を参照）。

2）「ケラー3要因」を拡張した「リピートモデル」の3つの要因（「ブランド要素」「店舗戦略」「2次的連想」）については、来店者のリピート効果に影響を与えていることを確認した。オリジナルキャラクターは、「子連れ家族」の再来店や知人・友人への紹介を促す行動に貢献することが考察され、オリジナルキャラクターによるリピート効果の影響を確認した。さらに、「初心者」は知人・友人紹介に強く影響を与え、「リピーター」は再来店に強く影響を与えており、「初心者」と「リピーター」ではリピート効果に異なる影響を与えることを確認した（第13章の分析を参照）。

3）来店者が「キャラクター」「実演」「素材」より抱く態度や感情は、「再来店」や「知人・友人への紹介」を促す行動を高めるということが確認できた。そして、1）再来店を促す行動としては、「実演」「素材」の影響が他に比べ高い傾向にある。2）知人・友人への紹介を促す行動としては、「実演」の影響が他に比べ高い傾向にある、ことを明らかにした（第14章の分析を参照）。

4)「認知から始まるモデル」と「感情から始まるモデル」を分析した結果、明らかに「感情から始まるモデル」のほうが当てはまりよく、説明されることを明らかにした。道の駅のなかでもマーケティングに優れて、持続可能なものについては、特に消費者の味覚、感情にはたらきかけるようなキャラによるイメージ形成などが優れていること、さらに、それが消費者の意見に反映され、消費者の行動に反映されているということが示唆された（第15章の分析を参照）。

5）キャラクターから地域の特有のイメージを抱いた人は、キャラクターのイメージから創出される「素材」は強く影響しており、さらに、イラストを見た道の駅が提供する飲食に対して、興味が喚起されていることがわかった。一方、キャラクターのイメージだけでは、希少性の印象を高めることに繋がらないことがわかった。今後、道の駅の集客を高めるには、「新鮮さ」とともに、「ここでしか食べられない」という希少性も伝えていくことが求められる。それには、キャラクターのインパクトだけにとどまらず、この道の駅特有の「実演」や「素材」なども含めて、訴求することが求められることを考察した（第11章の分析を参照）。

(4) 道の駅の資源ベースは、「地元生産者とのネットワーク」と「ブランド」

3つの道の駅の競争優位モデルとして、「ネットワーク化（6次化）」「サービス拡大」の実現には、農家などの地元生産者とのネットワークは欠かせない。また、「ブランディング」は、地域ブランドや道の駅特有のキャラクターなどのブランドの活用が必要となる。

よって、道の駅が競争優位を持続させるために欠かせないものとしては、「地元生産者とのネットワーク」と「ブランド」であると提言する。

おわりに

(1) 本研究のインプリケーション

本研究の目的は、公共性のある道の駅の持続的な競争優位を明らかにし、道の駅の持続可能な条件に関する分析とモデル化を検討することである。道の駅は、地域振興の担い手の役割が期待されており、「地域資源」を活用した「地域活性化」は、ますます重要になると考える。そして、道の駅は増加傾向であり、今後は過当競争が想定されるなかで、道の駅が経営を持続させていくには、他の施設などとの「差別化」は避けられない。よって、まずは、企業内部の経営資源を重視する資源ベース論（RBV）に着目し、道の駅の「川上の視点」による地域活性化の要因を明らかにした。道の駅の地域資源の活用により、競争優位を創出する事業活動をバリューチェーンの視点にて分析・モデル化を行った。次に、消費者などから見た道の駅の「川下の視点」による差別化の要因を明らかにした。競争優位をもたらすブランド論、地域活性化に欠かせないマーケティング戦略などの視点にてブランドメカニズムなどの分析・モデル化を行った。

1）道の駅の「川上の視点」による地域活性化の観点としては、第5章から第8章にて、道の駅の農産物販売や飲食サービスに関する事例分析を行った。道の駅では、地域資源の活用を前提に、地域の生産活動から販売活動までの一貫した流れを地域内にて実現させ、地域内循環を生み出すことで地域振興への貢献を担っている。道の駅の強みは「新鮮さ・安全さ（低農薬、とれたて）」であり、消費者が求める安全安心の品質確保、農産物の安定供給を実現させるには、川上の農家の強力なネットワーク形成と協力は欠かすことはできない。その実現には、マーケティング・チャネル管理が重要であることを確認した。

農家の高齢化の進展は、道の駅の品揃えの減少や売上減に大きな影響を与えることが危惧されるが、本研究では、採算性が高い商品開発の取り組みとして、①鮒ずしの新たな食べ方の提案、②総菜系などの新たなジャンルへの挑戦などの「新しい味覚の開発段階」を考察し、担当者のこだわりが大きく寄与していることが明らかにした。よって、今後は、川上に位置する地元の農家、出荷者組織などのチャネル管理の関係性を継続しつつ、地域外の企業も巻き込んだ新たな商品開発にも積極的に参加できる強力なネットワーク形成と協力体制づくりが重要であるといえる。

2）道の駅の「川下の視点」による差別化の観点では、道の駅のマーケティング活動に関連した「ブランディング」に焦点をあて、差別化の要因を明らかにした。道の駅が実施するブランディングの事例分析（第9章、第10章）、アンケート調査などによる実証分析（第12章から第15章）を行い、考察を試みた。その状況からは、道の駅は増加傾向であり、今後は過当競争が想定されるなかで、道の駅が経営を持続させていくには、他の施設などとの「差別化」は避けられないことを示した。

今後は、地元住民だけにとどまらず、地域外からの来店者を増やす取り組みが求められている。多様化する来店者ニーズをつかむ取り組みとして、この道の駅でしか食べられない高級食材、この道の駅でしか体験できない演出などの店内での体験を充実させる仕組みづくりは欠かせない。多くの道の駅が存在する現在においては、道の駅の存在を知ってもらうブランディングの重要性は大きく、マーケティング戦略の視点による希求顧客を意識したブランディングは、特に重要となる。本章においては、すでに使われているコンテンツ作品や地域自治体のものでない地元のクリエーターを起用した事例、希求対象（来てほしい顧客）のセグメントが主人公の物語的マーケティングの事例、「ファミリー」にアピールするコンテンツなどのイラストやキャラクター、フルーツの地域ブランド作りなどの事例から、実証分析を行った結果、これらの取り組みは、定量的にも効果があることを明らかにした。

道の駅は、公共的な位置づけから地域貢献の担い手が求められている。今後は、道の駅が地域外の来店者を集客できる施設とならなければならない。それには、道の駅のブランディングを高める「コンテンツマーケティングモデル」「アトラクションマーケティングモデル」は、重要であるといえる。

(2) 今後の課題

今後の課題としては、1) 事例分析の深堀によるモデルの深化、2) 計数分析の精緻化、3) 道の駅モデル化の対象範囲の拡大の3点があげられる。

1) 事例分析の深掘りによるモデルの深化として、第5章では、研究目的の2つの焦点が直接的に関係する機能の考察に留まっている。今後はさらに事例を増やし、販促や接客などの間接的な影響を踏まえた、より詳細な考察を試みたい。第8章では、隣接する2カ所の道の駅を比較した事例分析やインタビューを中心に結論を導き出したため、一考察に留まっている。今後は、道の駅の利用者の声や対象事例等を増やすことで、さらなるモデルの深化に向けた研究を深めていきたい。第9章では、道の駅の関係者からのヒアリング結果を中心に考察を試みたが、今後は出荷者（専業農家）や従業員へのヒアリングやアンケート調査を行うことで、現場の具体的な行動パターンを明らかできるような詳細な考察を試みたい。

2) 計数分析の精緻化として、第5章では、粗利率による会社の競争力の判断による考察に留まっており、今後は、設備運営も踏まえた事業体の自立経営の判断による考察を試みたい。

3) 道の駅モデル化の対象範囲の拡大として、第4章では、インターネット上で辛うじて見つけることができたデータをもとに、西日本エリアに限定した優れた成績を示す道の駅を選定した。公共性の位置づけが強い道の駅では、一般の企業のように経営状況に関する数値データを公開しているケースは少ないが、今後も道の駅は全国的に増加傾向にあることから、他府県に対象を拡大することで、さらに優れた道の駅の事例分析やモデル化を行う必要があると考えている。

謝　辞

本書は、筆者が大阪市立大学大学院創造都市研究科博士（後期）課程での研究成果をまとめた博士論文「公共性のある経営体としての道の駅の持続可能性条件に関する分析とモデル化－地域に資する施設の機能と自立化への取り組み－」に加筆・修正を加えたものである。

本研究を進めるにあたり、指導教員である小長谷一之先生（大阪市立大学大学院創造都市研究科（現・大阪公立大学都市経営研究科）教授）からは、研究テーマの方向性、理論構築、検証方法など論文全般にわたり、いつも的確で熱心なご指導を賜りました。小長谷先生からの叱咤激励があればこそ、仕事と両立しながら本書を完成させることができ、心から深く感謝しております。また、久末弥生先生（大阪市立大学大学院創造都市研究科（現・大阪公立大学都市経営研究科）教授)、近勝彦先生（大阪市立大学大学院創造都市研究科（現・大阪公立大学都市経営研究科）教授)、新藤晴臣先生（大阪市立大学大学院創造都市研究科（現・中央大学経営戦略研究科）教授）からは、様々な角度からの貴重なご指摘をいただき、本研究をさらに深めることができました。そして、松永桂子先生（大阪市立大学（現・大阪公立大学）経営学研究科准教授）からは、道の駅の概要や実態についてご親切にご教授を賜りました。先生方には、本研究に関して様々な視点をご教授いただいたことに感謝申し上げます。

筆者が大阪経済大学大学院経営学研究科修士課程に在籍中からご指導いただいた太田一樹先生（大阪商業大学総合経営学部教授）をはじめ、須佐淳司先生（就実大学経営学部教授)、朴泰勲先生（関西大学商学部教授）からは、大阪市立大学大学院創造都市研究科博士（後期）課程に進学してからも、引き続き研究に関するご支援ご助言など、多大なご協力を頂きましたことを心より感謝申し上げます。

また、本研究を進めるにあたり、有限会社西浅井総合サービス代表取締役 熊谷定義様、取締役・総支配人 佃光広様、道の駅あぢかまの里駅長 浅井正彦様、有限会社塩津海道魚助代表 松井俊和様、有限会社能勢物産センター支配人 西山晃一様、能勢町農産物直販協議会 会長、イベント委員長、営農委員長岡田様、BSCウォータースポーツセンター校長井上良夫様（道の駅妹子の郷レストラン元経営者）、道の駅かつらぎ西（下り）店長 宮本暑夫様、伊都橋本商工会広域連携協議会経営支援センター長 坂上泰久様、株式会社HASIMOTO代表取締役 橋本崇様、株式会社なぶら土佐佐賀代表取締役社長・駅長 明神慶様、駅長代理 明神友和様、広報担当 明神由佳様、高知県産業振興推進部 野並佳代様（肩書等はインタビュー調査時点）には、ご多忙にもかかわらず、貴重な資料データのご提供や貴重なお話を伺うことで、道の駅の実情を深く理解することができました。心から深く感謝いたします。また、ご支援ご協力を頂きながら、ここに名前を記すことができなかった多くの方々にも心より感謝申し上げます。

なお、「写真9-2」「写真9-3」「写真10-3」「写真10-4」のキャラクターについては、許可を得て転載しております。

最後となりますが、いつも心の支えとなってくれた妻と娘に心より感謝の意を示し謝辞といたします。

【参考文献一覧】

青島矢一・加藤俊彦（2003）『競争戦略論』東洋経済新報社。

青木幸弘（2010）『消費者行動の知識』日本経済新聞出版。

青木幸弘・恩蔵直人編（2004）『製品・ブランド戦略－現代のマーケティング戦略①』有斐閣アルマ。

青木幸弘・陶山計介・中田善啓編著（1996）『戦略的ブランド管理の展開』中央経済社。

赤土豪一（2015）「シンボルとしてのオリジナル・キャラクターを用いた広告の有用性について」早稲田大学大学院商学研究科、pp.1-51。

デービッド･A･アーカー、阿久津聡訳（2014）『ブランド論－無形の差別化を作る20の基本原則』ダイヤモンド社。

デービット･A･アーカー、陶山計介ほか訳（1994）『ブランド・エクイティ戦略－競争優位をつくりだす名前、シンボル、スローガン－』ダイヤモンド社。

秋吉貴雄・伊藤修一郎・北山俊哉（2015）『公共政策学の基礎［新版］』有斐閣。

浅羽茂（2001）「競争戦略論の展開」信宅純一郎・浅羽茂編『競争戦略のダイナミズム』日本経済新聞社。

麻生良文（1998）『公共経済学』有斐閣。

飯田克弘（2000）「利用者の評価・行動結果に基づく道の駅の基本施設サービスのあり方に関する考察」『第30回日本都市計画学会学術研究論文集』。

池田潔（2012）『現代中小企業の自律化と競争戦略』ミネルヴァ書房。

池田伸子（2016）「多様なニーズに対応可能な日本語教員養成プログラムの開発－態度変容に関する予備的考察－」『立教日本語教育実践学会 日本語教育実践研究』第3号、pp.1-19。

石井淳蔵（2012）『マーケティング思考の可能性』岩波書店。

石井淳蔵・嶋口充輝・栗木契・余田拓郎（2013）『ゼミナール マーケティング入門 第2版』日本経済新聞出版社。

石原武政（2006）『小売業の外部性とまちづくり』有斐閣。

石原武政・池尾恭一・佐藤善信（2000）『商業学〔新版〕』有斐閣Sシリーズ。

伊丹敬之・加護野忠男（1993）『ゼミナール 経営学入門』日本経済新聞。

井堀利宏（1998）『基礎コース公共経済学』新世社。

井堀利宏（2005）『ゼミナール 公共経済学入門』日本経済新聞社。

岩田貴子（2011）『エリア・マーケティング アーキテクチャー』税務経理協会。

岩本俊彦ほか、宮澤永光監修（2007）『基本流通用語辞典〔改訂版〕』白桃書房。

牛場智（2003）「共分散構造分析による「新しい街」の魅力要素と来訪者満足度の関

係－商業集積における地域マーケティングの視点から－」『創造都市研究』第6巻第1号（通巻8号）、pp.1-17。

梅沢昌太郎編著（2010）『現代商業学』慶應義塾大学出版会。

大浦裕二ほか（2016）「第15章我が国における青果物購買行動の基本的特徴－青果物の商品特性の視点から」斎藤修監修『フードシステム学業書第1巻現代の食生活と消費行動』農林統計出版。

大泉一貫・津谷好人・木下幸雄ほか（2016）『First Stage 農業経営概論』実教出版。

大竹光寿（2015）「マーケティング研究における資源ベースの戦略論－市場ベースの資源と不均衡ダイナミズム－」『経済研究（明治学院大学）』第149号。

岡安功・Gordon J.Walker・伊藤央二・山口志郎（2014）「青年後期の野外スポーツへの参加と自然環境への配慮行動に関する研究－日本とカナダの文化比較－」『SSFスポーツ政策研究』第3巻1号、pp.193-200。

岡部義諒・青木和也・鎌田元弘（2015）「農商工連携における道の駅の役割と課題の考察」『2014年度日本建築学会関東支部研究報告集』85巻、pp.365-368。

岡本義行（2003）「11.地域としての政策クラスター（3）ちいきづくり、まちづくりの政策」政策分析ネットワーク編著『政策学入門』東洋経済新報社。

小川長（2016）「「道の駅」と地域の活性化」『尾道市立大学経済情報論集』第16巻1号。

太田一樹（2004）『現代のマーケティング・マネジメント－理論とケース分析』晃洋書房。

恩蔵直人（1995）『競争優位のブランド戦略－多次元化する成長力の源泉』日本経済新聞社。

加護野忠男（1999）『＜競争優位＞のシステム事業戦略の静かな革命』PHP研究所。

加護野忠男・井上達彦（2004）『事業システム戦略－事業の仕組みと競争優位』有斐閣アルマ。

片山富弘編著（2018）『〔増補改訂版〕地域活性化への試論－地域ブランドの視点』五絃舎。

かつらぎ町役場企画公室まちづくり推進係（2018）「第4次かつらぎ町長期総合計画後期基本計画【平成30年度～34年度】」和歌山県かつらぎ町HP、https://www.town.katsuragi.wakayama.jp/050/050/020/files/koukiplan.pdf（2021年9月28日）。

株式会社明神丸（2018）「株式会社明神丸　会社案内」株式会社明神丸HP、http://myojinmaru.jp/company/myojinshokuhin.pdf（2020年6月1日）。

岸志津江・田中洋・嶋村和恵（2008）『現代広告論 新版』有斐閣アルマ。

菊地剛・谷口尚弘・大垣直明・小野通弘・鈴木辰典（2005）「地域活性化に関する「道の駅」の活用と施設の現状と展開」『日本建築学会北海道支部研究報告集78』pp.425-428。

木村彰利（2010）『大都市近郊の青果物流通』筑波書房。

喬晋建（2020）『経営戦略論の源流』中央経済社。

黒潮町商工会（2019）「経営発達支援計画の概要」中小企業庁HP、https://www.chusho.meti.go.jp/keiei//shokibo/nintei_download/39-25.pdf（2020年11月11日）。

黒潮町役場海洋森林課（2018）「黒潮町さが交流拠点施設 指定管理者募集要項」高知県黒潮町HP、https://www.town.kuroshio.lg.jp/img/files/pv/sosiki/2018/10/nabura-siteikansrisya-yoko.pdf（2021年9月28日）。

グロービス経営大学院編著（2017）『［新版］グロービスMBA経営戦略』ダイヤモンド社。

グロービス・マネジメント・インスティテュート編著（2002）『「新版」MBAマネジメント・ブック』ダイヤモンド社。

ケビン・レーン・ケラー、恩藏直人訳（2010）『戦略的ブランド・マネジメント第3版』東急エナジー。

慶野征二・中村哲也（2004）「道の駅併設農作物直売所とその顧客の特性に関する考察」『千葉大園学報』第58号。

高知県産業振興推進部計画推進課（2020）「第4期高知県産業振興計画（地域アクションプラン編）9幡多地域」高知県HP、https://www.pref.kochi.lg.jp/soshiki/120801/files/2019120600074/file_20213265023_1.pdf（2021年9月28日）。

小島貴裕・三橋伸夫・藤本信義（1999）「道の駅施設における計画と運営への住民参加とその効果」『農村計画論文集1』pp.37-42。

国土交通省（2008）「社会資本整備総合交付金と防災・安全交付金」国土交通省HP、https://www.mlit.go.jp/common/001292248.pdf（2021年11月6日）。

国土交通省（2015）「重点「道の駅」制度の概要」国土交通省HP、https://www.mlit.go.jp/common/001085037.pdf（2020年11月14日）。

国土交通省（2019）「令和元年度重点「道の駅」の企画提案の募集について」国土交通省HP、https://www.mlit.go.jp/common/001302444.pdf（2021年5月5日）。

国土交通省（2020）「第3回「道の駅」第3ステージ推進委員会 配付資料　資料3 重点「道の駅」について」国土交通省HP、https://www.mlit.go.jp/road/ir/ir-council/michi-no-eki_third-stage/pdf03/06.pdf（2021年11月3日）。

国土交通省（2021）「第5回「道の駅」第3ステージ推進委員会 配付資料　資料3?各

省庁の「道の駅」支援メニュー」国土交通省HP、https://www.mlit.go.jp/road/ir/ir-council/michi-no-eki_third-stage/pdf05/05.pdf（2021年11月3日）。

国土交通省近畿地方整備局（2015）「近畿地方整備局 滋賀国道事務所 資料配布 道の駅「妹子の郷」」国土交通省近畿地方整備局HP、https://www.kkr.mlit.go.jp/shiga/ir/kisya27/pdf/h270707.pdf（2019年1月21日）。

国土交通省近畿地方整備局（2019）「近畿地方整備局 事業評価監視委員会 平成30年度第4回 一般国道24号【事後評価】紀北東道路 平成31年1月近畿地方整備局」国土交通省近畿地方整備局HP、https://www.kkr.mlit.go.jp/plan/ippan/zigyohyoka/ol9a8v000000zzj2-att/no.4.pdf（2019年12月5日）。

国土交通省道路局（2015）「平成27年度全国道路・街路交通情勢調査 一般交通量調査 箇所別基本表 滋賀県」国土交通省道路局HP、http://www.mlit.go.jp/road/census/h27/data/pdf/kasyo25.pdf（2019年1月21日）。

国土交通省道路局企画課評価室（2020）「「道の駅」第3ステージについて　創設から四半世紀、2020年からの新たなチャレンジ」『道路2020年7月号』公益社団法人日本道路協会、通巻952号、pp.12-14。

国連貿易開発会議（UNCTAD）、明石芳彦・中本悟・小長谷一之・久末弥生訳『クリエイティブ経済』ナカニシヤ出版。

小堂朋美（2019）『日本林業再生のための社会経済的条件の分析とモデル化』大阪公立大学共同出版会。

フィリップ・コトラー、木村達也訳（2000）『コトラーの戦略的マーケティング－いかに市場を創造し、攻略し、支配するか』ダイヤモンド社。

小松陽一（2009）「経営戦略とは何か」小松陽一・高井透編著、戦略経営学会編『経営戦略の理論と実践』芙蓉書房出版。

小長谷一之（2005）『都市経済再生のまちづくり』古今書院。

小長谷一之（2005）「まちづくりのマーケティング」『都市経済再生のまちづくり』古今書院。

小長谷一之（2012a）「第1の視点：地域活性化とソーシャル・キャピタル」小長谷一之・福山直寿・五嶋俊彦・本松豊太『地域活性化戦略』pp.7-14、晃洋書房。

小長谷一之（2012b）「第2の視点：地域活性化と差別化」小長谷一之・福山直寿・五嶋俊彦・本松豊太『地域活性化戦略』pp.15-21、晃洋書房。

小長谷一之（2012c）「地域活性化と観光」小長谷一之・福山直寿・五嶋俊彦・本松豊太『地域活性化戦略』pp.30-41、晃洋書房。

小長谷一之（2012d）「地域活性化と内発的外需開拓型モデル」小長谷一之・福山直寿・五嶋俊彦・本松豊太『地域活性化戦略』pp.48-50、晃洋書房。

小長谷一之（2013）「観光による地域活性化と「時間空間一致の法則」、『観光Reデザイン』サイト。https://kankou-redesign.jp/authors/konagaya-kazuyuki/

小長谷一之（2016）「地域創造型観光のマネジメント－成功事例からみる7つの原則」『地域創造のための観光マネジメント講座』、学芸出版社。

小長谷一之・前川知史編（2012）『経済効果入門－地域活性化・企画立案・政策評価のツール』日本評論社。

小長谷一之・渡辺公章・岩井正（2010）「「道の駅」とはなにか－交通条件を活かした地域活性化拠点」『地理』55巻7月号、古今書院。

小長谷一之・福山直寿・五嶋俊彦・本松豊太（2012）『地域活性化戦略』、晃洋書房。

小長谷一之・北田暁美・牛場智（2006）「まちづくりとソーシャル・キャピタル」『創造都市研究』第1巻　創刊号。

小長谷一之ほか（2014）『都市構造と都市政策』古今書院。

小長谷一之ほか編（2007）『創造都市への戦略』晃洋書房。

小長谷一之ほか編（2008）『まちづくりと創造都市』晃洋書房。

小長谷一之ほか編（2009）『まちづくりと創造都市2』晃洋書房。

小長谷一之（2015）「フィリップ・コトラー・ミルトン・コトラー著、竹村正明訳（2015）：『コトラー・世界都市間競争：マーケティングの未来：（364ページ、碩学舎）』（文献解題）」『創造都市研究』第11巻、第1号。

デビッド･J･コリス・シンシア･A･モンゴメリー、根来龍之・蛭田啓・久保亮一訳（2004）『資源ベースの経営戦略論』東洋経済新報社。

近藤政幸（2018）『着地型観光の経営的条件 DMO/DMCに至る地域産業複合体のバリューチェーン』大阪公立大学共同出版会。

斎藤修（2012）『地域再生とフードシステム－6次産業、直売所、チェーン構築による革新』農林統計出版。

齋藤純一（2000）『公共性（思考のフロンティア）』岩波書店。

斉藤宏（2011）「ストア・ロイヤルティを形成するフレームワーク－サービス・マーケティングの視点から－」『立教ビジネスデザイン研究』第8号、pp.91-113。

佐藤忠彦（2015）『マーケティングの統計モデル（統計解析スタンダード）』朝倉書店。

滋賀県商工観光労働部観光交流局（2016）「平成28年滋賀県観光入込客統計調査書 6.観光入込客数ベスト30」滋賀県商工観光労働部観光交流局HP、https://www.pref.shiga.lg.jp/file/attachment/74403.pdf（2019年1月21日）。

重本直利・藤原隆信編著（2010）『共生地域社会と公共経営－市民が創る新たな公共性、地域密着型NPOの挑戦』晃洋書房。

清水麻衣（2013）「CGMが消費者の購買意思決定プロセスに及ぼす影響－消費者発信情報と企業発信情報の比較－」『商学論集』第81巻3号、pp.93-121。

新開章司（2003）「農産物直売所の成長と組織形態」『農業経営研究』第41巻2号。

新藤晴臣（2015）『アントレプレナーの戦略論』中央経済社。

新藤晴臣他（2012）『大学発ベンチャー－新事業創出と発展のプロセス』中央経済社。

関満博・酒本宏編（2016）『〔増補版〕道の駅/地域産業振興と交流の拠点』新評論。

関満博・松永桂子編（2009）『農商工連携の地域ブランド戦略』新評論。

関満博・松永桂子編（2010）『農産物直売所/それは地域との「出会いの場」』新評論。

高井透（2009）「資源ベース論の理論的変遷」小松陽一・高井透編著、戦略経営学会編『経営戦略の理論と実践』芙蓉書房出版。

田島義博・原田英生編著（1997）『ゼミナール 流通入門』日本経済新聞。

田村正紀（2006）『リサーチ・デザイン 経営知識創造の基本技術』白桃書房。

田村正紀（2011）『ブランドの誕生』先倉書房。

田中重好（2010）『地域から生まれる公共性』ミネルヴァ書房。

田中洋（2008）『消費者行動論体系』中央経済社。

田中洋・清水聰編（2006）『消費者・コミュニケーション戦略－現代のマーケティング戦略④』有斐閣アルマ。

近勝彦・福田秀俊編著（2010）『経験の社会経済－事例から読み解く感動価値』晃洋書房。

近勝彦・廣見剛利（2015）『集客の方程式－SNS時代のメディア・通信戦略』学術研究出版。

茅ヶ崎市（2015）「第2回 道の駅整備推進有識者会議 資料2「道の駅参考事例（追記と修正）：参考事例まとめ表 第2回（H27.8.28）資料－2」平成27年8月28日」茅ヶ崎市HP、https://www.city.chigasaki.kanagawa.jp/_res/projects/default_project/_page_/001/014/549/shiryo2-2.pdf（2020年11月14日）。

中国四国管区行政評価局（2017）「道の駅の機能向上に関する調査－地方創生の推進－結果報告書」総務省HP、https://www.soumu.go.jp/main_content/000462050.pdf（2021年5月5日）。

辻紳一（2018）「商業集積の魅力度向上に関する研究－地域型商店街の品揃え形成を強化する実践的研究－」『日本経営診断学会論集』18巻、pp.21-27。

辻紳一（2019）「道の駅における顧客のすみわけ戦略に関する一考察－なぜ、妹子の郷レストランは専門店化できたのか－」『関西ベンチャー学会誌』11巻、pp.11-

21。
辻紳一（2020）「中山間地域の道の駅におけるバリューチェーンの競争優位に関する一考察－安くて新鮮な農産物を販売する道の駅の事例から－」『関西ベンチャー学会誌』12巻、pp.35-40。
津村将章（2018）「マーケティング・コミュニケーションにおける有用なクリエイティブ要素－物語の観点から－」『日本マーケティング学会 マーケティングジャーナル』37巻3号、pp.54-76。
寺本博美（2003）「10.都市・地域政策クラスター（2）コミュニティと産業集積」政策分析ネットワーク編著『政策学入門』東洋経済新報社。
特定非営利活動法人元気な日本をつくる会（2015）「「道の駅」全国一斉アンケート報告資料」https://powerful-japan.org/wp-content/uploads/2013/07/cb3790db3be0a468be78ab5cee4bf486.pdf（2021年5月5日）。
戸田裕美子（2008）「ブランド管理論への一考察－マークススペンサー社のPB戦略を中心に－」『三田経済研究』第51巻4号。
豊田秀樹・前田忠彦・柳井晴夫（1992）『原因をさぐる統計学－共分散構造分析入門』講談社。
豊田秀樹編著（2003）『統計ライブラリー共分散構造分析［疑問編］－構造方程式モデリング－』朝倉書房。
豊田秀樹編著（2007）『共分散構造分析［Amos編］－構造方程式モデリング－』東京図書。
内閣府（2005）「平成17年版国民生活白書」国民生活白書_平成17年版国立国会図書館デジタルコレクションHP、https://dl.ndl.go.jp/view/download/digidepo_2942973_po_hm000003.pdf?contentNo=3&alternativeNo=（2021年9月27日）。
永野光朗ほか、白樫三四郎編著（2009）『産業・組織心理学への招待』有斐閣。
永野周志（2006）『よくわかる地域ブランド－徹底解説 改正商標法の実務』ぎょうせい。
長峯純一（1996）「第1部 公共経済学の方法　第5章 公共支出論」加藤寛・浜田文雅編著『公共経済学の基礎』有斐閣。
能勢町環境事業部産業建設課農林商工観光係（2008）「能勢町観光物産センター「道の駅 能勢（くりの郷）」を核としたまちおこし」『自治大阪』p.2。
農林水産省（2021）「農山漁村振興交付金（農山漁村活性化整備対策）活用のポイント」農林水産省HP、https://www.maff.go.jp/j/kasseika/k_seibi/attach/pdf/seibi-40.pdf（2021年11月3日）。

ジェイ·B·バーニー、岡田正大訳（2003）『企業戦略論【上】基本編－競争優位の構築と持続－』ダイヤモンド社。

原田英生・向山雅夫・渡辺達朗（2010）『ベーシック流通と商業 新版－現実から学ぶ理論と仕組み』有斐閣アルマ。

久末弥生（2019）『都市行政の最先端－法学と政治学からの展望（都市経営研究叢書第2巻）』日本評論社。

久末弥生（2019）『都市計画法の探検』法律文化社。

廣田俊郎（2017）『企業経営戦略論の基盤解明』税務経理協会。

深山明・海道ノブチカ・廣瀬幹好編（2015）『最新基本経営学用語辞典　改訂版』同文舘出版。

細江守紀（1997）『公共政策の経済学』有斐閣。

M.E.ポーター、沢崎冬日訳（1999）「クラスターが生むグローバルな競争優位」ジョーン·マグレッタ編『戦略と経営』ダイヤモンド社。

M.E.ポーター、土岐坤訳（1985）『競争優位の戦略－いかに高業績を持続させるか』ダイヤモンド社。

北海道管区行政評価局（2019）「「道の駅」の運営・管理等に関する調査」総務省HP、https://www.soumu.go.jp/main_content/000608142.pdf（2021年5月5日）。

堀越比呂志・KMS研究会監修（2014）『戦略的マーケティングの構図－マーケティング研究における現代的諸問題』同文舘出版。

松尾祐作（2014）「道の駅における新しい交付金政策と内発的発展」『国民経済雑誌』209（5）、pp.65-85。

松尾隆策・山口三十四（2019）『道の駅の経済学－地域社会の振興と経済活性化』勁草書房

松尾隆策・燕木政吉（2016）「「道の駅」と公共性-道21世紀新聞 ルートプレス 読者アンケート結果から-」土木と学校教育フォーラム パネル発表、http://trans.kuciv.kyoto-u.ac.jp/cvilandeducation/file/8th_poster_14.pdf（2021年11月17日）。

松田貴典・川田隆雄・近勝彦（2012）『創造社会のデザイン』ふくろう出版。

松野薫・興梠克久（2006）「中山間地域における直売所の機能に関する一考察～「道の駅」全国アンケート調査をもとに～」『林業経済』第59巻2号、p.28。

三島徳三・行方のな（2004）「農産物直売所の実態と意義に関する考察」『流通』2004巻17号

南方建明（2010）「コンビニエンスストアの成長による食品小売市場の変化」『大阪商業大学論集』第5巻第4号（通号155号）。

宮脇淳（2011）『政策を創る！考える力を身につける！「政策思考力」基礎講座』

ぎょうせい。
ヘンリー・ミンツバーグ・ブルース・アルストランド・ジョセル・ランベル、齋藤嘉則監訳（1999）『戦略サファリ－戦略マネジメント・ガイドブック』東洋経済新報社。
村上憲郎・服部桂・近勝彦・小長谷一之編（2020）『AIと社会・経済・ビジネスのデザイン（都市経営研究叢書 第3巻）』日本評論社。
森岡毅・今西聖貴（2016）『確率思考の戦略論 USJでも実証された数学マーケティングの力』角川書店。
森岡清志（2008）『地域の社会学』有斐閣。
森山正（2016）「第7章 顧客と地域人材のマーケティング」NPO法人 観光力推進ネットワーク・関西・日本観光研究学会 関西支部編『地域創造のための観光マネジメント講座』学芸出版社。
山田浩之・徳岡一幸編（2007）『地域経済学入門［新版］』有斐閣コンパクト
山田太門（1996）「第1部 公共経済学の方法　第2章 非市場（公共）の経済」加藤寛・浜田文雅編著『公共経済学の基礎』有斐閣。
山本祐子・岡本義行（2014）「全国「道の駅」のアンケート調査報告書」『地域イノベーション：JRPS：journal for regional policy studies』第6巻
若林芳樹（1984）「広島都市圏住民の日常的空間行動パターン－多目的行動を中心として－」『人文地理第36巻第2号』p.16。
涌井良幸・涌井貞美（2003）『図解でわかる共分散構造分析』日本実業出版社。

【ウェブサイト】

AucfreeHP「【新品】デハラユキノリ 元吉なぶら ピンク 大漁 パンクドランカーズ REAL HEAD punkdrunkers punk drunkers あいつ リアルヘッド REALHEAD の商品情報」https://aucfree.com/items/g379511281（2021年3月17日）。
MBAのグロービス経営大学院HP「MBA用語集 パッケージングとは」https://mba.globis.ac.jp/about_mba/glossary/detail-11907.html（2020年11月11日）。
mercari　HP「デハラユキノリ　ソフビ　なぶら」https://www.mercari.com/jp/items/m48542081030/（2021年3月17日）。
Moemoe N's Produce　HP「びっ栗カレー － おおさかのてっぺん能勢PRキャラクターお浄＆るりりん」https://www.ojyo-ruririn.com/bikkuri/（2021年9月7日）。
あぢかまの里HP「塩津海道あぢかまの里」http://www.koti.jp（2019年10月20日）。
かつらぎ町商工会HP「かつらぎ町商工会アンテナショップ」http://www.katuragi.or.jp/k-antenashop/index.htm（2020年11月14日）。

かつらぎ町観光協会HP「道の駅「かつらぎ西」下り」https://www.katsuragi-kanko.jp/shop/area01/%E9%81%93%E3%81%AE%E9%A7%85%E3%80%8C%E3%81%8B%E3%81%A4%E3%82%89%E3%81%8E%E8%A5%BF%E3%80%8D%E4%B8%8B%E3%82%8A/（2022年5月8日）。

コトバンクHP「デジタル大辞泉「直轄事業」の解説」https://kotobank.jp/word/直轄事業-569494（2021年11月7日）。

じゃらんnetHP「明神丸 ひろめ市場店の口コミ一覧」https://www.jalan.net/gourmet/grm_alikejpB000141360/kuchikomi/（2020年10月30日）。

デハラユキノリのフィギュアワールドHP「アクションソフビ（元吉なぶら）」http://dehara.shop-pro.jp/?mode=srh&cid=&keyword=%B8%B5%B5%C8%A4%CA%A4%D6%A4%E9&x=0&y=0（2021年3月17日）。

なぶら土佐佐賀HP「なぶら土佐佐賀」http://nabura-tosasaga.com/（2020年11月14日）。

ビジネス+IT HP「いまや全国1160カ所、年2,500億円を売り上げる「道の駅」2020年新たなステージへ」https://www.sbbit.jp/article/cont1/37513（2021年5月5日）。

びわ湖大橋米プラザHP「道の駅びわ湖大橋米プラザ」http://www.umino-eki.jp/biwakoohashi/index.html（2019年1月21日）。

まんが王国・土佐推進協議会HP「まんが関連スポット」https://mangaoukoku-tosa.jp/museum/（2021年3月17日）。

よさこいネットHP「道の駅 なぶら土佐佐賀」https://www.attaka.or.jp/kanko/dtl.php?ID=4765（2020年11月14日）。

るるぶ&more.HP「塩津海道 魚助 水の駅店」https://rurubu.jp/andmore/spot/80025600（2021年9月7日）。

ロータスタウンHP「カツオの町ならではの数々のカツオ料理をいただける『道の駅 なぶら土佐佐賀』」https://www.lotascard.jp/column/travel/shikoku/3976/（2020年11月11日）。

塩津海道あぢかまの里HP「ご案内」http://www.koti.jp/contents/about/（2020年11月14日）。

株式会社しまなみHP「しまなみ海道の道の駅」http://www.imabari-shimanami.jp/ikiiki/（2020年11月14日）。

株式会社ワークウエイHP「「働く人を元気にする！」デハラユキノリ氏とのコラボ商品「DEHARAYUKINORI WORKERS COLLECTION」内覧会のお知らせ」https://workway.jp/information/deharayukinori/（2020年11月11日）。

株式会社黒潮町缶詰製作所HP「会社概要」https://kuroshiocan.co.jp/company/（2020年10月30日）。
株式会社黒潮町缶詰製作所HP「株式会社黒潮町缶詰製作所」https://kuroshiocan.co.jp/（2020年10月30日）。
近畿道の駅HP「近畿 道の駅一覧」http://www.kkr.mlit.go.jp/road/michi_no_eki/ichiran.html#prefecture-1（2019年1月21日）。
近畿道の駅HP「道の駅 かつらぎ西（下り）」https://www.kkr.mlit.go.jp/road/michi_no_eki/contents/wakayama/katsuraginishi.html（2020年11月14日）。
近畿道の駅HP「道の駅 塩津海道あぢかまの里」https://www.kkr.mlit.go.jp/road/michi_no_eki/contents/shiga/adikama.html（2020年11月14日）。
近畿道の駅HP「道の駅 能勢くりの郷」https://www.kkr.mlit.go.jp/road/michi_no_eki/contents/osaka/nose.html（2020年11月14日）。
近畿道の駅HP「道の駅 妹子の郷」https://www.kkr.mlit.go.jp/road/michi_no_eki/contents/osaka/nose.html（2020年11月14日）。
公益社団法人びわこビジターズビューローHP「びわこビジターズビューローについて」https://www.biwako-visitors.jp/bureau/（2019年1月21日）。
国土交通省HP「「道の駅」第3ステージ概要」https://www.mlit.go.jp/road/Michi-no-Eki/third_stage_index.html（2020年11月14日）。
国土交通省HP「モデル「道の駅」・重点「道の駅」の概要」https://www.mlit.go.jp/road/Michi-no-Eki/juten_eki/juten_eki_index.html（2020年11月14日）。
国土交通省HP「道の駅案内　沿革」https://www.mlit.go.jp/road/Michi-no-Eki/history.html（2021年5月5日）。
国土交通省HP「道の駅案内　概要」https://www.mlit.go.jp/road/Michi-no-Eki/outline.html（2021年5月5日）。
国土交通省HP「道の駅案内」http://www.mlit.go.jp/road/Michi-no-Eki/index.html（2019年1月21日）。
国土交通省近畿地方整備局HP「近畿道の駅　かつらぎ西」https://www.kkr.mlit.go.jp/road/michi_no_eki/contents/wakayama/katsuraginishi.html（2021年7月27日）。
四国の「道の駅」HP「道の駅 しまなみの駅御島」http://www.skr.mlit.go.jp/road/rstation/station/misima.html（2020年11月14日）。
滋賀県HP「ふなずし」https://www.pref.shiga.lg.jp/ippan/shigotosangyou/suisan/18690.html（2021年9月3日）。
滋賀県HP「琵琶湖の特産品」https://www.pref.shiga.lg.jp/ippan/shigotosangyou/suisan/18692.html（2021年9月3日）。

滋賀県道路公社HP「道の駅びわ湖大橋米プラザ」http://www.biwa.ne.jp/~douro-co/kome/（2019年1月21日）。

旬の食材百科HP「デコポン（不知火）の旬の時期と主な産地」https://foodslink.jp/syokuzaihyakka/syun/fruit/dekopon.html（2019年12月11日）。

全国町村会HP「高知県黒潮町／「さ・し・す・せ・そ計画」で黒潮ブランドの確立を—全国町村会」https://www.zck.or.jp/site/forum/1139.html（2020年6月29日）。

全国町村会HP「滋賀県西浅井町／地域素材を活かした元気なまちづくり～自然・歴史・文化は、まちが誇る宝」http://www.zck.or.jp/site/forum/1085.html（2021年9月28日）。

全国町村会HP「町村の取組」https://www.zck.or.jp/site/forum（2019年10月20日）。

大阪府HP「なにわ特産品」https://www.pref.osaka.lg.jp/nosei/naniwanonousanbutu/tokusanhin.html（2021年9月3日）。

大津市HP「道の駅「妹子の郷」施設案内」http://www.city.otsu.lg.jp/kanko/annai/spot/1438847867572.html（2019年1月21日）。

都道府県データランキングHP「道の駅（道の駅数）」https://uub.jp/pdr/t/r_2a.html（2021年5月5日）。

道の駅公式HP「道の駅 アグリパークゆめすぎと」https://www.michi-no-eki.jp/stations/view/334（2020年11月14日）。

道の駅公式HP「道の駅 かつらぎ西（下り）」https://www.michi-no-eki.jp/stations/view/8001（2020年11月14日）。

道の駅公式HP「道の駅 とみうら」https://www.michi-no-eki.jp/stations/view/341（2020年11月14日）。

道の駅公式HP「道の駅 なぶら土佐佐賀」https://www.michi-no-eki.jp/stations/view/914（2020年11月14日）。

道の駅公式HP「道の駅 びわ湖大橋米プラザ」https://www.michi-no-eki.jp/stations/view/628（2019年1月21日）。

道の駅公式HP「道の駅 よしうみいきいき館」https://www.michi-no-eki.jp/stations/view/883（2020年11月14日）。

道の駅公式HP「道の駅 遠野風の丘」https://www.michi-no-eki.jp/stations/view/158（2020年11月14日）。

道の駅公式HP「道の駅 塩津海道あぢかまの里」https://www.michi－no-eki.jp/stations/view/916（2020年11月14日）。

道の駅公式HP「道の駅 鳥海ふらっと」https://www.michi-no-eki.jp/stations/view/222（2020年11月14日）。

道の駅公式HP「道の駅 能勢くりの郷」https://www.michi-no-eki.jp/stations/view/660（2020年11月14日）。

道の駅公式HP「道の駅 萩しーまーと」https://www.michi-no-eki.jp/stations/view/823（2020年11月14日）。

道の駅公式HP「道の駅 伯方S·Cパーク」https://www.michi-no-eki.jp/stations/view/877（2020年11月14日）。

道の駅公式HP「道の駅 八王子滝山」https://www.michi-no-eki.jp/stations/view/365（2020年11月14日）。

道の駅公式HP「道の駅 豊前おこしかけ」https://www.michi-no-eki.jp/stations/view/916（2020年11月14日）。

道の駅公式HP「道の駅 妹子の郷」https://www.michi-no-eki.jp/stations/view/640（2020年11月14日）。

道の駅公式HP「道の駅 和田浦WA・O！」https://www.michi-no-eki.jp/stations/view/363（2020年11月14日）。

道の駅八王子滝山HP「八王子滝山について」https://www.michinoeki-hachioji.net/#aboutBox（2020年11月14日）。

独立行政法人農畜産業振興機構HP「食肉の消費動向について」https://www.alic.go.jp/koho/kikaku03_000814.html（2019年1月21日）。

日本政策金融公庫HP「小企業の経営指標調査」https://www.jfc.go.jp/n/findings/sme_findings2.html（2019年1月21日）。

能勢町観光物産センターFB「道の駅 能勢（くりの郷）/ 能勢町観光物産センター@mitinoekiNOSE」https://www.facebook.com/mitinoekiNOSE/（2019年10月20日）。

農林水産省HP「農山漁村振興交付金（農山漁村活性化整備対策）」https://www.maff.go.jp/j/kasseika/k_seibi/seibi.html（2021年11月3日）。

農林水産省HP「農山漁村振興交付金（令和2年度予算）」https://www.maff.go.jp/j/g_biki/hojyo/02/07/200_0704.html（2021年11月3日）。

妹子の郷HP「施設紹介」http://www.imokonosato.com/about/（2019年1月21日）。

有限会社塩津海道魚助HP「会社案内」http://uosuke.jp/about/index.html（2021年6月1日）。

有限会社土佐佐賀産直出荷組合HP「さんちょくの思い」https://tosasaga-fillet.com/pages/gaiyou（2020年10月30日）。

有限会社土佐佐賀産直出荷組合HP「ホーム　さんちょく！有限会社土佐佐賀産直出荷組合」http://www.tosasaga-fillet.com/（2020年10月30日）。

和歌山県かつらぎ町HP「フルーツ王国かつらぎ」http://www.town.katsuragi.wakayama.jp/050/022/20180803150409.html（2019年12月5日）。

和歌山県かつらぎ町HP「和歌山県かつらぎ町」http://www.town.katsuragi.wakayama.jp/index.html（2020年11月14日）。

著者紹介

辻　紳一　（つじ　しんいち）

2021年名古屋産業大学現代ビジネス学部経営専門職学科准教授を経て、2024年より福山市立大学都市経営学部都市経営学科准教授。2017年大阪経済大学大学院経営学研究科修士課程修了、修士（経営学）。2022年大阪市立大学大学院創造都市研究科博士（後期）課程（都市政策領域）修了、博士（創造都市）。中小企業診断士として長年地域活性化の支援に携わり、株式会社全国商店街支援センター 商店街支援パートナー、中小企業庁 滋賀県よろず支援拠点コーディネーター、吹田市役所 商業相談員、一般社団法人中小企業診断協会非常勤講師「中小企業診断士実務補習」「個別診断実務従事事業」、大阪経済大学中小企業診断士養成課程非常勤講師「経営計画の策定」「計数マネジメント（経営戦略論）」、大阪商工会議所 経営相談員（経営革新・創業）、中小企業庁 大阪府よろず支援拠点コーディネーター門真市担当、大阪市指定管理選定委員、大阪市区役所住民情報業務等委託事業者選定委員、大阪市中央区事業者選定委員、吹田市展示会等出展事業補助金交付対象事業者選定委員、大阪市福島区課外学習事業者選定委員、大阪市北区課外学習事業者選定委員、大阪市浪速区小中学生学力向上事業者選定委員、大阪市阿倍野区新たな地域資源コミュニティ事業・コミュニティ育成事業委託事業者選定委員、大阪市福島区中学生被災地訪問事業者選定委員、道の駅アリストぬまくまあり方懇談会委員など各種委員をつとめる。論文に、「商業集積の魅力度向上に関する研究－地域型商店街の品揃え形成を強化する実践的研究－」『日本経営診断学会論集』18巻（2018）、「道の駅における顧客のすみわけ戦略に関する一考察－なぜ、妹子の郷レストランは専門店化できたのか－」『関西ベンチャー学会誌』11巻（2019）、「中山間地域の道の駅におけるバリューチェーンの競争優位に関する一考察－安くて新鮮な農産物を販売する道の駅の事例から－」『関西ベンチャー学会誌』12巻（2020）、「道の駅直売所の地域ブランド戦略の一考察－積極的な販売促進を行う道の駅の事例を中心として－」『日本経営診断学会論集』21巻（2021）など。大阪経済大学 黒正賞、日本経営診断学会（第53回全国大会）学会賞（社会人部門）、日本経営診断学会（第56回全国大会）学会賞（優秀賞）などを受賞。

大阪公立大学出版会（OMUP）とは
本出版会は、大阪の５公立大学－大阪市立大学、大阪府立大学、大阪女子大学、大阪府立看護大学、大阪府立看護大学医療技術短期大学部－の教授を中心に2001年に設立された大阪公立大学共同出版会を母体としています。2005年に大阪府立の４大学が統合されたことにより、公立大学は大阪府立大学と大阪市立大学のみになり、2022年にその両大学が統合され、大阪公立大学となりました。これを機に、本出版会は大阪公立大学出版会（Osaka Metropolitan University Press「略称：OMUP」）と名称を改め、現在に至っています。なお、本出版会は、2006年から特定非営利活動法人（NPO）として活動しています。

About Osaka Metropolitan University Press (OMUP)
Osaka Metropolitan University Press was originally named Osaka Municipal Universities Press and was founded in 2001 by professors from Osaka City University, Osaka Prefecture University, Osaka Women's University, Osaka Prefectural College of Nursing, and Osaka Prefectural Medical Technology College. Four of these universities later merged in 2005, and a further merger with Osaka City University in 2022 resulted in the newly-established Osaka Metropolitan University. On this occasion, Osaka Municipal Universities Press was renamed to Osaka Metropolitan University Press (OMUP). OMUP has been recognized as a Non-Profit Organization (NPO) since 2006.

道の駅の経営学
――公共性のある経営体の持続可能性をもとめて――

2022年10月31日　初版第1刷発行
2023年７月10日　初版第2刷発行
2024年９月20日　初版第3刷発行

著　者　辻　紳一
発行者　八木　孝司
発行所　大阪公立大学出版会（ＯＭＵＰ）
〒599-8531　大阪府堺市中区学園町１－１
大阪公立大学内
TEL　072(251)6533
FAX　072(254)9539
印刷所　石川特殊特急製本株式会社

第2刷より本体価格変更
ISBN978－4－909933－55－3